Hans Christian Andersen
In Spanien

Hans Christian Andersen

IN SPANIEN

Rotbuch Verlag

Die Deutsche Bibliothek - CIP-Einheitsaufnahme

Andersen, Hans Christian:
In Spanien / Hans Christian Andersen. -
Hamburg : Rotbuch Verlag, 1998
ISBN 3-88022-661-X

© für diese Ausgabe: Europäische Verlagsanstalt / Rotbuch Verlag,
Hamburg 1998
Zuerst erschienen 1863
Überarbeitet und gekürzt von Aenne Glienke
Umschlaggestaltung: Groothuis + Malsy, Bremen
unter Verwendung eines Motivs von Wolfgang Schmidt
Herstellung: Das Herstellungsbüro, Hamburg
Satz: H & G Herstellung GmbH, Hamburg
Druck und Bindung: Clausen & Bosse, Leck
Printed in Germany
Alle Rechte vorbehalten
ISBN 3-88022-661-X

Inhalt

I.	Eintritt in Spanien	7
II.	Barcelona	19
III.	Valencia	40
IV.	Almansa und Alicante	52
V.	Diligencefahrt über Elche nach Murcia	62
VI.	Murcia	71
VII.	Cartagena	79
VIII.	Málaga	88
IX.	Granada	108
X.	Von Granada nach Gibraltar	150
XI.	Ein Besuch in Afrika	163
XII.	Cádiz	187
XIII.	Sevilla	195
XIV.	Córdoba	213
XV.	Über Santa Cruz de Mudela nach Madrid	221
XVI.	Madrid	228
XVII.	Toledo	244
XVIII.	Burgos	256
XIX.	Über die Pyrenäen nach Biarritz	265

1. Eintritt in Spanien

Als in Europa die Eisenbahnen eröffnet wurden, erhoben die Leute ein Geschrei, daß es mit der alten, schönen Art und Weise zu reisen vorbei sei, die Reise-Poesie sei verschwunden, der Zauber dahin. Gerade damals begann der Zauber. Jetzt fliegen wir auf den Flügeln des Dampfes, und vor uns und rings um uns her taucht Bild auf Bild herauf in reicher Abwechslung; wie Bouquets werden uns bald ein ganzer Wald, bald eine Stadt, bald Berge und Täler zugeworfen. Wir können aussteigen und bei dem Schönen verweilen, an dem Langweiligen vorüberfliegen, mit dem schnellen Flug des Vogels das Ziel erreichen; ist das nicht wie Zauberei? [...]

Durch Deutschland, die Schweiz, nach Frankreich hinein war der Flug schon zu Ende; das Ziel der Reise lag vor mir: das schöne, noch wenig besuchte Spanien; ich sah schon die blauen Berge, die Pyrenäen.

In Frankreich, bei Perpignan, hatte es ein Ende mit den Eisenbahnen; allein von hier aus sind es nur wenige Stunden Weges nach Spanien hinein. Von dem Reisen dort waren mir die abschreckendsten Schilderungen gemacht worden; die Postwagen hatte man als Torturkasten beschrieben, als große schwere Omnibusse, in die nur von einer Seite hinein zu gelangen sei, so daß man nicht heraus könne, wenn der Wagen zufällig nach der Seite umfiele, und umfallen täte er auf jeder Tour. Die Protestanten seien in diesem Land Hohn und Verfolgung ausgesetzt, wie die Heiden; fortwährend sei man den Überfällen von Räubern ausgesetzt, und was die Nahrungsmittel beträfe, so sei das Essen gar nicht zu genießen! Ja, das hörte ich erzählen, das las ich, und dem allen ging ich nun entgegen. In Perpignan, wo die Eisenbahn aufhörte, sollte ich also nun die eigentliche Reise antreten, ich sollte wieder einmal in das poetische Fuhrwerk unserer alten poetischen Zeit hinein, und ich bin nicht genug Poet, um mich an der guten alten Zeit zu erwärmen, ich liebe mehr die neue mit all dem Segen, den sie bringt; allein ich *mußte* nun einmal in die alte Zeit hinein, da half kein Maulspitzen.

Um drei Uhr des Morgens geht die Post, die Diligence ab; um drei Uhr fahren heißt um zwei aufstehen, und man könnte sich füglich das Niederlegen ersparen; ich legte mich aber doch und schlief in halben Portionen, erhob mich, sah auf die Uhr, sah den Sternenhimmel an; um halb drei weckte ich die Leute im Haus, die um die Zeit mich hätten wecken sollen; ein Trunk kalten Wassers war alles, was um diese Zeit aufzutreiben war, und nun wanderten ich und mein Reisegenosse, Jonas Collin aus Kopenhagen, nach dem Diligence-Büro, einem großen, finsteren Stallgebäude in der engen Gasse. Hier stand auf einer großen Tonne ein flammendes Licht, bei dessen Schein wir sechs Postwagen, dicht aneinandergereiht, erblickten; für die vielen Menschen, die von hier aus abreisen wollten, gab es keinen Platz. Allmählich langten die Mitreisenden an, bald der eine, bald der andere, niemand kannte sich, einer sprach nicht zum anderen; einer setzte sich auf eine umgeworfene Kiste, ein anderer auf einen Koffer, ein dritter verschwand zwischen dem an der Wand hängenden Pferdegeschirr, und mehr denn einer verloren sich in den finsteren Winkeln des Schuppens. Der Wagen wurde mit Gütern und mit Menschen beladen, zwölf Pferde, behangen mit klingenden Schellen, wurden ihm vorgespannt, es war großartig! Ich war in einem Coupé bei einer Mutter nebst Tochter plaziert, beide Spanierinnen und in unerlaubt großen Krinolinen steckend, mir war zumute, als säße ich auf dem Rand eines Ballons, der gefüllt würde.

Die Peitsche knallte, wir rollten dahin um eine Straßenecke nach der anderen in den schmalen Gassen, über Festungsbrücken, durch Festungswerke, durch Umgebungen hindurch, die als Theaterdekorationen zu einem mittelalterlichen Drama gemalt werden könnten. Endlich lag die offene breite Landstraße vor uns; Señora schlief, sie träumte sicherlich von ihrem schönen Spanien, wo sie geliebt hatte, sie hatte ja eine Tochter; auch ich träumte von Spanien, träumte mit offenen Augen und wachen Gedanken, erwartungsvoll dessen harrend, das sich vor meinen Blicken aufrollen würde. Die Tochter schlief weder noch träumte sie; ihre Gedanken befanden sich in der kleinen Reisetasche oder dem großen Strickbeutel, den sie in der Hand hielt; ihre Gedanken waren in dem Beutel, den hob sie, den rückte sie hin und her, mit dem belästigte sie mich; ich hatte mich schon an den Druck der Krinoline gewöhnt. Was mochte wohl in dem Beutel stecken, und was mochte wohl jenseits der Pyrenäen liegen? Ja, diese beiden Gedanken lagen bei mir gleichsam in einer Windel zusammen.

Eine grell leuchtende Laterne vorne am Wagen erhellte den Weg und dessen Alleen von Pinien und Platanen, ein wenig entfernter standen als Ausrufungszeichen die schlanken Zypressen; zugeklappte Regenschirme hat man sie genannt, und hier in der wolkenfreien leichten Luft schien es auch, als riefen sie mir zu: Es ist jetzt vorbei mit Regen und Nebel, laß nur den Regenschirm zusammengefaltet sein, du fliegst hier in das sonnige Spanien hinein. Das Laternenlicht bestrahlte die Regenschirme, das heißt die Zypressen, aber weiter reichte es auch nicht; das Tohuwabohu, das Chaotische, in die Finsternis Verschwindende, das Geheimnisvolle war die Umzäunung unserer Welt; von dem, was hinter derselben lag, wußten wir gerade ebensowenig, als ich wußte, was in dem Beutel der Jungfrau lag; aber ich konnte mir ja das Köstlichste in diesem Beutel denken, nicht Gold oder Silber in geprägter Münze, nicht Duros oder Reales, keine strahlenden Schmucksachen, keinen Pariser Damenputz, der über die Grenze geschmuggelt werden sollte – nein, die Augen eines Dichters dringen bald durch einen gewöhnlichen Strickbeutel hindurch. Ich sah schon, was drin saß: einen ganzen Mann, einen guten Freund, einen Menschen, wie es keinen zweiten gibt, auf einer Photographie, vom frisierten Haar bis zur blankpolierten Stiefelspitze herab, außerordentlich wohlgebildet, und doch in eigener Person noch schöner. Ich, an der Seite seiner Geliebten, genierte ihn, und nun genierte er als Konterfei in seinem Futteral, dem großen zur Reisetasche entwickelten Strickbeutel, wiederum mich; bald knuffte er mich in den Magen, bald legte er sich auf meine Brust, je nachdem die junge spanische Jungfrau diese oder jene gewiß höchst plastische Stellung einnahm, immer ihren Schatz festhaltend, während Mama schlief und Rouladen zum besten gab, solche, wie eben ein Schlafender sie gibt, wenn ihm das Atemholen beschwerlich wird.

Im Osten, in der Richtung nach dem mittelländischen Meer, flimmerte ein Stern dermaßen wunderbar groß und hell, daß ich in Zweifel war, ob ich einen Stern oder das Blinkfeuer eines Leuchtturmes sähe. Schon lange hatte ich den Wunsch gehegt, ein Gespräch mit der jungen Spanierin anzuknüpfen, meinen ganzen spanischen Wortschatz, fast hundert gangbare Glossen, in eine Redefigur zu gestalten, und ich besitze dazu eine Art von Talent.

Wußte ich nun auch nicht, wie ein Leuchtturm auf spanisch hieße, so wußte ich dafür das Wort für Stern, und so sagte ich eben, was ich wußte: »estrella!«, und das Wort schlug ein und zündete den Redefaden bei der jungen Spanierin an, sie sprach: Es war ein sprudelnder Quell, ich verstand kein Wort von dem, was sie sagte. Als der Tag zu dämmern begann, erblickte ich das Meer und sagte: »el mar!«, und nun begann die Konversation. »Inglés?« fragte sie. »Danés!« sagte ich, und ein Gespräch war angeknüpft, das heißt, ich gab das Stichwort, sie spann den Faden weiter. Ich sagte: »La poesia de la España, Cervantes, Calderon, Moreto −!«, ich nannte nur die Namen, und bei Nennung jedes Namens schwoll ihre Beredtheit, so daß zuletzt Mama erwachte, der sie nun erzählte, daß ich sie höchst interessant von der spanischen Literatur unterhalten habe, aber sie war es, die gesprochen hatte, denn ich konnte nicht sprechen.

Ein Stück Alpenland, ein mächtiger Schneeberg, erhob sich vor uns, die aufgehende Sonne warf dort plötzlich ihre Strahlen auf den weißen Schnee, der Berggipfel wurde wie ein glühendes Eisen, dem ganzen Berg teilten diese Glut und dieser Glanz sich mit, und als die Sonne höher stieg und die Glut des Schnees erlosch, behielt der untere Teil des Berges und das vor kurzem nächtlich finstere Tal noch lange einen violettroten Schimmer. Es war ein Anblick sondergleichen, es war eine Ouvertüre in Farben zu dem Spanien-Drama, das nun für uns begann.

Der Weg führte immer höher aufwärts, die Mehrzahl der Passagiere stieg aus dem Wagen; wir gingen zu Fuß in der frischen Morgenluft eine lange emporsteigende Strecke zwischen nackten Felsblöcken, und ehe ich's versah, waren wir aus Frankreich heraus; die Peitsche knallte, der Wagen rollte − wo blieben die hohen Pyrenäen!

Wir waren in Spanien, befanden uns in der ersten spanischen Grenzstadt La Junquera! Die Visitation, die inquisitorisch empörend geschildert worden war, fanden wir human; es gab jedoch hier noch die Belästigung der alten Zeit durch Paßvisa, die Gebühren waren die Hauptsache. Wir tranken unsere Chocolate auf offener Straße, die Reisesachen wurden wieder auf den Wagen gestapelt, die Passagiere wie vorher zusammengepfercht, der Raum schien kleiner, die Sitze härter geworden, die Sonnenstrahlen fielen uns jetzt gerade in die Augen, der Strickbeutel der Señora genierte, die Krinolinen genierten. Wir fuhren dahin über Stock und Stein, durch Bäche und Flüsse, nirgends war eine Brücke, und war ausnahmsweise eine solche vorhanden, so fuhr die Diligence doch unten um sie herum, das Wasser spritzte nach allen Seiten, der schwere Wagen schwankte und hüpfte, aber hatte nicht Zeit umzufallen, er hatte einen Anlauf genommen, wie ein Elefant im Wettrennen.

In Figueras stand der Frühstückstisch gedeckt, hier erst bekamen die sämtlichen Mitglieder der Reisegesellschaft einander zu Gesicht. Eins derselben war ein gutmütiger Engländer; man erzählte, er sei Genie-Gärtner, er pflanze Menschen um – ja, das dürfte nicht gerade leicht zu verstehen sein. Ich erzähle, was sein Reisekamerad, ein lustiger Franzose, uns erzählte. Der Engländer sei ein reicher Mann, er habe gelesen, daß die großen Männer der Kunst und Wissenschaft stets im eigentlichen Volke, in der größten Armut geboren werden, und nun ginge er auf die Jagd nach solchen, wolle das Phänomen finden und es über den Zaun der Widerwärtigkeiten hinüberheben, es in den großen Garten der Ausbildung umpflanzen und dort einen Baum pflegen, der für seinen Baum, seine Erfindung gelten könne. Sähe er auf dem Felde einen Hirtenknaben, der an einem Stecken schnitze, so bringe er sofort den Burschen zu einem Bildhauer, damit er schon nächste Ostern ein Phidias werde; sähe er einen Straßenjungen mit Kreide an den Bretterzaun eine Figur malen, die irgendwie etwas Menschliches an sich habe, so müsse der Knabe in die Zeichenschule; schreibe der Sohn einer Waschfrau einen Vers an den Ladendiener des Gewürzkrämers als Dank für eine alte Weste, die noch zu tragen sei, so sei der Knabe ein Poet und müsse umgepflanzt werden. Ganz amüsant, aber Lüge vom Anfang bis zum Ende.

Der Tisch schwankte unter der Fülle von Gerichten: Fleisch und Fisch, Gekochtes und Gebratenes, es war ein ausgezeichneter Frühstückstisch, und dazu in Spanien, wo man uns gesagt hatte, daß kein Essen genießbar sei. Herrliche Früchte, feuriger Wein – und ich wurde weder mit Sauce übergossen noch von einem Teller mit Fischen den Rücken entlang überschüttet, was sonst gar oft mein Schicksal ist, aber ich bekam den schweren Strickbeutel meiner spanischen Nachbarin mit dem Bräutigam, der fiel mir auf das Schienbein; der Beutel wollte nun einmal mit mir anbinden, mich stoßen und knuffen.

Die Mahlzeit war zu Ende, alle saßen wieder im Wagen, zwölf frische Maulesel wurden vorgespannt, die ihre Schellen schüttelten; unser Majoral, das heißt der Konduktteur, war gleichfalls frisch und neu, die Peitsche lag ihm gut in der Hand; der neue Zagal, der Eseltreiber, war ein pflichtschuldiges lebendiges Perpetuum mobile, eifrig und emsig und stets in Bewegung wie ein Irrlicht, bald auf dem Wagen, bald auf der Landstraße, dann wieder oben, um wieder hinunter zu springen, neben den Eseln herlaufend oder hinterdrein; er warf den vordersten Tieren Erdklumpen nach, schrie immerfort sein Thiah! und nannte jeden Esel beim Namen, es gab deren Citana und Caballero, Masanasa und Catolina usw.; er schimpfte und zankte und jubelte ganze lange Sätze aus, die die Esel verstanden, ich aber nicht. Der Majoral schrie im Chor mit ihm: »Thiah! Thiah!«, der Wagen schwankte, hüpfte, knarrte, vorwärts ging es, das war nicht zu leugnen; die Fahrt ließ erst vor dem kleinen Städtchen Bascara nach, wo wir über den breiten tiefen Fluß Fluvia mußten; hier war ein reißender Strom, aber eine Brücke war hier nicht. Eine andere Diligence, die der unseren vorausgefahren war, bewegte sich schon inmitten des Stromes, noch eine hielt am Ufer an, die Passagiere stiegen aus, um zu Fuß eine Strecke weiter Kähne zu finden, in welchen sie hinübergesetzt wurden, während der bepackte Wagen sein Glück versuchte, das gegenüberliegende Ufer zu erreichen. Unser Majoral ließ es darauf ankommen und fuhr ohne weiteres in den Fluß hinein; niemand unter uns äußerte Furcht, ich fand es neu und vergnüglich und dachte an keine Gefahr, die doch, wie ich später in Barcelona erfuhr, hiermit verknüpft war; gerade an der Stelle, wo wir durchfuhren, war früher einmal eine Diligence im Strom umgeworfen, und einige der Passagiere waren dabei ertrunken.

Bauern aus Bascara eilten uns zu Hilfe; keiner von ihnen trug mehr als eine Jacke, und in diesem Kostüm steuerten und lenkten sie; einige unterstützten den Wagen, andere die Maulesel, und diesen voraus schritt der eigentliche Steuermann, der den Flußgrund kannte; an der tiefsten Stelle reichte das Wasser ihnen bis an die Brust, wir im Wagen drin hoben die Füße in die Höhe, damit sie nicht naß werden sollten, und dieses Mal lief alles gut ab.

Als wir am Nachmittag das Städtchen Medina verlassen hatten und uns Gerona näherten, wurde der Verkehr auf der Landstraße immer lebhafter; wir setzten voraus, daß irgendein großes Fest oder ein Jahrmarkt in der Stadt sei. Wir sahen malerische Anzüge, schöne Menschen, die Frauen lebhaft, lachend, plaudernd, die Männer in bunter

Manta auf Mauleseln reitend, ihre Papier-Cigarette rauchend, die sie sich alle selbst rollen. Die Einfahrt zur Stadt führte über eine unendlich lange Brücke, die so schmal war, daß nur ein Wagen auf einmal sie passieren konnte; deshalb hatte sie auch eine Menge Buchten als Halteplätze für die sich begegnenden Wagen, die vollbepackte Diligence schien als herrschaftlicher Wagen betrachtet zu werden, alle anderen Wagen wichen ihr aus; in den langen, engen Gassen der Stadt glaube ich gar, daß alle entgegenkommenden Wagen aus dem Wege forttrompetet waren. Wir fuhren zum Bahnhof und gelangten aus dem beklommenen, staubfressenden Fuhrwerk heraus; der Eisenbahnflug, die Zauberei der Gegenwart, sollte hier wieder angehen. Ja, mancher alten Señora war das eine Hexerei; unsere machte auch das Zeichen des Kreuzes, bevor sie ihren Fuß auf den Tritt des Waggons setzte, und bekreuzigte sich wieder im Wagen selbst, ehe sie in diesem dämonischen Fuhrwerk ohne Pferde Platz nahm.

Wie war es hier gemächlich gegen die Diligence, wie weich die Sitze! Man konnte sich ausstrecken und konnte auch Atem holen. Die Eisenbahn war hier noch etwas Neues, und eine große Menschenmenge hatte sich bei der Abfahrt der Züge als Zuschauer eingefunden. Ein betrunkener Mann mit einem guten neuen Regenschirm wollte mitfahren, allein es wurde ihm in dem Zustand, in welchem er sich eben befand, nicht erlaubt; die Gendarmen führten ihn vom Wagen fort, aber er geriet darüber dermaßen in Zorn, daß er, der nicht die Soldaten prügeln konnte, nun seinen neuen Regenschirm prügelte, ihn gegen die Steine schlug, zerbrach und ermordete – so müßten die Gendarmen gehandhabt werden! Das waren seine Gedanken, und so verschaffte er sich Luft.

Einige ältere und jüngere Priester stiegen in den Wagen zu uns, alle rauchten sie Cigaretten. Die Signalpfeife ertönte, die alten Damen bekreuzigten sich, und wir fuhren dahin; die Pyrenäen lagen hinter uns, ein Fächer von grünen Wäldern breitete sich immer mehr in der flachen Landschaft aus; herrliche Pinien erheben hier ihre immergrünen Dächer, das Land war wie ein waldiger Park bis ganz hinab ans mittelländische Meer. Wir erreichten dieses gegen Sonnenuntergang; blau und unendlich dehnte es sich aus, in langen Wogen wälzte sich die Brandung auf die sandige Küste, ganz nahe an die Eisenbahn. Der Mond gelangte allmählich zu Kräften und hing strahlend klar in der durchsichtigen südlichen Luft.

Wie herrlich ist es doch, im Lande seiner Sehnsucht dahin zu fliegen – dem rollenden Meer entlang im klaren Mondschein dahin zu fliegen! Ja, wo findet man Worte oder Musik, sein Gefühl auszusingen! Bei mir wird es des Herzens stiller Lobgesang, des Dankes Lobgesang in Gott.

Es war am sechsten September, als ich, ein Kind, zum ersten Mal nach Kopenhagen kam; am sechsten September, viele Jahre später, betrat ich zum ersten Mal Italiens Boden, und jetzt, an demselben Tag, in demselben Monat sollte sich mir Spanien aufschließen, es traf sich gerade so; der Zufall, wie man sagt, wollte es: In Lyon hatte ich einen Tag auf meinen Koffer warten müssen, der auf der Eisenbahn nach einer falschen Station abgegangen war; in Perpignan mußte ich ein paar Tage warten, um einen Coupé-Platz in der Diligence zu bekommen, und mein sechster September machte sich geltend.

Ich befand mich in fremdem Land und fühlte mich doch so heimisch; das Meer war die Spenderin des Heimischen, das herrliche Meer! Rollte es mir doch hier von Afrikas Küste mit einem Wellenschlag wie die Nordsee an Jütlands Küste entgegen; die blaugrüne Fläche kannte ich wieder von einem Sommerabend unter den Kreidebergen von Møn.

Eine Station nach der anderen wurde zurückgelegt, alle Wagen füllten sich, und endlich, es war über zehn Uhr abends, erreichten wir Barcelona. Der bretterne Bahnhof war mit Menschen überfüllt, von welchen kaum die Hälfte dort etwas zu tun hatte. Koffer, Kisten und Reisetaschen wurden bunt untereinander geworfen. Die alte Sitte, die wir auch in der Heimat gar zu lange kannten, daß das Passagiergut überall in den Städten, wo ausgestiegen wurde, visitiert werden mußte, findet noch in Spanien statt. Hier war ein Rumoren, ein Drängen, ein Stoßen. Vor dem Bahnhof hielten Wagen genug, einige dicht am Ausgang, andere eine Strecke weiter hinter der Umzäunung; jeder Wagen hatte seine Packträger; einer ergriff ein Stück, ein anderer ein anderes, und sie liefen nun eiligst damit nach ihren verschiedenen Wagen, ohne sich darum zu bekümmern, ob auch die Sachen des Reisenden beisammen blieben; es war ein Rufen und Schreien; einer lief mit dem Koffer nach diesem Wagen, ein anderer mit der Reisetasche nach jenem Wagen und wollte die Person in einen dritten stecken, ungeachtet jeder Wagen einen verschiedenen Weg zu fahren hatte; man mußte sich förmlich in einen Kampf einlassen, um seine Sachen beisammen zu behalten, man zankte, man wurde geknufft und gestoßen und stand wie inmitten einer Plünderung.

Glücklicherweise hatte ich einen dänischen Freund, Herrn Schierbek, der in Barcelona ansässig ist, er half uns durch die Brandung der Ankunft hindurch, schaffte die Sachen aus dem Schiffbruch oben auf den Wagen, Collin und mich in denselben, aber es geschah fast mit Gewalt, und es war unbegreiflich, daß nicht ein einziges Stück, nicht einmal wir selbst in dieser Verwirrung, diesem Lärm und Tumult verlorengingen.

Wir saßen also im Wagen; er knarrte, er regte sich, er fuhr dahin, die Gasbeleuchtung strahlte, breite Straßen taten sich auf mit palastähnlichen Gebäuden und führten uns nach der mit Menschen angefüllten Promenade »la rambla«. Die Gasflammen strömten aus den Läden heraus, hier war ein wogendes Leben. Wir hielten vor dem Hotel Fonda del Oriente an, in welchem unsere zwei Zimmer mit Alkoven und Balkons, ja mit einem gedeckten Abendtisch warteten. Die Freunde verließen uns, damit wir in Ruhe speisen und es uns bequem machen könnten. Die Zimmer sahen recht traulich aus, und wir speisten gut.

Die Balkontür stand offen, unten in der breiten, mit Bäumen bepflanzten Promenade herrschten Leben und Lust. Die Luft war unendlich klar, ganz grünblau, der Mond segelte dort oben wie eine strahlende Kugel durch den Raum, hinter dem Mond war es noch sehr, sehr hoch. Aus den Seitenstraßen klangen die Kastagnetten mit starken, lautvollen Schlägen. Ich vermochte es nicht, mich zur Ruhe zu begeben und wünschte doch die Nacht eiligst zu verschlafen, um baldigst bei Tageslicht die mir neue, fremde Stadt Barcelona, die Hauptstadt Kataloniens, zu sehen.

11. Barcelona

Am frühen Morgen wurde ich durch Musik geweckt; ein Regiment Soldaten in breiten Zügen marschierte die Rambla entlang. Ich stand bald unten auf der langen Promenade, welche die Stadt in zwei Hälften von Puerta del Mar, die Mauerpromenade am Hafen entlang bis Puerta Isabel Segunda teilt, vor welchem der Pamplona-Bahnhof liegt. Es war noch nicht Promenadenzeit, es war eher Geschäftszeit, es fand ein emsiger Verkehr von Städtern und Landleuten statt, Comptoirmenschen zu Fuß, Bauern auf ihren Maultieren, schwere Wagen mit schwerer Ladung, leichte Wagen mit gar nichts, Karren und Omnibusse untereinander, Rufen und Schreien, Knallen mit Peitschen, Klingen von Schellen und Messingzieraten am Geschirr der Pferde und Maultiere, alles untereinander lärmend, tobend, sich kreuzend –. man fühlte, daß man in einer großen Stadt war. Große strahlende Cafés lagen hier prahlend in der Morgensonne, die Tische vor denselben waren schon alle besetzt. Zierliche Barbierstuben mit torweit aufgeschlagenen Türen traten in die Reihe mit den Cafés, es wurde geseift, rasiert und frisiert. Holzbuden mit Orangen, Kürbissen und Melonen traten einen Schritt weiter auf den Bürgersteig heraus, wo bald ein Haus, bald eine Kirchenmauer mit Groschenbildern, Räubergeschichten, Liedern und Versen, »gedruckt in diesem Jahre«, behangen waren. Hier war vieles zu sehen, wo soll ich beginnen, wo soll ich enden auf der Rambla, dem Boulevard Barcelonas?

Als ich voriges Jahr zum ersten Mal Turin besuchte, hatte ich das Gefühl, im Paris Italiens zu sein; hier fühlte ich, daß Barcelona das Paris Spaniens ist; es hat in allem einen Duft von Frankreich. Eine der engen nächsten Seitengassen war mit Menschen angefüllt, hier lag ein Laden neben dem anderen, strotzend von bunten Sachen; Mantas, Mantillen, Fächer von Papier und Bändern prahlten, strahlten und glotzten und lockten, ich mußte hinein, ich ließ mich vom Zufall führen. Die Seitengassen hier wurden noch enger, die Häuser noch sonnenscheuer; viele Fenster sind hier nicht beliebt, dagegen dicke Mauern und Sonnenzelte über den Hofraum ausgespannt. Ich gelangte auf einen kleinen Platz oder Markt, eine Trompete erklang, die Leute strömten zusammen, einige Gaukler, in Trikot, bunten Schwimmhosen und ihrem Bewußtsein, zu Künstlern geboren zu sein, die in geschlossenen Räumen, nicht auf offener Straße gaukeln sollten, breiteten hier einen großen Teppich über die Pflastersteine aus, um auf diesem ihre Kunst zu zeigen. Ein kleines schwarzäugiges Mädchen, eine Mignon des spanischen Landes, tanzte und schlug das Tamburin, ließ sich um und um drehen und gleichsam in Knoten schlagen von ihrem halbnackten Papa. Ich war, um es zu sehen, ein paar Stufen am Eingang zu einem alten Haus mit einem einzigen großen Fenster im maurischen Stil hinangestiegen; zwei in der Form von Hufeisen gearbeitete Bogen wurden hier von schlanken marmornen Säulen gestützt; hinter mir stand der Torweg halb offen; ich warf einen Blick hinein: Große Geraniumhecken umstanden ein ausgetrocknetes Wasserbassin, ein mächtiger Weinstock überschattete das halbe Haus, das öde und verlassen zu sein schien; die Läden hingen schon im Fallen an einer Angel in den fensterlosen Nischen; im Hause selbst war es, als wohne dort nur die Dämmerstunde mit ihren Fledermäusen.

Ich ging weiter und geriet in eine Gasse, die noch enger und mit noch mehr Leuten angefüllt war als die, von welcher ich kam. Die Gasse der Kirchgänger will ich sie nennen. Hier, eingezwängt zwischen hohen Häusern, liegt der Dom von Barcelona, er liegt hier ohne alle Wirkung, ohne alle Größe, man könnte an ihm vorübergehen, ohne ihn zu beachten, man muß hier erst, wie bei mancher bemerkenswerten Persönlichkeit, angestoßen und zur Aufmerksamkeit geweckt werden. Das Gedränge erfaßte mich und führte mich mit durch den kleinen Torweg in den offenen Bogengang hinein, der mit einer Reihe von Altären an die Kirche lehnt und einen kleinen Hain von Orangen umschließt, noch aus den Zeiten stammend, als hier eine Moschee stand: Noch plätschert das Wasser in den großen marmornen Bassins, in welchen die Muselmänner ihr Antlitz wuschen vor und nach dem Gebet. Eine niedliche kleine Bronzestatue, ein Reiter auf seinem Pferde, steht frei auf einer metallenen Röhre mitten im Bassin, das Wasser strahlt vorn und hinten vom Pferde heraus. Dicht daneben schwimmen Goldfische zwischen saftigen Wasserpflanzen umher, und dort hinter dem hohen Gitter schwimmen Gänse – ich hätte freilich lieber Schwäne gesagt, aber man muß der Wahrheit getreu bleiben, will man irgendwie als Reisebeschreibender originell sein. Springbrunnenreiter und lebendige Gänse sind nicht gerade erforderlich, um zur Andacht zu stimmen, allein viel anderes und Kirchliches war hier überwiegend. Vor den Altären im Bogengange knieten die Menschen andächtig nieder, und von dem großen offenen Portal der Kirche duftete die Räucherung, klangen die Orgel und der Gesang heraus. Ich trat ein unter die gewaltigen Wölbungen; hier herrschten

Ernst und Größe, aber die Sonne Gottes vermochte nicht durch die gemalten Fensterscheiben zu dringen, ein Halbdunkel, durch die Räucherung gesteigert, brütete in diesen Räumen, mein an Gott gerichteter Gedanke fühlte sich hier zu beengt. Es ergriff mich eine Sehnsucht nach der offenen Kirchenhalle, wo der Himmel die Decke bildet, wo die Sonnenstrahlen zwischen Orangen und rieselnde Gewässer hineinspielen; draußen, wo fromme Menschen ihre Kniee beugten, trugen die weichen, vollen Töne der Orgel meine Gedanken zu Gott; hier war mein erster Kirchgang in Spanien.

Von der Kirche kommend gelangte ich in eine andere ebenso enge, aber von Gold und Silber strahlende Gasse. In Barcelona und mehreren Städten Spaniens besteht noch die mittelalterliche Einrichtung, daß die verschiedenen Innungen, jede für sich, in verschiedenen Gassen hausen, die Schuhmacher haben ihre Straße, wo ihre Verkaufsläden sind, die Metallarbeiter die ihrige und so fort, man hat durch diese Einrichtung die ganze Auswahl der Stadt in einer Branche auf einmal gesammelt vor Augen; ich befand mich jetzt in der Straße der Goldschmiede; hier reihte sich Laden an Laden mit goldenen Ketten und strahlendem Geschmeide.

In einer der Nebengassen wurde ein großes altes Haus eingerissen, die steinerne Treppe hing schwebend an der Mauer entlang durch mehrere Etagen hindurch, ein großer Brunnen mit wunderlichen Verzierungen ragte empor aus Schutt und Gestein; es war das Haus des Großinquisitors, das jetzt verschwinden sollte; die Inquisition selbst ist hier längst verschwunden, wie heutzutage die Mönche; ihre Kloster stehen öde.

Von dem offenen Platz am Palast der Königin und den schönen Gebäuden daselbst mit ihren Bogengängen gelangt man auf die Mauerpromenade längs dem Hafen; die

Aussicht ist hier besonders weit, man erblickt den alten Mons Iovis; das Auge vermag von hier aus den gelben Zickzackstreifen des Weges nach dem Fort Monjuich zu verfolgen, das, in den Fels gehauen, sich stolz erhebt; man schaut das offene Meer, die vielen Schiffe im Hafen, die ganze Vorstadt Barceloneta, und geht man in dieselbe hinaus, ja dann, welcher Lärm!

Die Straßen sind rechtwinklig, lang und zeigen nur niedrige, ärmlich aussehende Häuser, Buden mit Kleidungsstücken, Stände mit Eßwaren, Gerumpel und Gerimpel ringsum; Packwagen, Droschken und Maultiere bewegen sich untereinander; halbnackte Knaben schmauchen ihre Cigarre, Arbeitsleute, Matrosen, Bauern und Städter tummeln sich hier im Sonnenschein und Staub; man gerät ins Gedränge, kann aber auch, wenn man will, ein erfrischendes Bad genießen, in die See gelangen; hier lagen die Badehäuser.

Wie warm auch Luft und Wasser waren, man riß doch schon die großen hölzernen Buden nieder; nur noch eine schirmende Bretterwand längs der verkehrsreichen Landstraße war stehen geblieben, und man mußte erst durch den tiefen Sand waten, bis man die Brandung erreichte und ein Bad nehmen konnte, aber wie salzig, wie erfrischend! Man erhob sich aus demselben wie verjüngt und gelangte mit jugendlichem Appetit ins Hotel, wo ein reichbesetzter Tisch, eine vortreffliche Mahlzeit unser harrte. Es war, als hätte der Wirt es darauf angelegt zu zeigen, eine wie ungerechte Behauptung es sei, daß man in Spanien nichts von einer guten Küche wisse.

Vom Mittagstisch begaben wir uns in die schöne Abendluft hinaus, auf die mit Spazierenden erfüllte Rambla. Die Herren waren über die Maßen elegant, frisiert und mit dampfenden Cigarren versehen, einzelne hatten das Lorgnon ins Auge gedrückt und schienen fix und fertig aus dem französischen Modejournal herausgeschnitten zu sein; die Damen trugen in der Regel die kleidsame Mantille der Spanierinnen, den langen schwarzen Spitzenschleier in das Haar geheftet über den Kamm heraushängend und über die Schultern herabwallend, ihre feine Hand führte mit einer ganz eigenen Anmut den schwarzen, mit Pailletten besetzten Fächer. Einzelne Damen trugen Hut und Schal nach französischer Art. In Reihen zu beiden Seiten, auf steinernen Bänken und Stühlen unter den Bäumen, saßen Leute, sie waren weit auf die Straße an den vor den großen Cafés aufgestellten Tischen vorgeschoben. Alle Plätze außen und innen waren besetzt.

In keinem anderen Land außer Spanien habe ich solche glänzenden Cafés, eine solche Pracht und einen solchen Geschmack vereinigt gesehen; selbst Paris steht in dieser Hinsicht weit zurück. Eins der schönsten in der Rambla, wo ich täglich mit den Freunden verkehrte, wurde durch mehrere Hunderte von Gasflammen erleuchtet; die geschmackvoll gemalte Zimmerdecke ruhte auf schlanken Säulen, an den Wänden befanden sich gute Gemälde und Spiegel, von welchen einzelne auf tausend Taler geschätzt wurden. Unter der Decke hin liefen Galerien, die in kleine Kabinette und Billardzimmer führten; über den Garten mit Springbrunnen und blühendem Gebüsch war ein großes Zeltdach gespannt, welches sich abends auftat und den blaugrünen, klaren Himmel sehen ließ. Es war oft unmöglich, einen unbesetzten Tisch außen oder innen, oben oder unten zu finden, alle Plätze waren eingenommen; man sah hier Leute aus den verschiedensten Ständen, elegante Herren und Damen, hohe und niedere Militärs, Bauern in Samt gekleidet, die bunte Manta lose über den Arm geworfen. Ich sah eines Abends einen Mann aus der niederen Klasse mit seinen vier kleinen Mädchen hier eintreten, diese schauten neugierig um sich, fast mit Andacht all diese Pracht ringsum an; der Besuch im Café hatte für sie gewiß dieselbe Bedeutung wie für viele Kinder, wenn sie das erste Mal ins Theater geführt werden. Des lebhaften Redens der großen Menschenmenge ungeachtet, fand hier kein Lärm statt, nur ein eigentümliches Gesäusel, akkompagniert von einem Klavier, vernahm man. In all den größeren spanischen Cafés sitzt den ganzen Abend ein Mann an einem Klavier, ein Musikstück nach dem anderen spielend, aber niemand nimmt hiervon Notiz, es ist wie ein Klang, der zu dieser großen Maschinerie gehört.

Auf der Rambla wurde es immer lebhafter, die unendlich lange Straße gestaltete sich in einen mit Menschen erfüllten Festsalon.

Die gegenseitige Geselligkeit des Familienlebens kennt man nicht. Auf der Promenade werden an schönen Abenden die Bekanntschaften gestiftet; auf der Rambla findet man sich zufällig zusammen, spricht zusammen, findet Gefallen aneinander und verabredet alsdann, sich am folgenden Abend wieder zu treffen; die Annäherung beginnt, die jungen Leute geben sich Rendezvous, aber bevor nicht die Verlobung bekannt gemacht ist, besuchen sie sich nicht in den Häusern der Familie. Der junge Mann findet somit auf der Rambla seine Zukünftige.

Der erste Tag in Barcelona war reich und bunt, die darauf folgenden waren es nicht minder; hier war so viel Neues zu sehen, so viel Eigentümliches und echt Spanisches, obschon man immerhin die Einwirkung des französischen Landes, hier so nahe an der Grenze, verspürte.

Während meines Aufenthalts in Barcelona waren die dortigen beiden großen Theater Principal und del Liceo geschlossen: Diese liegen beide auf der Rambla. Das Teatro del Liceo soll das größte in ganz Spanien sein; ich sah es bei Tageslicht. Die Bühne ist außerordentlich groß, tief und hoch. Ich betrat sie gerade während der Probe einer Operette mit klingender Lirumlarum-Musik; die Bühnenmitglieder und Choristen wollten dieselbe am Abend in einem der Vorstadttheater geben.

Der Zuschauerplatz ist großartig und geschmackvoll, die Logen sind reich vergoldet, und jede hat ihr Vorzimmer mit samtbezogenen Sofas und Stühlen. In der Mitte, dem Podium gegenüber, ist die Loge der Direktion, von welcher aus verborgene Telegraphendrähte auf die Bühne gehen; durch einen Druck gelangen die verschiedenen Ordres blitzschnell an Regisseur, Maschinenmeister und jeden der Mitwirkenden. Im Vestibül vor der schönen marmornen Treppe ist die Büste der Königin aufgestellt; das Foyer des Publikums übertrifft an Pracht alles, was Paris von der Art aufzuweisen hat. Vom Balkon des Theaters hat man eine großartige Aussicht über Barcelona und das weite Meer.

Im Teatro del Circo gab eine italienische Gesellschaft Vorstellungen, aber auch hier wurden einem, wie auf der Mehrzahl der spanischen Bühnen, nur Übersetzungen aus dem Französischen dargeboten; der Name Scribe war sehr oft auf dem Anschlagzettel zu lesen. Ich sah übrigens ein langes, langweiliges Melodrama: »Der Schloßhund« betitelt. Der Eigentümer des Schlosses war während der Revolution getötet, sein Sohn verjagt worden, aber erst nachdem man ihn durch einen Säbelhieb in den Kopf zum Idioten geschlagen hatte; der Instinkt führte ihn zurück in seine Heimat; niemand von den früher hier Lebenden ist in der Gegend geblieben, selbst der Kettenhund ist getötet, seine Hütte steht leer, und in diese Hundehütte kriecht nun der eigentliche Besitzer des Schlosses; seine vornehmen und reichen Verwandten haben ihn vergeblich überall suchen und nach ihm forschen lassen. Er aber weiß nichts mehr von diesen, weiß auch ebensowenig, daß die Papiere, die er instinktmäßig noch auf seiner Brust trägt, ihn wieder in den Besitz des Erbes seiner Väter setzen könnten. Ein Abenteurer, ein früherer Haarkünstler, besucht die Gegend, trifft mit dem armen Idioten zusammen, liest dessen Papiere und kauft ihm dieselben für ein blankes neues Fünffrancstück ab; diese Person tritt nun als der Besitzer und Erbe des Schlosses auf; er gefällt jedoch durchaus nicht dem jungen Mädchen, welches die vornehmen Anverwandten ihm zur Gemahlin ausersehen haben; fortwährend legt er seine Unkenntnis mit allem hier in der Heimat an den Tag. Der arme Idiot hingegen wird, sobald er ins Schloß tritt, von Erinnerungen überwältigt; er kennt jedes Stück Spielzeug aus der Zeit seiner Kindheit, die chinesische Puppe hebt er vom Tisch herunter auf den Fußboden, sie muß nicken wie in alten Tagen; auch weiß er und zeigt, wo der Degen seines Vaters liegt, er allein weiß den Ort, wo derselbe zu finden ist. Die Wahrheit macht sich geltend; von der Kammerjungfer protegiert, gelangt er zu seinem Recht, aber nicht zu seinem Verstand.

Die Rolle des Idioten wurde vortrefflich, fast zu natürlich gespielt, aus der Darstellung derselben sprach eine solche Wahrheit, daß sie beim Zuschauer die größte Erschütterung hervorbrachte. Das ganze Stück war im übrigen ein sonderbar geschraubtes Ding, rührend, aufregend, Komödie für Kinder und Frauen, die einer Nervenerschütterung bedürfen. Die Vorstellung endigte mit der Aufführung einer Übersetzung eines französischen Vaudevilles.

Das Volksvergnügen in Spanien, das alle Klassen am meisten anspricht, ist der Stierkampf; jede einigermaßen große Stadt hat deshalb auch ihre Plaza de Toros, die größte, glaube ich, befindet sich in Valencia. Während der neun Monate des Jahres ist dieses Schauspiel eine stehende

Sonntagsbelustigung. In Barcelona sollten wir nun nächsten Sonntag ein Stiergefecht erleben, es wären freilich nur ein paar junge Stiere, und wir würden eigentlich keinen echten Kampf zu sehen bekommen, sagte man, allein derselbe dürfte doch immerhin einen Begriff liefern, wie dieses Schauspiel sein könne.

Auf der Rambla setzte man sich in einen Omnibus oder Fiaker und fuhr den langen Weg nach der Plaza de Toros zu einem großen, zirkelrunden steinernen Gebäude hinaus, nicht weit von der Eisenbahn, die nach Gerona führt. Der große Kampfplatz in diesem Gebäude ist mit Sand bedeckt, und rings um denselben erhebt sich eine drei Ellen hohe Bretterwand, hinter welcher ein langer offener Gang für stehende Zuschauer sich befindet; fällt es nun dem Stier ein, über die Barriere zu setzen, so bleibt den Zuschauern kein anderer Ausweg, als auf die Arena hinüberzuspringen, und wenn der Stier wieder dort erscheint, abermals auf ihre Plätze zurückzugehen. Hinter dieser, höher liegend, erheben sich ringsum amphitheatralische steinerne Absätze für das Publikum, über diesen befinden sich wiederum ein paar hölzerne Galerien, Logen mit Bänken oder Stühlen. Wir nahmen unten Platz, um so recht inmitten des Volkslebens zu sein. Die Sonne warf ihre Strahlen über die Hälfte der Arena; die mit Pailletten besetzten Fächer der Damen blitzten, blendeten und sahen aus wie Vögel, die mit glänzenden Flügeln schlugen. Das Gebäude faßt ungefähr fünfzehntausend Menschen; so viele waren hier nun zwar nicht, aber es war gut besetzt. Man hatte uns im voraus von der Freiheit und dem Volkswillen erzählt, die hier herrschen, und uns gewarnt, daß wir nicht durch unseren Anzug irgendeine Aufmerksamkeit erregten, wir könnten sonst leicht zur Zielscheibe des Volkshumors werden; es könnte jemand einfallen zu rufen: fort mit den Glacéhandschuhen! fort mit dem weißen

Staatshut da!, und wären dergleichen Ausrufe von einem Witz begleitet, so war die Szene da, kein Zaudern wird geduldet, die Stimmen mehrten sich, der Volkswille machte sich geltend, Handschuh oder Hut mußte herunter, geschähe das nicht gutwillig, so geschähe es durch Gewalt.

Eine ohrzerreißende Musik klang uns, indem wir eintraten, entgegen, man rief und schrie, es war wie ein wilder Karneval. Die Herren bewarfen sich mit Mehl aus Papiertüten und langen Wurstschalen, die den Damen um die Ohren flogen; hier flogen Orangen, dort flogen an einem Handschuhe oder ein alter Hut vorüber, alles unter lustigem Geschrei. Die blinkenden Fächer, die bunten Mantas in dem blendenden Sonnenschein wirkten auf die Augen wie der Lärm auf die Ohren [...]. Da bliesen die Trompeten eine Fanfare; eines der Tore, die auf die Arena führten, öffnete sich, und der Zug der Tierfechter erschien. Zuerst ritten zwei schwarz gekleidete Männer einher mit großen weißen Halskrausen und Stäben in der Hand. Ihnen folgten, auf alten, abgemagerten Pferden, vier Picadores, wohl ausgestopft am unteren Körperteil, damit sie keinen Schaden erleiden sollten, wenn der Stier auf sie eindringe, sie führten eine Lanze zu ihrer Verteidigung, waren aber in ihrer Ausstopfung ganz und gar hilflos, wenn sie vom Pferde fallen sollten; darauf erschienen mehrere Banderilleros, junge, hübsche, à la Figaro gekleidete Burschen in Samt und Gold. Hinter diesen ging der Espada, strahlend von Gold und Silber, seinen blutroten Mantel trug er über den Arm geworfen, das gut gehaltene Schwert, mit welchem er dem Tier den Todesstoß zu geben hatte, hielt er in der Hand. Der Zug schloß mit vier Maultieren, ausgeschmückt mit Kopffedern, Messingplatten, bunten Quasten und klingenden Schellen; ihre Aufgabe war es, den getöteten Stier und die totgestoßenen Pferde bei klingendem Spiel aus der Arena zu schleppen.

Der Zug bewegte sich um den ganzen Platz, hielt darauf vor dem Balkon an, auf welchem der hohe Magistrat sich befand; einer der beiden schwarzgekleideten Vorreiter, ich glaube, sie werden Alguazils genannt, ritt vor und ersuchte um Erlaubnis, das Schauspiel beginnen zu dürfen. Der Schlüssel, welcher die Pforte des Stierstalles öffnete, wurde zu ihm herabgeworfen. Unter einem Teile des Zuschauerplatzes befindet sich dieser Stall, hier sind die armen Tiere eingeschlossen und haben die Nacht und den ganzen Vormittag ohne Nahrung und ohne Wasser zugebracht. Aus dem Gebirge werden sie durch Hilfe zweier abgerichteter gezähmter Stiere zur Stadt gelockt, im guten Glauben folgen sie ihren Lenkern, um auf der Arena zu töten und getötet zu werden; an diesem Tag sollten nun freilich sie selbst keine blutige Untat verrichten, sie waren durch Umwicklung der Hörner ungefährlich gemacht, nur zwei von ihnen sollten durch das Schwert des Espada fallen; die ganze heutige Vorstellung war, wie bereits erwähnt, eine Spielerei, der beizuwohnen kein echter Freund des Stierkampfs gerade großen Trieb hatte, und deshalb begann auch das Schauspiel mit einer komischen Szene, einem Kampf zwischen Mauren und Spaniern, bei welchem natürlicherweise den ersteren die lächerliche Rolle, den Spaniern die mannhafte zugeteilt war. Ein Stier wurde hereingelassen, die Hörner desselben waren so umwickelt, daß durch sie keine Tötung stattfinden, sondern im schlimmsten Falle nur irgendeinem die Rippen eingestoßen werden konnten; es gab Flucht und Sprünge, Scherz und Gelächter. Nun folgte das eigentliche Stiergefecht; ein ganz junger Stier stürzte hervor, er blieb plötzlich wie eingewurzelt auf dem Kampfplatz stehen; das Sonnenlicht, die bunten Mantas, das wogende Gewimmel blendeten ihn; das wilde Schreien, die Trompetentöne und die schmetternde Musik machten ihn in dem Grade stutzig, daß er ganz bestimmt wie der betrunkene Bauer Jeppe in der Holbergschen Komödie, den man in das Bett des Barons gelegt hat, bei sich gesagt haben mag: »Was ist denn das hier? — Was ist denn das?« — aber er weinte freilich nicht dabei wie jener Jeppe, er stieß vielmehr die Hörner tief in den Sand, auch die Hinterfüße zeigten eine Kraftprobe vor, der Sand wirbelte in die Höhe, allein damit war denn auch alles geschehen; das Tier wurde durch das übermäßige Lärmen und Schreien ganz verdutzt und wollte wieder aus der Arena heraus; es war vergeblich, daß die Banderilleros es mit ihren roten Mänteln reizten, vergeblich hielten die Picadores da mit gehobenen Lanzen, welche sie nicht eher gebrauchen dürfen, als bis das Tier sie angreift; dies geschieht bei den echten Stierkämpfen, von denen ich später erzählen werde, augenblicklich, und alsdann hebt der Stier oft Pferd und Reiter, so daß sie beide zusammenstürzen, worauf Banderilleros die Aufgabe haben, das rasende Tier nach einer anderen Seite der Arena zu treiben, unterdessen Pferd und Reiter sich zu einem neuen Angriff wieder erheben; das eine Auge des Pferdes ist verbunden und dieses selbst kann so gelenkt und gestellt werden, daß es seinen Gegner nicht sieht und nicht erschrickt; oft jagt der Stier beim ersten Zusammenstoß seine spitzen Hörner in das Pferd, daß die Gedärme herausquellen, diese werden wieder eingesetzt, der Riß zusammengenäht, und das elende Tier vermag seinen Reiter noch einige Minuten zu tragen. Heute wollte der Stier durchaus nicht den Kampf aufnehmen, Tausende von Stimmen riefen ihr *el ferro!*, die Banderilleros kamen heran mit großen Pfeilen, die mit flatternden Bändern und Raketen besetzt waren, und in dem Augenblick, wo der Stier auf sie eindrang, taten sie einen Sprung seitwärts und verstanden es dabei, mit einer eigentümlichen Behendigkeit jeden Pfeil in den Hals des Tieres zu bohren; die Rakete knallte und flog auf, der Pfeil brannte, das Tier wurde wild und schüttelte vergeblich Hals und Kopf, das Blut floß aus den Wunden. Jetzt trat der Espada auf, um ihm den Todesstoß zu geben, aber der Degen muß an einer bestimmten Stelle in den Hals eindringen. Zu wiederholten Malen wurden falsche oder zu leichte Stöße angebracht, der Stier lief umher mit dem Degen im Nacken, ein neuer Stoß folgte; das Blut lief dem Tier aus dem Maul heraus; das Publikum pfiff den linkischen Espada aus. Endlich drang der Degen an der tödlichen Stelle ein, augenblicklich sank der Stier zusammen und lag da wie ein Lappen; ein gellendes *Viva* tönte aus Tausenden von Kehlen im Zusammenklang mit Fanfaren und Paukenschlägen. Die Maultiere mit Schellen, Fahnen und Federn jagten um die Arena, das getötete Tier hinter sich schleppend; das geflossene Blut verbarg man unter frischem Sand, und ein anderer, ebenso junger Stier wie der vorige wurde eingelassen, nachdem er erst beim Herauslassen einen aufreizenden Stich von einer scharfen eisernen Pieke erhalten hatte. Dieser Stier war anfänglich mutiger als der erste, aber bald wurde auch er furchtsam; das Publikum forderte Feuer, die Raketenpfeile wurden ihm in den Hals geworfen, und nach einem kurzen Kampf fiel er durch den Degen des Espada. –

»Betrachten Sie dieses nicht als ein echtes spanisches Stiergefecht!« sagten unsere Nachbarn im Publikum, »das ist nur Scherz!« Und mit einem Scherz sollte das Ganze abschließen. Man erlaubte jedem aus dem Publikum, über die Barriere auf die Arena zu springen; Ältere und Jüngere nahmen hieran teil; und nun wurden zwei Stiere mit gut umwundenen Hörnern eingelassen. Das gab ein Rennen und Springen; die Stiere selbst setzten mit dem Publikum über die vordere Schranke zu den dort befindlichen Zuschauern; ein Gelächter, ein Schreien, ein Hurra zitterte durch die Luft, bis der Empressario, der Direktor des heu-

tigen Stierkampfs, meinte, es sei genug des Scherzes, und
die zwei gezähmten Stiere eintreten ließ; die beiden an-
greifenden folgten sofort diesen in den Stall zurück. –
Nicht ein Pferd war getötet worden, nur das Blut zweier
Stiere war geflossen, das war nach den herrschenden Begriffen nichts, allein wir hatten die ganze regelrechte An-
ordnung eines Stierkampfs gesehen und ein Bild der Lebhaftigkeit des Volkes, die bis zur Leidenschaft gestiegen
war, in uns aufgenommen.

Hier in dieser Arena brachen im Jahre 1833 die revolu-
tionären Bewegungen Barcelonas aus, nachdem man in
Saragossa die Ermordung der Mönche und die Verheerung
ihrer Klöster durch Feuer begonnen hatte. Aus der Volks-
masse in der Arena wurde auf die Soldaten geschossen,
und diese schossen wiederum auf das Volk; die Bewegung
durchlief mit Feuer und Verheerung das Land.

In der Nähe der Plaza de Toros liegt der Kirchhof Barcelonas, nur eine kurze Strecke Weges vom offenen Meere
entfernt. Klafterhohe Aloen umzäunen ihn, hohe Mauern
umschließen hier eine Stadt, nur von Toten bewohnt. Ein
Pförtner und seine Familie, am großen Portal einquartiert,
sind die einzigen lebendigen Menschen, die hier wohnen.
Innerhalb jenes Portals erstrecken sich lange einförmige
Straßen mit sechsstöckigen kasernenartigen Häusern, in
welchen sich neben-, über- und untereinander gemauerte
Zellen befinden, in jeder derselben eine Leiche im Sarg;
eine schwarze Platte mit Namen und Inschrift schließt die
Öffnung der Zelle. Diese Gebäude haben das Ansehen
von großen Packhäusern mit nebeneinander befindlichen
Luken. Eine große Kapelle mit Traueraltären bildet die Kathedrale für diese Totenstadt, ein Grasplatz mit hohen, finsteren Zypressen und einzelnen freistehenden Grabmonumenten bringt einige Abwechslung in diese Straßen,

durch welche die Bewohner von Barcelona von Geschlecht zu Geschlecht als stumme, schweigsame Bewohner in ihre Grabkammern einziehen.

Die Sonne brannte drückend zwischen den weißen Mauern, die Stille, die Einsamkeit machten beklommen, man sehnte sich wieder hinaus in das lebendige Leben; erst in dem offenen Portal gegen die Landstraße hinaus erklang ein Lebenszeichen – die Pfeife der Lokomotive. Der Eisenbahnzug brauste dahin, und als dieser Laut erstarb, vernahm man das Rollen der Brandung vom nahen Meer; nach demselben lenkte ich meine Schritte.

Einige Fischer zogen dort gerade ihren Fang ans Land; sonderbare Fische, gelbe, rote und blaugrüne spielten im Netz; nackte, schwarzbraune Kinder liefen im Sande umher; schmutzige Weiber saßen da und besserten alte Kleidungsstücke aus; ihr Haar war fettig schwarz, die Augen waren noch schwärzer; das jüngste trug eine große rote Blume im Haar, seine Zähne schimmerten weiß. Es waren Gruppen zum Malen auf die Leinwand, die Totenstadt drüben war zum Photographieren, und *ein* Bild genügte, denn von welcher Seite man auch kommt, der Charakter verändert sich nicht, Totenkasernen, ausgedehnte, gleichförmige, hier und dort einige Zypressen als florumwundene zusammengerollte Fahnen.

An einem der letzten Tage, die ich in Barcelona zubrachte, hatte es schon die Nacht stark geregnet, und es regnete noch, als ich in der Morgenstunde zu meinem Bankier ging. Das Wasser hatte keinen genügenden Ablauf, es lief in die Galoschen; ich kam durchnäßt nach Hause, und während ich mich umkleidete, wurde gemeldet, daß die Rambla überschwemmt und die Überschwemmung im Zunehmen sei. Da war ein Schreien und Hin- und Herlaufen; vom Balkon sah ich, wie man vor dem Hotel große

Sandhaufen auftürmte und wie weiter oben, an jeder Seite der höher liegenden Promenade, ein kaffeegelber Strom herabwogte; die gepflasterten Teile der Rambla waren in ein wogendes, immer steigendes Wasser verwandelt. Ich beeilte mich hinabzukommen. Der Regen hatte so gut wie aufgehört, aber das Unglück nahm zu; ich wurde Zeuge eines entsetzlichen Schauspiels, der fürchterlichen Gewalt des Wassers.

In den Gebirgen war der Regen in solcher Menge gefallen, daß seine reißenden Wasser bald den kleinen Fluß gefüllt hatten, der längs der Fahrstraße und der Eisenbahn fließt; früher befand sich hier, außer dem Ausfluß ins Meer, noch ein Ablauf; das anschwellende Wasser ergoß sich in den Wallgraben Barcelonas; aber dieser war während der letzten Jahre mit Sand und Steinen angefüllt, um Bauplätze für die Stadt abzugeben, die erweitert werden sollte. Dieser Kanal war demnach nicht mehr vorhanden, das Wasser strömte heran, der Fluß stieg immer höher, ergoß sich über seine Ufer und durchbrach jedes Hindernis; bald stand die Eisenbahn unter Wasser, die Fahrstraße wurde durchbrochen, jeder Zaun umgelegt, Bäume und Aloen von dem gewaltsamen Fluß fortgerissen, der durch das Stadttor hereinbrach und wie ein Mühlstrom, kaffeegelb an jeder Seite des Spazierganges dahinbrauste; er riß hölzerne Brücken, Wannen, Karren, Fässer, alles mit sich fort, was er auf seinem Wege fand; Kürbisse, Orangen, Tische, Bänke segelten dahin, ja ein abgespannter Wagen, mit Porzellan beladen, wurde mehrere Ellen weit vom Strom fortgeführt. In den Verkaufsläden gingen die Leute im Wasser bis an die Hüften; die stärksten Männer zogen von den Läden aus Schnüre über das Wasser nach den Bäumen des höher gelegenen Teils der Rambla hinüber, damit die Frauen sich an diesen festhalten könnten, wenn sie durch den reißenden Strom gingen; ich sah jedoch, wie eine Frau vom Strom fortgerissen wurde, zwei Männer sprangen ihr nach, sie wurde in bewußtlosem Zustand aufs Trockene gebracht. Es herrschte ein fortwährendes Schreien und Jammern, und wie auf der Rambla, so sah es in den auf dieselbe stoßenden engen Gassen aus, die abschüssig lagen; das Wasser fuhr dahin, brausend, als ströme es durch einen durchbrochenen Damm, erhob sich zu hohen Wellen, die an die untersten Altane der Häuser schlugen; vor Türen und Fenster stellte man Balken und alte Läden und Bretter auf, damit das Wasser an diesen sich breche und mit weniger Gewalt in die Zimmer stürze, wo es sonst alles zermalmt haben würde. Man hob hier und dort die großen Decksteine der Kloaken ab, damit das Wasser in diese hinabfließen könne, allein es brachte wenig Abhilfe, wurde dagegen die Ursache zu größerem Unglück; ich erfuhr das später, mehrere Menschen waren von den sich solchergestalt bildenden Strudeln ergriffen, fortgerissen worden und in dem Abgrunde verschwunden. Ich habe noch nie die Gewalt des Wassers so gesehen, es war entsetzlich! Schon wogte es hin über die höher liegende Promenade, die Menschen flohen, jammerten und schrieen. Altane und Dächer waren mit Menschen angefüllt. Auf der Straße schwammen Bäume und Mobiliar; die Gendarmen zeigten sich außerordentlich tätig, leisteten Hilfe und hielten Ordnung. Das Wasser schien noch immer im Steigen begriffen zu sein. Man erzählte sich, daß die Priester in der Kirche auf der Rambla bis an die Hüften im Wasser ständen und Messe läsen.

Nach Verlauf einer Stunde war die Überschwemmung im Abnehmen, das Wasser fiel, die Leute drangen in die Seitengassen, um die Verheerung zu sehen; ich folgte ihnen durch einen dicken, gelben Schlamm, es kostete Mühe, vorwärts zu dringen. Aus Fenstern und Türen schöpfte man Wasser heraus, man wurde beschmiert und begossen. Endlich erreichte ich den Platz, auf welchem Herr Schierbeck wohnte; er hatte keine Ahnung von dem geschehenen Unglück während der vielen Jahre, die er hier gelebt, hatte der Regen oftmals geströmt, aber noch nie eine solche Überschwemmung und Verwüstung angerichtet. Wir gingen zusammen durch die tiefen, schlammigen Gassen, sie sahen aus wie Kloaken. Auf der Rambla lagen noch umgeworfene Wagen und Buden, Tische und Karren. Außerhalb des Tores nahm die Zerstörung einen weit ernsteren Charakter an. Die Landstraße war an mehreren Stellen durchschnitten, das Wasser strömte hier noch und bildete einen Fall nach dem anderen. Reihen von Wagen mit Landleuten hielten hier, sie mußten aussteigen, wollten sie in die Stadt gelangen. Balken von einem naheliegenden Holzplatz lagen über die Felder hingeworfen und umhergestreut wie ein Spiel Kegel. – Erst auf langen Umwegen, über zerknickte Bäume und umhergeschleuderte Balken, erreichten wir den Bahnhof, der wie eine Biberwohnung aussah, halb im Wasser, halb auf dem Land lag; hier stand ein ganzer See unter Dach; eine weite Strecke hinaus waren die Schienen von gelbem Wasser bedeckt. Der Rückweg zur Stadt war ebenso mühsam wie der Hinweg; wir mußten in Vertiefungen hinabspringen, den nassen Boden wieder hinanklettern; Weg und Steg waren von frischen Stromablagerungen durchschnitten, wir wateten durch einen tiefen Schlamm und gelangten, von demselben arg beschmutzt, nach Barcelona zurück.

Ich hatte früher keine Vorstellung von der Gewalt eines solchen Bergwassers gehabt. Ich dachte an den Wassersturz in dem Märchen Undine. Ich dachte an das Märchen, das von diesem kleinen Bergstrom, gewöhnlich nur ein Bach von Aloen und Kakteen umzäunt, erzählt werden könnte, seine Nymphe sei ein spielendes Kind, aber freilich die Mädchen Spaniens werden im Nu zu erwachsenen

Jungfrauen, und hier hatte die Jungfrau sich, energisch und keck, nach der großen Stadt begeben, um diese und die Menschen heimzusuchen, in ihre Häuser und Kirchen hineinzublicken, sie auf der Promenade zu besuchen, die ja alle Fremde besuchen; ich war heute Zeuge ihres Einzugs gewesen.

Es war schon die zweite Woche, daß ich mich in Barcelona befand und mich heimisch fühlte in dessen Straßen und Gassen. »Nach Valencia!« sprach ich, und der Gedanke an dieses schöne Land war wie eine Webersche Musik. Ich wollte mit der Diligence reisen; man hatte mir die Dampfschiffahrt längs der spanischen Küste als im höchsten Grade unangenehm geschildert, die Schiffe wären schmutzig und gar nicht zur Bequemlichkeit der Reisenden eingerichtet; würde das Wetter unruhig, sei es mit vielen Beschwerlichkeiten verknüpft, ans Land gesetzt zu werden; die Schiffe führen nicht in die Häfen, man müsse auf offener See in die schaukelnden Boote hinabspringen, und das Wetter könne so stürmisch sein, daß gar kein Boot sich hinauswage, um die Passagiere abzuholen; wir befänden uns bereits in der Mitte des Septembers, mit dem stillen Wetter sei es vorbei; und in der Tat, es hatte sich während der letzten Tage ein starker Wind erhoben, in den Häfen Barcelonas rollte die See dermaßen hoch hinein, daß sie die Mauerwände mit Schaum bespritzte. Wenn ich mit der Diligence abginge, bekäme ich doch etwas vom Lande zu sehen. Diese Art des Reisens schien mir die beste zu sein, allein sowohl unser Landsmann Schierbeck als jeder andere, mit dem ich hiervon sprach, rieten aufs Bestimmteste ab; es sei eine lange, beschwerliche Tour und die Hitze in den vollgepackten Diligencen zum Ersticken, die Wege seien außerdem in einem ganz aufgelösten Zustande; man müsse gewärtig sein, daß an Orten, wo keine Idee von einem Wirtshaus, ja vielleicht kein Obdach sei, längerer Aufenthalt eintreten könnte. Die Diligence von Madrid sei zwei Tage über die bestimmte Ankunftszeit ausgeblieben, ich müsse ja schon wissen, daß die Überbrückungen hier im Lande oft fehlten, wo der Weg über einen Fluß führe; habe ich doch kürzlich in Barcelona selbst die Gewalt eines Gebirgswassers mit angesehen; mit der Diligence zu reisen, hieße für den Augenblick sich den größten Beschwerlichkeiten, ja der Lebensgefahr auszusetzen. Gerade auf der Straße zwischen Barcelona und Valencia sei öfter an einem bestimmten Ort, wo die Bergströme ihre Herrschaft üben, Unglück geschehen; es sei nur wenige Jahre her, daß eine überfüllte Diligence fast ganz und gar verschwunden sei; man sei der Ansicht, der Strom habe sie in das offene mittelländische Meer hinausgeführt.

Noch wenige Stunden vor dem Abgange des Dampfschiffes schwankte ich in meiner Entscheidung, ob ich mit diesem fahren, oder zu Land reisen solle. Alle rieten zur Seetour, das Dampfschiff Catalan, das abgehen sollte, hatte das Lob, eines der besten und schnellsten zu sein; die Maschinerie sollte gut und der Kapitän tüchtig sein. Ich entschloß mich denn zur Seereise. Herr Schierbeck und unser Freund Buchheister aus Hamburg begleiteten uns an Bord. Der Mittag kam heran, bevor das Schiff die Anker lichtete, schaukelnd fuhr es dahin, in das offene Meer hinaus.

Über eine Meile weit war draußen das Wasser durch die Flußüberschwemmung noch kaffeegelb, plötzlich schnitt es scharf an der klaren, grünen See ab. Im herrlichsten Sonnenlicht lag das weit ausgedehnte Barcelona da; das Fort Monjuich mit seinem gelben Zickzack-Bergpfad trat deutlicher hervor; die Berge hoben sich, und über sie alle hinweg hob sich ein Berg, noch höher, sonderbar gezahnt wie die Rückenfinnen eines Fisches; es war der heilige Montserrat, von wo Loyola ausging.

III. Valencia

»Ich liebe dich, du stolzes Meer!« – das heißt, wenn ich auf dem Meer bin, muß es sich ruhig verhalten, sich blank und blau ausdehnen, ein Spiegel dem Himmel und auch mir sein. Ich liebe dich, »wenn wilde Stürme deine Wogen peitschen« – das heißt, ich muß auf dem festen Land stehen und es lieben, sonst bin ich von solchem Meer sehr geniert. Es stürmte nun gerade nicht an diesem Tag, allein das Meer war auch nicht blank und still; der Wind strich scharf über uns hin, das Schiff schaukelte nicht wenig, ich wagte mich nicht in die Kajüte zu dem gedeckten Mittagstisch hinab. Mein Reisekamerad Collin hatte ein besseres Los, ja, nach der Mahlzeit schmauchte er sogar seine Cigarre und streckte sich getrost in seiner Koje; ich saß oben auf dem Deck in dem sausenden Wind, saß wie in einer Schaukel, und die Bewegung gefällt mir gar nicht; – aber es gibt vieles, was einem nicht gefällt, und worin man sich doch schicken muß.

Am fernen Horizont erhoben sich Wolken, sie hatten scharfe Gebirgsformen, und die Abendsonne teilte ihnen eine blendende, rotgelbe Farbe mit; bald flimmerte ein Stern in der hohen, hellen Luft, immer mehr strahlten hervor; der Abend war schön, das ganze bergige Küstenland lag vor uns ausgebreitet, es zeichnete sich schwarzblau gegen das helle Wasser ab. Ich saß nicht allein, ein junger Deutscher aus Mannheim war an Bord, er wollte nach Madrid und hatte, da die Eisenbahn zwischen Barcelona und Saragossa zerstört war, den Seeweg über Valencia gewählt. Er war voll Jugendmut, freute sich über das Meer, das er früher nicht gesehen hatte, freute sich beim Anblick der schönen Küstenländer; natürlich und offen sprach er seine Freude aus, und als er vernahm, wer ich sei, und meine Schriften kannte, so hatte ich plötzlich einen jungen, jubelnden Reisefreund neben mir, der die Aufmerksamkeit selbst gegen mich war; um es mir recht gemütlich zu machen, wickelte er mir seinen wollenen Schal um den Hals und legte seinen Mantel über meine Füße, denn der Wind blies kalt, und die schaukelnde Bewegung des Schiffes verbot mir, meine Reisesachen, die noch im Koffer lagen, aus der Kajüte heraufzuholen.

Sympathie ist ein eigenes Ding, sie ist nicht für Geld zu erkaufen, man kann sie nicht für sein ganzes, warmes Herz eintauschen, sie muß geschenkt werden; sie fällt wie der Manna der Wüste vom Himmel herab. Hier fiel wirklich dieser Manna; ob dieselbe sich bei längerem Zusammenleben wochen- und tagelang halten könne, ja, das habe ich kein Recht zu bezweifeln, wohl aber ein Recht, mich nicht darauf zu verlassen.

Der Wind begann sich zu legen, die See ruhiger zu werden; unten in dem dunkelblauen Gewässer glänzten und blinkten die leuchtenden Fische wie Diamanten oder dahinfliegende Feuerzungen. Der silberweiße Schaum der Wogen leuchtete; die Wolken der Luft bildeten am Horizont Gestalten, die so aussahen, als hätten wir Land in der Nähe vor uns. Die fernen, schaumweißen Wogen schienen lange weiße Paläste zu sein, die kamen und schwanden. Die Uhr war schon nach zehn, als ich mich in die Kajüte hinab begab und in halben Nachtwachen schlief; das Meer verhielt sich ziemlich ruhig.

Mit Tagesanbruch stand ich wieder auf dem Verdeck.

Schwere Regenwolken hingen im Norden über das Meer, die spanische Küste zeigte sich hoch, nackt und wild, die fernen Berge öde und finster. Da erhob sich die Sonne; sie durchstrahlte die Wolken mit Gold und Purpur, ergoß einen veilchenblauen Schimmer über die finsteren Berge und verwandelte das Meer in blutfarbenes Öl, rein und leuchtend, es war, als glitten wir dahin über einen gewässerten transparenten seidenen Teppich, und als das Sonnenlicht in seiner ganzen Kraft wirkte, lag das große Meer da in majestätischer weit ausgedehnter Stille, es war, als segelten wir durch den lufterfüllten Raum.

Eine Menge leuchtende weiße Häuser an der Küste deuteten darauf hin, daß wir uns einer größeren Stadt näherten, man zeigte uns auf der bergigen Küste das römische Sagunt; von seinen ungeheuren Mauern, Türmen und Amphitheatern sind jetzt nur niedrige Ruinen übrig, die mit einer Wildnis von Kakteen überwuchert sind. – Murviedro heißt die Stadt, die sich auf all dieser alten Herrlichkeit erhebt; in dem hochliegenden Fort sind Soldaten einquartiert. Die Eisenbahn von Madrid nach Valencia in ihrer Verlängerung nach Barcelona ist erst bis hierher fertig. Wir sahen vom Schiff aus die Lokomotive mit ihrem langen Dampfschleier und der Wagenreihe längs dem Meer am Strand sich hin bewegen; es würde, hieß es, noch eine Weile dauern, bis wir Valencia erreichten. Jetzt befanden wir uns der Vorstadt derselben, dem Dorf Grao gegenüber, etwa eine halbe Meile von der Stadt entfernt. Zur Stadt selbst würden wir erst mit einem späteren Zug oder mit einer der vielen Tartanen gelangen können, die hier halten; diese sind zweirädrige Wagen mit einem Sonnenzelt, etwas größer als Droschken, und haben ausgebreitete Polstersitze. Am Landungsplatz wurden wir gleichsam überfallen von zerlumpten, schwarzbraunen

Knaben und wild aussehenden Lastträgern; sie knufften und stießen einander, wälzten sich an uns heran, um unsere Sachen auf das Zollamt zu tragen. Ein Spanier, der mit uns zusammen an Bord des Dampfschiffes gewesen war, nahm sich unserer an, besorgte unsere Sachen in eine Tartane, uns selbst in eine andere, und nun ging es vorwärts nach Valencia. Wir fuhren durch ein flaches fruchtbares Land, das uns recht an die Heimat erinnerte, die Landstraße war an beiden Seiten von Erdwällen begrenzt, und knorrige Olivenbäume, ganz als wären es unsere heimatlichen Weiden, lugten hervor durch hohes Röhricht, hier aus Bambus bestehend; die weiß angestrichenen Bauernhäuser am Wege hatten wie in der Heimat Dächer von Rohr oder Stroh, nur der lange bunte Teppich, der vor dem offenen Eingang herabhing, sprach von dem südlichen Lande.

Zwischen den Ruinen Sagunts und der Sierra da Santa Ana, dem südlichsten Punkt vom Land, erstreckt sich von dem steinigen Gebirge gegen das Meer hinab »la huerta«, der Garten, wie diese ganze von Obst und Wein schwellende Ebene um Valencia herum genannt wird, ein außerordentlich wohlbebautes Land, das durch ein Netz von mit Ziegeln ausgelegten Gräben aus der Mauren-Zeit bewässert wird. Hier sind große Brunnen, an denen ein Pferd das Rad dreht, durch welches die mit Wasser gefüllten Krüge ihren Inhalt in die Gräben ausgießen; niedrige, dicke Weinstöcke wachsen über den warmen rötlichen Erdboden dahin, Zitronen- und Apfelsinenbäume bilden kleine Haine, in welchen auch schlanke Palmen ihre Sonnenschirme erheben.

Eine große Brücke, ein ausgetrocknetes Flußbett, alte Mauern und ein Stadttor von Quadern waren das erste, was wir von Valencia erblickten; enge, ungepflasterte Straßen mit von Haus zu Haus ausgespannten Sonnenzelten führten auf einen Platz, wo ein paar leere Diligencen hielten, und wir befanden uns in Fonda del Cid.

Die finstern, winkeligen Treppen und Korridore, die hallenhohen, nur spärlich möblierten Zimmer, das ganze Aufwartungswesen deutete darauf hin, daß wir uns nicht länger in dem halbfranzösischen Barcelona befanden, sondern eine gute Strecke in Spanien vorgedrungen waren. Der Frühstückstisch stand gedeckt, die Speisen waren kräftig und gut, die Weintrauben groß wie Pflaumen, das Fleisch fein und von vortrefflichem Geschmack, die Melonen schmolzen wie Eis auf der Zunge, der Wein war glühend stark und die Luft heiß, um uns zu braten, es half nur wenig, daß große Rohrmatten über der offenen Balkontür hingen, um die Sonnenstrahlen auszuschließen, sie behaupteten doch die Herrschaft; man saß auf dem Altan und schnappte nach Luft, die Damen bestrebten sich, solche mittels des Fächers zu erhalten. Auf jedem Altan saß eine ganze luftbeflissene Familie; wenn man aus dem Fenster trat, befand man sich gleich in großer Gesellschaft; das Gesellschaftsleben blühte hier die Wände hinan, durch alle Etagen. Unten auf dem Platz war es still und öde, der Sonnenschein hatte sich dort festgebrannt, man verspürte durchaus keine Lust zum Hinuntergehen und Schattengeben.

Jetzt rief die Glocke des Hotels zur Tafel und der Tisch strotzte wieder von Gerichten; da gab es z. B. Schneckensuppe, der ganze Teller voll von unseren kleinen Schnecken, sie lagen da in ihrem Gehäuse, und das war es namentlich, was in dieser bräunlichen Suppe so überaus unappetitlich war; darauf folgten Tintenfische in Öl gebraten; aber auch eßbare, ja gute und ausgezeichnete Gerichte wurden aufgetragen.

Der Übergang vom Tag zum Abend war wie eine Verwandlung; einen Augenblick leuchteten die Wolken in

Rot, plötzlich verschwanden die Farben, die Sterne sprangen hervor, unten auf dem Platz wurde es finster, vom Haus des Nachbarn gegenüber warf eine Laterne ihren Schein auf ein blankes Barbierschild; ein junger Bursche wanderte, klimpernd auf seiner Gitarre, über den Platz, er verschwand in eine enge Gasse; ich hörte noch lange die Gitarre; sie setzte mich in spanische Stimmung – aber nun begann ein Hund zu bellen, nun noch einer, und bald hallte im ganzen Stadtviertel ein solches Gebell, daß es mit der spanischen Stimmung aus war. Das war der erste Tag in Valencia.

Meine Wanderung durch die Stadt begann am folgenden frühen Morgen. Die Sonnenstrahlen sengten schon; es würde ein heißer Tag werden, ich hatte am vorhergehenden Tag die Sonnenhitze kennengelernt. Wir befanden uns in der Mitte des Septembers, und die Hitze war kaum auszuhalten, wie mußte es hier im Hochsommer sein. Es hatte während der Nacht geregnet; die ungepflasterten Straßen zeigten große Wasserlachen und schlammigen Boden. Der Platz vor der Fonda, wo auch der Palast des Erzbischofs lag, bot nur Schmutz und Schlamm dar; in großen Sprüngen setzte man über die Wasserlachen in eine kleine Gasse hinein, in welcher der Dom liegt, zwischen Häusern eingeengt. Der Held Cid, als er Valencia erobert hatte, nahm vom hohen Turm dieser Kirche die Stadt und deren Umgegend in Augenschein, die Mehrzahl der Reisenden beginnt ihren Besuch mit demselben Anblick; ich ziehe es vor, erst an einem Ort heimisch zu werden und dann später von der Höhe herab die schon bekannten Punkte zu sammeln; jetzt setzte ich meinen Gang durch die Kirche fort und gelangte aus derselben in eine sehr belebte Straße, die auf einen großen Platz, angefüllt mit Menschen zu Fuß und zu Maultier, führte. Die Mehrzahl war Bauern, kräftige

Gestalten in malerischen Trachten, sie trugen eine Art Pluderhose, Zuragnelles, die ihnen bis ans nackte Knie reichte, Ledersandalen sind um die blauen Strümpfe geschnürt, sie tragen einen roten Gürtel und eine grasgrüne Jacke mit Schnüren besetzt, die Brust nackt, und über die Schulter die gestreifte Manta malerisch hingeworfen; ein Tuch um den Kopf wie ein Turban gelegt und über dasselbe den breitrandigen Hut, es sieht geradezu prächtig aus; übrigens hat dieser Volksstamm keinen guten Leumund; das Messer, sagte man, sitzt ihm ziemlich locker; früher lagen diese Leute fortwährend in Streit mit den Einwohnern der Stadt, die auch, dem Anschein nach, von anderer Abstammung sein müssen, was schon ihr helles Haar andeutet. Die häufigen Überfälle und Mordtaten, die vor nicht vielen Jahren in der Stadt und Umgegend geschahen, werden den Landbewohnern zugeschrieben, jetzt hat aber die spanische Gendarmerie Ordnung und Sicherheit zuwege gebracht; man passiert die entlegensten Straßen Valencias bei finsterer Nacht ohne jede Gefahr. Die Frauen, die ich hier sah, waren nicht so schön wie die in Barcelona, einzelne von ihnen trugen die lange schwarze Mantille, die Mehrzahl hüllte sich in blendend gelbe oder feuerfarbene Schals, hier herrschte überhaupt im ganzen ein strahlender Farbenwechsel, jede kleine Boutique breitete das Bunteste aus, das sie besaß, und selbst auf dem Boden lagen Waren und Gemüse, namentlich riesenhafte Zwiebeln und grasgrüne Melonen zierlich geordnet. Körbe gefüllt mit kleinen gewöhnlichen Schnecken von derselben Art, die wir am Tag vorher in der Suppe bekommen hatten, prangten vor La Lonja de la seda, der Seidenbörse, einem höchst eigentümlichen Gebäude mit zwei kolossalen Fenstern, groß wie Stadttore: Ein großer Saal, dessen Decke von spiralförmigen Säulen, hoch und schlank wie Palmen, getragen wird, bekam durch jene Fenster sein Licht. Auf

Fußboden und Tischen lagen hier große Bündel glänzender gelber Seide umher.

Aus diesem lebhaften Teil der Stadt geriet ich in ein stilleres Viertel, wo einige Knechte die Straße mit blühenden Myrtenzweigen kehrten; zu beiden Seiten der Straße lagen palastähnliche Häuser mit Vorgärten, blühenden Rosenhecken und Springbrunnen, gestreifte Sommerzelte hingen über die Balkons hinaus, und von einem dieser Balkons blickten zwei junge Mädchen herab, die schönsten, die ich noch in Spanien gesehen hatte; ihre Augen waren wie schwarze Flammen, ihr Mund sagte mit einem einzigen Lächeln mehr als irgendein Dichter in einem langen Gedicht zu sagen vermag – Byron und Petrarca mögen mir vergeben! Ich gelangte auf einen großen Platz hinaus mit umzäunten Gartenanlagen, prachtvollen Blumen, Palmen, Gummibäumen, den schönsten Gewächsen eines tropischen Landes. Die Sonne brannte aber auch tropisch. Hier waren Tartanen genug, aber man sitzt unter diesen wie unter einem Deckel, man sieht nichts, und deshalb ging ich lieber zu Fuß, ja, ich gelangte in der Sonnenhitze aus dem Stadttor hinaus, über die Brücke, die auf die Alameda, die Promenade Valencias, führt; dieselbe streckt sich zwischen dem ausgetrockneten Flußbett des Guadalaviars und einer Menge grüner Orangengärten hin, wo Platanen und Palmen weiß getünchte Landhäuser umschatten. Hier waren Wege und Stege die Menge, aber nur wenig Menschen, die Sonnenstrahlen fielen dermaßen glühend herab, daß man versucht war, sich eine Mütze aus dem frischen, kühlenden Kürbis auszuschälen und diesen anstatt des Hutes auf den Kopf zu stülpen. Ich warf mich doch zuletzt in eine Tartane, und unter deren Dach von Segeltuch, mich auf das gepolsterte Kissen hinstreckend, jagte ich dahin nach meinem lustigen Zimmer in Fonda del Cid.

Hier kam zu gleicher Zeit die Diligence aus Barcelona an, dieselbe, mit welcher wir hatten abfahren wollen; bespritzt und bestaubt war sie nur noch ein Gespenst von dem Fuhrwerk, das wir vor zwei Tagen gesehen hatten; die Pferde trieften von Schweiß, der Wagen war makadamisiert mit Staub, die Passagiere stiegen wie die Invaliden, einige mit Pantoffeln aus, denn während des langen Fahrens waren die Füße in den Stiefeln geschwollen, andere ohne Röcke; diese hingen ihnen über dem Arm, der Staub hing ihnen in den Haaren, und den Mageren hing er gar in den Wangenhöhlen: So sahen die Herrschaften aus. Der unglückliche Zentaur, der mit dem Pferd gleichsam verwachsene Vorreiter, war noch ganz anders leidend. Vor vier Tagen setzte er sich hier in Valencia zu Pferde, und von dem Augenblick an, in Galopp, immer in Galopp, in Staub und Sonnenbrand vorwärts, immer in derselben Lage, nur daß er sich auf den Stationen auf ein anderes frisches Pferd und wieder auf ein anderes setzte, bis er Barcelona erreichte; dann schnappte er dort eine Stunde oder zwei nach Luft, und nun wieder zu Pferd und nach Valencia! Von der Sonne verbrannt, halb erstickt von Staub, vorwärts, ohne Rast – und nun war er wieder hier, stand wieder auf der Erde, ging, aber der Gang war steif, das Gesicht das einer Mumie, das Lächeln das eines Kranken, zu dem man sagt: »Sie sehen heute wohler aus!«, der aber wohl weiß, daß es nur leere Worte sind.

Mit Valencia sind mehrere der alten spanischen Romanzen vom Cid verknüpft; Cid, der in allen Kämpfen durch alle Verkennungen seinem Gott, seinem Volk und sich selbst treu blieb, der seinerzeit in gleichem Rang mit Spaniens Königen stand und heutzutage noch der Stolz des Volkes ist. Als Sieger zog er in Valencia ein; hier lebte er in häuslichem Glück mit seinem edlen, heldenmütigen Weib Ximene und seinen Töchtern Donna Sol und Donna Elvira; hier umstanden alle seine Lieben ihn an seinem Todeslager; auch sein Streitroß Babieca hatte er mit herangezogen. Rührend heißt es in dem Lied: Das Pferd stand da fromm wie ein Lamm und betrachtete mit seinen großen Augen seinen Herrn, der es nicht anreden und den es nicht anreden konnte. –

Durch die Straßen Valencias zog in der Nacht der sonderbare Zug:

»Nach San Pedro de Cordona«,

wie der tote Herr angeordnet hatte. Die siegreiche Fahne Cids wurde ihm vorangetragen, vierhundert Ritter umgaben sie schirmend; hinter diesen kam die Leiche. Aufrecht auf seinem Streitroß saß der Tote, angetan mit seiner Rüstung, mit Helm und Schild, der lange weiße Bart wogte ihm über die Brust herab. Gil Diaz und der Bischof Jeronymo schritten, der eine zur rechten, der andere zur linken Seite, neben ihm einher, und Donna Ximene mit dreihundert edlen Männern folgte. Das Stadttor Valencias gegen Kastilien hin öffnete sich, und der Zug bewegte sich schweigend und langsam in die Gefilde hinaus, wo die Heere der Mauren lagerten. Ein schwarzes maurisches Weib schoß ihre vergifteten Pfeile auf den Zug ab, aber sie und dreihundert ihrer Schwestern mußten hierfür mit dem Leben büßen. Im Lager befanden sich sechsunddreißig maurische Könige; Entsetzen ergriff sie, als sie den toten Helden auf seinem weißen Hengst erblickten, und

»Alle fliehen nach den Schiffen,
Und stürzen sich ins Meer.
Wohl zehntausend waren ihrer.
Die die Schiffe nicht erreichten,
Die des Meeres Flut verschlang.«

Und Cid gewann solchergestalt, selbst nach seinem Tod, Ruhm und Reichtum, Zelte, Gold und Silber. »Auch der Ärmste wurde reich«, so lautet das Lied vom Cid in Valencia.

Noch steht das alte Tor von Quadern mit gezähnter Mauerkrone, durch welches der Tote hinausritt in jener Nacht der Angst und des Todes für die Mauren. Ich stand im Schatten des Tores, an den Helden und sein Streitroß denkend, und sonderbar, wie spielt der Gegensatz so oft eine Rolle: Während ich hier stand, trabte ein fröhlich singender Knabe durch das Tor auf der elendsten Kracke, die ich jemals gesehen habe: Haut und Knochen, ein Symbol des Hungers unter den Vierfüßlern, und der Gedanke wandte sich von dem edlen Streitroß Cids zu Don Quixotes Rosinante; beide gleich unsterblich in der Welt des Gesanges, die Gegensätze Babieca und Rosinante.

Am dritten Tag unseres Aufenthalts hier ging Collin am frühen Morgen mit dem Eisenbahnzug nach Murviedro; ich blieb in Valencia und trieb mich in den Straßen umher, ohne Neues oder Eigentümliches entdecken zu können. Ich suchte danach und hatte deshalb Papier und Bleistift bei mir. Doch eins fand ich – das hätte ich aber auch ebensogut in jeder anderen großen Stadt finden können.

Vor der Tür eines Manufakturladens, der die ganze Breite des Hauses einnahm, hing ein großes Kleidungsstück; es sah aus wie eine Sturmglocke, war aber von Leinen, das mit Stahldraht oder Bambus ausgespannt war. Es war das Kleidungsstück, das man heutzutage Krinoline nennt und in welchem alle Frauenzimmer gleich dick werden, junge Mädchen und alte Frauen: Es ist, als hätten sie einen Regenschirm um die Taille, was nichts mit der Natur oder dem lieben Gott zu schaffen hat. Hier hing nun dieses große, strotzende Ungeheuer, und da es sich so entsetzlich vor dem ganzen Laden ausbreitete, so hatte man es mit all dem Nippes von Kleidungsstücken behangen, die im Laden zu finden waren: mit Kinderstrümpfen, Halstüchern, Bändern und Fächern. Die Krinoline war in ein Ladenschild umgewandelt, die Sturmglocke, die die Kundschaft ins Haus läuten sollte, eine Glocke ohne Klöppel; Señora muß in die Glocke hinein, sie ist dann selbst der Klöppel in der Krinoline. Mir wurde bei diesem Anblick ordentlich ganz tiefsinnig zumute; ich dachte in die Zukunft hinaus. Ja, in tausend Jahren tragen die Frauenzimmer keine Krinoline mehr, man nennt nicht mehr den Namen; er ist alsdann nur noch in alten Schriften zu finden, und wenn diese gelesen werden und die Menschen im Bilde sehen, wie eine solche Krinoline und wie die Damen unserer Zeit, mit einer solchen Krinoline angetan, ausgesehen, so rufen sie ganz laut: »Du großer Gott!« Sie lachen, sie amüsieren sich. »Das war aber doch eine lächerliche Tracht!« Sie lesen von der Entstehung derselben, die dann schon eine Sage ist, lesen von der jungen, schönen Kaiserin, die im weiblichen Schamgefühl dieses Kleidungsstück erfand, um der Welt zu verbergen, daß sie Mutter werde; und das kleidete sie; sie war klug und weise, sie war schön, und das wollten sie alle sein, und deshalb legten sie alle Krinolinen an, die Dikken und die Dünnen, die Langen und die Kurzen; es sah entsetzlich aus! Wie wird sie, die schöne, die junge, die kluge Erfinderin gelacht haben, sie, die einen Sinn mit der Krinoline verband. Und nun stolzierten sie lange Jahre in dem Ding umher, in ihrem Land, im Nachbarland, in allen Ländern; der Klöppel läutete aus: »Es ist schön! Es ist angenehm! Es ist unendlich kühlend!« Das war anno crinoline, eine Plage zwar, aber eine Mode! Hier am Laden in Valencia läutete die Krinolinenglocke Käufer heran; ich zeichnete sie ab in ihrer ganzen Größe, so groß, daß sie jede weitere Beschreibung von Valencia verdeckt.

IV. Almansa und Alicante

Abreisen wollten wir. Es war noch Nacht, als die Tartane, die uns nach dem Bahnhof bringen sollte, vor der Tür hielt. Keine Laternen leuchteten uns, aber die Sterne funkelten in ihrer vollen Pracht. Die engen, krummen Straßen waren finster. Kein Mensch war zu sehen, bis wir nach einer langen, langweiligen Fahrt den dürftigen Bahnhof erreichten. Vor diesem, auf dem glatten Boden, flammten Lichter und Lampen; hier waren kleine Kaffeeausschanke, hier wurde Trinkwasser, Anisette und herrliches Obst verkauft. Hier gerieten wir in ein Gedränge hinein, Männer mit Lasten und ohne Lasten füllten den Platz, Bauern, in die burnusähnlichen Mantas gehüllt, dampften ihre Cigarren, Mädchen und Frauen, mit großem Anhang von Kindern saßen wie auf dem Verwunderungsstuhl. Man bekam hier Unterricht im Warten und Geduldüben: Als man uns die Wagen aufschloß, war es schon lange nach der bestimmten Abgangszeit; als wir aber erst in denselben waren, saßen wir gut, in einem Wagen der ersten Klasse, der ein geräumiges Zimmer mit Sofas und weichen Polstern war.

Wir fuhren endlich ab. Der Tag brach leuchtend an, die Wolken röteten sich, die Luft wurde strahlend klar, und dies alles geschah in einem Fluge, gleich dem, mit welchem wir dahinfuhren. Wir flogen durch ein Land des Sonnenscheins, in welchem große Palmen ihre grünen Fächer in die leuchtende Luft streckten; weiß angestrichene freundliche Gebäude lagen zwischen den von Früchten strotzenden Orangenbäumen. Der Wein wuchs, einem Gewebe gleich, über den Boden hin, rieselnde Kanäle bildeten den Einschlag; die ganze Landschaft wird aus der Vogelperspektive angesehen, dachte ich mir, wie ein ungeheurer Teppich zu schauen sein, zusammengenäht von allen den Fruchtstucken, welche die Maler auf die Leinwand gebracht haben. Der Aufenthalt auf jeder Station dauerte ungewöhnlich lange, aber dadurch hatte man wiederum Gelegenheit, die Menschen in ihren bunten Trachten zu beschauen.

Bei der alten maurischen Stadt Jativa*, die mit ihrer Zitadelle von großer malerischer Wirkung ist, endete der Garten Valencias. Man gelangte von der fruchtschwellenden Oase in die steinerne Wüste. Die Sonne brannte sehr stark, und es war, als wenn der steinige Boden, der die Sonnenhitze des vorigen Jahres in sich barg, diese in die schon gar zu heiße Luft ausströmen ließ. In weiter Entfernung von einander lagen vereinsamte Gehöfte, umgeben von festungsähnlichen Mauern, Verschanzungen gegen wilde Tiere und böse Menschen; nicht ein Baum war zu entdecken; das einzige Grün, das man erblickte, waren einige große Kakteen, die in Felsenklüften oder hinter verfallenen Mauern schwammartig hervorschwollen, schwer beladene Lastwagen, gezogen von sechs bis acht Maultieren, eins vor das andere gespannt, belebten ein wenig die sonst tote, ausgebrannte Wüste; es war, als hätte ein ätzendes Gewässer die ganze Landschaft überschwemmt, die glühende Luft jeden Grashalm abgebrannt und nicht einmal die Asche zurückgelassen.

Plötzlich hielten wir in einem großen Bahnhof an. Die

---

* Der Buchstabe J wird wie K ausgesprochen! Jativa = Kativa, Loja = Lokka, Tajo = Takko.

Schienen verzweigten sich in zwei Bahnen, die eine führte nach Madrid, und dorthin ging der Zug ohne Aufenthalt weiter, die andere führte nach Alicante, dem Ziel unserer Tagesreise. Es war zehn Uhr vormittags, wir hatten bis sechs Uhr abends zu warten, früher komme der Zug nicht, der uns weiter führen sollte. Wir mußten somit essen, schlafen, uns umsehen, so würde die Zeit schon vergehen. Hier am Bahnhof befand sich eine sehr gute, von einem Franzosen geführte Restauration, und ganz in der Nähe derselben war zur Bequemlichkeit der Reisenden ein orientalisches, schattiges Haus mit hohen, kühlen Zimmern gebaut, in welchem man aufatmen, ja übernachten könnte, wenn man wollte; und was die Merkwürdigkeiten betrifft, so hatte man nur eine kurze Strecke zu gehen, um das offene Dorf Almansa, aus der Kriegsgeschichte bekannt, zu erreichen.

Die Straßen dehnen sich gerade aus, sind sehr breit und ohne Pflasterung, die niedrigen Häuser haben weiße Wände, statt der Fenster haben sie einfach ein Loch, hier und da eine hölzerne Luke zum Verschließen; aber in der ganzen langen Straße ist keine Glasscheibe zu entdecken. Die breite Türöffnung ist durch eine Rohrmatte verdeckt; wo diese hinweggeschoben war, sah man in ein ärmliches, halbdunkles Zimmer hinein; dort saßen die Bewohner arbeitend, vor dem Haus konnten sie sich, der starken Sonnenhitze wegen, nicht aufhalten. Jedes Zimmer hatte seinen Ausgang nach einem grünen Plätzchen, wo ein Weinstock oder wenigstens ein blühender Busch seinen Schatten warf. Die wenigen Menschen, denen wir auf der Straße begegneten, hatten schwarze Augen, schwarzes Haar und braungelbe Haut; die Straße selbst lief an dem oberen Abhang eines jähen Felsens dahin, auf welchem die Ruine eines befestigten Schlosses lag; unterhalb, wo ich stand, in einem Sonnenschein als befände ich mich in den Flammen des Fegefeuers, liegen die Kirche und ein paar Gebäude, von schweren, behauenen Steinen aufgeführt, mit Wappenschildern über den Eingängen. Adelige Geschlechter hatten einst in diesen Häusern gewohnt, jetzt stehen die Säle verödet, in den Wänden sind große Spalten, Bretter sind über zerbrochene Fenster genagelt: Unter dieser Verlassenheit und Einsamkeit am hellen Tag gelangt man an ein Monument, eine Pyramide, die am Fuße einen ausgehauenen Löwen trägt, sie ist eine Erinnerung an die Schlacht von Almansa, am 25. April 1707, an welchem Tag das Dorf den Ehrennamen *fidelissima* erhielt. An diesem Tag war diese glühende Steinebene ein blutiges Schlachtfeld, mehrere Tausende lagen hier verwundet, noch mehrere Tausende getötet; der Sieger trug vierhundertundzwölf Fahnen davon. Dies alles ist jetzt längst vergessen und vergraben in Liedern und Sagen. Sonne und Wind sind mit ätzendem Finger über diese ungeheure steinerne Tischplatte dahingefahren, in welche, wie in Mosaik, Almansa eingelegt ist; Kampf- und Blut-Inschrift des Sieges sind verwischt.

Die Merkwürdigkeiten des Dorfes hatte ich nun gesehen und mußte zurück durch die breite sonnenscheinerfüllte Straße, immer aufwärts zwischen blendend weißen Häusern; sie leuchteten und wärmten, es war eine Wanderung durch einen hinduistischen Scheiterhaufen, ein langsames Autodafé, und als ich endlich mein Zimmer mit den verschlossenen Fensteröffnungen und der kühlenden Rohrdecke auf dem Fußboden erreichte, hatte ich ein Gefühl, als käme ich aus dem heißen Sand der Sahara in die Schatten einer Oase; ich sank erschöpft hin, atmete auf, und wenn es möglich war zu denken, so war mein Gedanke: Ich bin im Land der Sonne, mein Blut ist durchwärmt, daß es einen ganzen Winter daheim im Norden den Ofen entbehren kann. Welche Annehmlichkeit! Welche Ersparnis! Der glühende Sonnenkuß Spaniens war mir mit der sonnenheißen Luft in die Lungen, in das Blut geströmt, ich dachte an Sonnenschein, ich träumte von Sonnenschein, und dann muß man schon akklimatisiert werden. Blutfarbige Wolken leuchteten wie ein Fackelzug bei der Abreise von Almansa.

Der Zug fuhr pfeilschnell dahin, aber wir würden trotzdem kaum früher als gegen Mitternacht Alicante erreichen. Ringsum herrschte Finsternis, nur bei den verschiedenen Stationen leuchteten ein paar Gasflammen; Leute stiegen aus und ein, überall war Lärm und Gedränge; ich dachte mit einigem Schrecken an die Ankunft auf dem Bahnhof Alicantes, denn dort hatten wir niemand, der uns, wie in Barcelona, empfangen würde. Wie würde das ablaufen? Unser guter Stern leuchtete indes, wir bekamen neue Beweise von der Aufmerksamkeit und dem Wohlwollen des liebenswürdigen spanischen Volkes gegen Fremde. Im Wagen mit uns saß ein junger Spanier aus Sevilla; auf einer der Stationen gesellte sich ein Freund zu ihm, ein junger Offizier, der aus Alicante gebürtig war, er war die Lebhaftigkeit selbst, er sprach mit uns, wir mit ihm – das war eine Sprach-Arabeske von Französisch und Spanisch, zusammengehalten durch gegenseitiges Erraten. Wir sprachen vom Reiseleben, von der guten Straßenpolizei, vom Leben in Alicante; er wollte von mir meinen Stand und mein Amt wissen, und als ich ihm nun sagte, ich sei Poet und eine meiner ersten dramatischen Arbeiten behandle die Spanier in Dänemark unter Zamora, und er Kenntnis von diesem Zug und von der Flucht der Spanier hatte, so waren wir mit einem Mal wie alte gute Freunde; ich sprach meine Freude über sein schönes Vaterland und über all die Freundlichkeit und all das Wohlwollen aus, mit welchem man uns entgegenkam. Wir waren jetzt am Bahnhof von

Almansa und Alicante 57

Alicante. Hier war ein ungeheures Gedränge, allein unser junger Freund rief drei dort postierte Schildwachen herbei, und diese, trotzdem daß sie unter Gewehr standen, kamen heran; der eine Soldat nahm den Koffer, der andere die Reisetasche, und der dritte machte uns Platz nach der Tartane, die uns der Offizier selbst herbeiholte: Die Volksmenge wich aus, sie sah uns wahrscheinlich für eine vornehme Herrschaft oder auch für Gefangene an, die sich auf dem Transport befanden. Das blieb sich nun gleich, wir kamen wohlbehalten in den Wagen, unsere beiden spanischen Freunde drückten uns die Hand, sagten uns, was wir dem Kutscher zu zahlen hatten, und dieser fuhr nach der Fonda del Bossio, die in einer der breiten Hauptstraßen in der Nähe von Alameda de la Reina lag.

Ein blendendes Lampenlicht strahlte von der Fonda in die finstere Straße hinaus; breite Treppen führten hinauf in luftige Zimmer, die mit Rohrmatten belegt waren, alle Fenster standen offen, nicht ein Windzug war zu spüren; man setzte uns Früchte sondergleichen vor, feste, saftige Muskatellertrauben und funkelnden Wein, echten Alicante vor. Die Brandung des Meeres besorgte die Tafelmusik, die Sterne die Illumination, es war eine Sommernacht, wie ich sie früher nie gekannt, und am nächsten Tag, das wußte ich ja, begann wieder ein Sommertag mit Sommernacht, und so noch viele in dem sonnigen Spanien.

Am nächsten Morgen wollten wir Alicante besehen: Weiß übertünchte Häuser mit flachen Dächern und hervorspringenden Altanen, dies ist die Physiognomie; einige der Straßen sind gepflastert, die Alameda* sieht aus, als sei sie ein Streifen, aus einem der Boulevards von Paris

---

* Alamo ist der spanische Name der Pappel, daher Alameda, Pappelgang, Pappelallee, wo man unter Pappeln geht.

herausgeschnitten, und man würde dort ein so kleines abgeschnittenes Stück nicht vermissen; ihre Bäume geben nicht viel Schatten, aber die Leute sitzen dennoch hier reihenweise auf steinernen Bänken beisammen und sehen sich die Spaziergänger an. Zwei schwedische Matrosen gingen die Promenade entlang, sie sprachen keck und frei, sie redeten ihre Muttersprache, sie wußten, daß hier niemand sie verstehen würde; eine junge schöne Dame in Seide und mit Spitzenmantille bekleidet, ging an ihnen vorüber, sie schwebte auf den kleinen Füßen dahin, bewegte mit Anmut den funkelnden Fächer, bewegte die Augen, ganz natürliche Bewegungen – es war eine Dame von Stand. »Sieh das Mädel! Sieh das Mädel!« riefen die Matrosen. »Ah, eine wunderschöne Fregatte!« rief der eine; »Sie feuert Signalschüsse!« sagte der andere.

In der Nähe der Alameda, gegen den Hafen zu, gelangt man zu einem niedrigen, aber weit ausgedehnten Gebäude, eine Art Bazar für Fleischer, Fischer und Obsthändler. An den Wänden hingen blutende Hasen, Kaninchen und Fleisch für große und kleine Haushaltungen. In der Halle der Fischhändler lagen auf Tischen und in Gefäßen Fische und Wassertiere von allen Farben, Formen und Größen: flachbäuchige Aale, häßliche schwarze Fische, geformt wie ein Kasten. Hier summte einem das immerwährende Geplauder von Käufern und Verkäufern in die Ohren. Vom Fleisch und Fisch gelangte man zum Gemüse; hier lagen Orangen hingeworfen wie bei uns Kartoffeln; kolossale Zwiebeln und Trauben hingen an den Balkensäulen und schienen aus dem dürren Holz hervorzuquellen. Draußen streckte sich die Hauptstraße der Stadt hin, unter deren ansehnlichen Gebäuden namentlich das Rathaus sich mit Türmen an allen vier Ecken vorteilhaft ausnimmt; der Dom liegt einige Schritte von demselben entfernt, versteckt in der engen Gasse. Der Weg führt

Almansa und Alicante 59

durch eine feuchte Wölbung und einige finstere Bogengänge, die einige kränkelnde Bäume und eben solches Gebüsch umschließen. Die gewölbten Bögen der Kirche wirken drückend, das Licht fällt hier zu spärlich in die schwere, verschimmelte Luft hinein. Wie oft schon habe ich in den zur Andacht erhebenden Kirchen Spaniens einen Drang empfunden, mit der Gemeinde vor dem unsichtbaren Gotte niederzuknieen; hier aber atmete ich eine Luft ein, die nicht Gottes Odem war, ich ging in einem Halbdunkel einher, das Menschenwerk war. In dieser Kirche wird in einem Schrank unter Schloß und Riegel das Tuch aufbewahrt, womit die heilige Veronica das Antlitz des Erlösers abtrocknete, als er den Kreuzesweg nach Golgatha ging.

Von der Kirche beeilte ich mich hinauszukommen in Gottes frische, sonnenbeleuchtete Luft, wo ich fröhliche Menschen um mich sah, Leben und Lärm vernahm. Mädchen, Frauen und Kinder standen auf den Altanen und in den Haustüren; hier waren Motive für einen Maler zu finden.

Die Sonnenstrahlen reichten nicht zwischen die hohen Häuser hinab; die Altane begegneten sich, die Nachbarn konnten sich die Hand von Haus zu Haus reichen. Auf dem offenen Platz brannten die Sonnenstrahlen noch gewaltiger, es war, als saugten sie Kraft aus den weißen Mauern der Häuser, aus dem gelben Staubboden der Straße und aus den dürren Felsenwänden rings um die Stadt; keinen Baum, keinen Busch erblickte man; die Luft war dermaßen trocken, daß Mund und Hals ihre natürliche Feuchtigkeit einbüßten; und wollte man nun gar über den sonnengebackenen Hafenplatz nach einem der offenen Badehäuser am Strand gehen, dann hieß es, erst alle seine Kräfte sammeln, und nun vorwärts unter dem Schatten des Sonnenschirms; man tat dies instinktiv, denn nur im

Meer, wo die Wogen rollten, vermochte man den trägen, halbgekochten Gliedmaßen ihre Elastizität wiederzugeben.

Längs dem Strand, unter den von jedem Gewächs entblößten, flammengelben Felsabhängen, standen große hölzerne Buden, in welchen Löwen und Hyänen gezeigt wurden; hätten diese nur ihren Käfigen entspringen können, sie hätten wähnen müssen, sich noch in ihrem sonnenglühenden Afrika zu befinden. Auf dem Weg fuhr ein Wagen nach dem anderen dahin mit Herren und Damen in Nationaltrachten der Bauern von Samt und Seide, sie ließen die Kastagnetten hören, sie spielten die Mandoline und andere wunderlich langhalsige Saiteninstrumente.

Erst am folgenden Tag erfuhren wir von dem dänischen Konsul, daß ein Volksfest etwa eine Meile von der Stadt gefeiert wurde; Damen und Herren aus der Stadt in verfeinerten Volkstrachten hatten beim Fackelschein auf dem offenen Platz am Meer bis tief in die Nacht hinein getanzt. Schade, daß wir das nicht zeitig genug erfahren hatten. In der Stadt selbst war diese große Auswanderung nicht zu verspüren; es war Sonntag abend, die Alameda bot den Anblick eines Gewimmels von Spazierenden: Militärs, Zivilisten, Damen in schwarzen Mantillen und mit funkelnden Fächern, Mädchen und Frauen in bunten Tüchern. Die Militärmusik spielte bis gegen Mitternacht; die Kinderschar tanzte im Kreise herum inmitten des Gewimmels; alle Bänke waren mit plaudernden Gruppen besetzt, es war, als bewege man sich in einem Volksballsaal. Die Gaslaternen leuchteten festlich unter den dunklen Bäumen hin. Unten am Hafen war es dagegen leer und einsam, dort brannten keine Laternen, aber Sterne funkelten klar und groß, ich hörte die Brandung des Meeres, die Musik von der Alameda reichte bis hierher. Gedanken an die Heimat stiegen in mir auf. Erinnerungen an heimatliche Sommernächte, an ländliches Tanzen unter den Buchen an offener Meeresküste; es war aber kein Heimweh, das ich empfand; meine Stimmung war Frohsinn, die Heimat war bei mir in Gedanken und Tönen. –

v. Diligencefahrt über Elche nach Murcia

Alicante ist eine der Hauptstationen für die Dampfschiffahrt längs der spanischen Küste.* Von hier aus wäre es am bequemsten gewesen, sich nach Málaga einzuschiffen und von dort über Land nach Granada zu gehen, dann hätten wir allerdings Murcia aufgeben müssen, das uns als eine der interessantesten Städte geschildert worden war; dort sollten wir maurische Denkmäler und Zigeuner vorfinden, dort seien die malerischen Trachten heimisch; der Weg nach Murcia führe durch den vor allen anderen tropischsten Teil des Landes, wir bekämen den berühmten Palmenwald Elches, den größten in Europa, zu sehen. Dies alles konnten wir unmöglich aufgeben! Zwar knüpften sich an diesen Weg die allerentsetzlichsten Geschichten von Überfall und Plünderung; die Gegend von Alicante nach Murcia und von dort weiter nach Cartagena ist ja verrufen wie das Sierra-Morena-Gebirge. Indes versicherten uns unser Konsul und jeder Spanier, mit dem wir hier sprachen, daß wir nichts zu befürchten hätten; die Landstraßenpolizei sei vortrefflich, und alle Straßen wären sicher, man könne mit offenem Geldbeutel in der Hand reisen, niemand würde einem einen Pfennig nehmen.

* Die spanischen Dampfschiffe laufen Barcelona, Alicante, Málaga und Algeciras an; die französischen von Marseille nach Algeciras nur Alicante.

Eine echt spanische Diligencefahrt mußten wir denn doch auch versuchen. Wir bekamen zwei Plätze. Die Tartane hielt schon um zwei Uhr nachts vor dem Hotel und brachte uns unter hohlem Rollen durch stockfinstere Gassen nach dem großen Packhausgebäude, wo die Diligence hielt; bis zur Abfahrt stand es einem frei, sich hier in der engen, düsteren Gasse aufzuhalten oder auch »naher zu treten«, wo eine Lampe und ein halbes Licht die allernächsten Gegenstände spärlich beleuchteten. Der am meisten bestrahlte war ein halb angekleideter alter Herr, der im Büro, das heißt in einer großen Rosinenkiste, saß; seine Cigarre dampfte ganz fürchterlich, er besorgte die Schreibereien und kassierte Geld von den Passagieren ein, die noch nicht bezahlt hatten. Zwei bewaffnete Leute hatten sich auf dem glatten Boden ausgestreckt, und ein altes Frauenzimmer, in eine zerfetzte Manta gehüllt, lag schlafend auf einigen hingeworfenen gefüllten Kaffeesäcken. Kasten und Kisten, Pferdegeschirr und Reisbündel lagen einander im Wege in dem großen Raum, der sich in dem Dämmerlicht noch vergrößerte; ein paar glühende Cigarren weit im Hintergrund zeigten, daß hier Platz, Tiefe und mehr Menschen waren, als man zu erspähen vermochte.

Die Uhr schlug vier, bevor Güter und Personen in den engen, schweren, stoßenden Kasten zusammengepfercht waren, der sich nun, von zehn schellenbehangenen Maultieren gezogen, knarrend fortbewegte. Ich darf nicht sagen, daß wir dahin fuhren, wie wir von früher her in Spanien gewohnt waren, wir bewegten uns bedächtig, Schritt vor Schritt, es schien, als verließe der Kutscher ungern die staubigen Straßen Alicantes. Hier und da stießen wir an einen Stummel Straßenpflasterung an, man mußte glauben, derselbe sei einzig und allein da hingelegt, um dem Wagen und uns einen Knuff der Belebung mitzuteilen; unsere

Köpfe gerieten in nahe Berührung mit dem Deckel des lärmenden, rollenden Kastens. Wir fuhren an der Alameda vorüber, die Laternen waren erloschen; wir fuhren an unserem Hotel vorüber, es schien wieder zu schlafen, mein dicker spanischer Nachbar im Wagen schlief schon, ehe wir die staubige Straße Alicantes hinter uns hatten, in welcher bei der Morgendämmerung die Häuser wie große weißgetünchte Wasserbehälter in der Stadt des Wassermangels aussahen.

Je nachdem die Luft beleuchtet wurde und die Landschaft zum Vorschein kam, entfaltete diese sich in der Gestalt einer grauen Papierzeichnung. Die Landstraße war von einer außerordentlichen Breite, zehn Wagen könnten hier nebeneinander fahren, bald war sei steinig und eben, bald tief und aufgefahren. Der Gesichtskreis war von finsteren, kahlen Bergen begrenzt. Die ganze Gegend war wie eingerichtet zu Raub und Überfall; hier war kein lebendiges Geschöpf zu sehen; spärlich lagen einzelne Gebäude hingeworfen, groß und ausgedehnt mit ihren gemauerten Zisternen für das Regenwasser: Dieses wurde gläserweise verkauft, es war warm und von grauweißer Farbe, selbst mit Anisette gemischt schmeckte es doch wie Medizin.

Der Weg wurde immer schlechter, er entsprach ganz und gar den entsetzlichsten Beschreibungen, die man von spanischen Landstraßen liest. Es war, als führe man durch einen meilenweiten wasserleeren Teich. Der Majoral peitschte auf die Maultiere los, der Zagal rief und schrie sein Thiah! und donnerte eine ganze Reihe von Eselnamen heraus, es sollte in fliegender Fahrt gehen! Der schwere, schwerbeladene Wagen, in welchem wir saßen, wurde gewaltsam nach rechts geschleudert, gewann aber wieder das Gleichgewicht, indem er plötzlich mit den Rädern in ein Loch links hinabsank und ihm keine Zeit zum Umwerfen vergönnt wurde; dazu befand er sich in zu starker Fahrt. Nicht selten setzte der Wagen mit einem Sprung über einen Erdhaufen hinweg, daß einem die Eingeweide fast in Unordnung gerieten. Bald fuhren wir durch ausgedehnte Wasserlachen mit geheimnisvollen Geleisen, bald über steinharte Abhänge, die sich auf die Landstraße hinaus verirrt hatten, und zwar offenbar deshalb, damit wir umgeworfen werden sollten, aber wir fielen nicht um, wir eilten dermaßen dahin, daß es wahrscheinlich die Zentrifugalkraft war, die den Wagen in Schranken hielt. Und dieser von Göttern und Straßeningenieuren verlassene Weg führte in die paradiesischste Gegend, in eine Schönheitsoase wie der Zaubergarten Armidas. Wir näherten uns Elche; wir erblickten das von Früchten schwellende Tal und den sich weit ausdehnenden Palmenwald, den schönsten in Europa, das Paradiesischste, das ganz Spanien aufzuweisen hat. Mächtige Palmen erheben hier ihre schuppenbelegten Stämme, überraschend an Umfang und doch in ihrer Höhe schlank. Die Datteln hingen in großen, schweren Trauben Stiel an Stiel unter dem grünen Blattschirm; der ganze Unterwald bestand aus Granatbäumen, die feuerrote Frucht glühte hervor zwischen den dunklen Blättern; große, prächtige Granatäpfel schwebten an langen, grünen, nur zwirndicken Stielen; hier und da stand ein Zitronenbaum; die Früchte desselben erschienen blaßgelb gegen die feurigen Granatäpfel. Hier war eine Heimat der Üppigkeit, eine Umgebung für den sonnenstrahlenden Sakuntala.

»Es gibt in Spanien nur ein Elche!«

Die ganze Reise an diesem Tag hatte uns eine Umgebung, eine Natur aufgerollt, wie sie uns in Schilderungen von dem Heiligen Land ausgemalt wird. Wir waren über ausgebrannte Felsensteppen gefahren, hatten unseren Durst mit dem warmen Wasser der Zisternen gelöscht; die

Sonnenstrahlen hatten gesengt, wie sie es in den Tälern Palästinas tun; wir hatten in der heißen Luft den Schatten der Palme genossen, wie König David ihn genoß und wie ihn die Jünger auf ihrer Wanderung empfanden.

Die reiche Campagna Valencias könnte ein Gemüsegarten heißen, die Umgegend von Elche ist ein orientalischer Park, ist das Palmenbouquet Spaniens, und ein Bouquet, das einen meilenweiten Umkreis hat. Die Stadt selbst zählt etwa zweitausend Häuser und war zur Zeit der Römer größer und bedeutender; damals reichte das Meer bis an die Stadt, und Elche hatte einen Hafen. Wir fuhren eine Strecke Weges längs den gelbbraunen Mauern, sie trugen eine Draperie von Schlingpflanzen in reicher, frischer Fülle. In der kleinen Benta, bei welcher die Diligence anhielt, tranken wir unsere Chocolate, nach einer Stunde Rast schüttelten die Maultiere wieder ihre klingenden Messingzierate, und wir wurden aufs neue in die Diligence zusammengepfercht, die nun weiter gen Orihuela fuhr, dessen fruchtbare Campagna bei den Spaniern in solchem Rufe steht, daß sie von derselben sagen: Mag es regnen oder nicht, das Getreide wächst doch um Orihuela herum (Lluevo o no lluevo, trigo á Orihuela).

Die Prachtgebäude der Stadt, die großartige Kavalleriekaserne, den erzbischöflichen Palast und den Dom habe ich ganz gewiß gesehen, aber ich entsinne mich deren nicht, dagegen gedenke ich noch des Wirtshauses hier, wo wir unser Mittagsmahl einnahmen, das ist nicht so leicht zu vergessen. Der Hofraum, die Zimmer, die Küche, die ganze Bewohnerschaft waren so echt altspanisch, wie jemand es verlangen kann. Von der Straße her gelangte man in einen Hofraum, der überfüllt war mit Fuhrwerken aller Art, mit Tartanen und Wagen aus den Zeiten des hochseligen Ritters Don Quixote; die Diligence tat sich hier groß wie ein wohldressierter Elefant zwischen den übrigen Menagerietieren von Wagen. Truthühner, Katzen und anderes lebendiges Getier füllten den winkligen Weg zum Eingang des Hauses, der mit einer bestäubten, halb eingegangenen Weinrebe prangte, behangen mit Waschlappen und weggeworfenen Obstschalen. Der wie ein Torweg breite Eingang hatte weder eine Tür noch einen Vorhang; die Zimmer waren mit Menschen überfüllt, die an gedeckten Tischen saßen, die Fliegen sausten in großen Schwärmen umher, als wehe hier ein großer schwarzer Schleier. Nicht ein leerer Stuhl oder eine Bank war aufzufinden, man mußte draußen auf dem Hof suchen, sich eines Steines oder eines alten Gefäßes bemächtigen und sich dort unter einem Regenschirm in dem Sonnenschein niederlassen. Die Küche war der Knotenpunkt aller Zimmer; Flamme an Flamme brannte auf dem Herde, es wurde gebräkelt und gebraten; die Frauenzimmer, eins weniger hübsch als das andere, junge und alte, waren emsig damit beschäftigt, Wurzeln zu reinigen, Fleisch zu zerschneiden, zu kochen, zu braten und die Gäste zu bedienen, und trotzdem ging alles mit einer Langsamkeit, einer Schläfrigkeit, einer Gleichgültigkeit, die für einen hungrigen Magen etwas höchst Empörendes hatte. Die Frau Wirtin, ein junges, blondes Frauenzimmer, schwellend fett, sonst weiß und rot, führte mit tiefer Baßstimme das Kommando; sie sah aus, als ob sie tüchtige Kräfte besäße und gewiß ihren Mann stehen würde. Sie war ein echter Prototyp eines jungen Räuberweibes. Es war, als ginge es sie ganz und gar nichts an, daß neue Zufuhr von Reisenden angelangt sei und daß die Diligence hier ihre bestimmte Haltezeit habe. Wir alle waren der Nahrungsmittel sehr bedürftig, und zu wiederholten Malen wurde sie aufgefordert, für uns Sorge zu tragen, aber sie gab hierauf keine Antwort, es war, als sähe und höre sie niemand; ihrer Ausgelassenheit ließ sie den Zügel schießen, sie plauderte laut und ununterbrochen mit einigen begünstigten Gästen, die da saßen und richtig ihr Futter bekamen. Als ich, nachdem ich mich fast eine ganze Stunde geduldet hatte, sie an den Arm faßte und sie bat, mir wenigstens ein Glas Wein zukommen zu lassen, sah sie mich mit verwunderter Miene an, nickte halb gnädig mit dem Kopfe und sagte: »Warten bis die Reihe an Sie kommt!« Und ich mußte warten, wir alle mußten warten, bis die mit den klingenden Maultieren bespannte Diligence vorfuhr und der Majoral mit der Peitsche knallte, erst dann wackelten auf ihren Wink ein paar alte Frauen herbei, breiteten eine Serviette auf dem Tisch aus und trugen einen Braten nach dem anderen auf. Madame stand hierbei mitten in der Stube, die fetten Arme in die Seite gestemmt, und machte ein dermaßen gebieterisches, energisches Gesicht, daß es ordentlich belustigend wurde; sie hätte als Schild des Wirtshauses abkonterfeit sein müssen.

Wir stiegen in den Wagen und gelangten auf einen Weg hinaus, der wo möglich noch schlechter war, als der, den wir schon gekostet hatten: Loch an Loch, eine Fahrt über das Konvexe und Konkave, wir fuhren dahin über Erdklumpen und andere Erhabenheiten, welche Regenwasser, Sonnenwärme und das immerwährende Gefahre geschaffen hatten; es war kein Trost, daß man wenige Schritte von uns entfernt eine gute Fahrstraße ebnete und walzte, die in einigen Wochen fertig und angenehm zu befahren sein würde. Die Königin von Spanien befand sich für den Augenblick in Sevilla; sie besuchte zum ersten Mal die südlichen Provinzen des Reichs, man erwartete sie gleichfalls in Murcia, und deshalb hatten die Behörden vollauf zu tun, alles so einzurichten, daß Ihre Majestät erführe, wie vortrefflich die Landstraße sei; ja, sie würde sie gewiß und mit Recht loben können, wir Armen aber empfanden um so unzweideutiger, wie es um die Herrlichkeit des Weges stand.

Die nackten schwarzen Berge zogen sich tiefer in den Horizont zurück; Agaven mit baumhohem blühenden Stengel standen am Wege, die Felder waren überwuchert mit kolossalen Kakteen, mit ihren reifen, roten, gelben Früchten, und über die Hügel hin lag der blendend rote Pimientos, der spanische Pfeffer; die feuerfarbene Samenkapsel war zum Trocknen in der Sonne ausgebreitet.

Ein paar hundert Menschen arbeiteten emsig an der neuen Eisenbahn; wir saßen da nach Luft schnappend, nach einem Tropfen Wasser schmachtend; man brachte uns Wasser in einem großen tönernen Krug, der unter den schattigen Kakteen versteckt gewesen war, es war lau und übelschmeckend. Die Sonnenstrahlen bereiteten uns ein andauerndes Feuerbad, mich wollte es dünken, daß wir nicht weit vom Siedepunkt waren; die Tartanen hielten auf der Landstraße an; die Pferde schliefen gewiß, der Kutscher schlief, die Herrschaft drinnen im Wagen streckte sich auf den weichen Polstern aus, und verweilten ihre Gedanken gerade zufällig in der Bibel, so waren sie gewiß bei der Stelle von den Männern im feurigen Ofen. Nicht ein Vogel flog durch die glühende trockene Luft, und all dieses Feuer, all diese Glut, ja, die konzentrierte sich gleichsam in zwei großen leuchtenden Augen, die mich anblickten, indem ich in das niedrige Haus mit seinem flachen Dach, zwischen den bestäubten, elefantenklotzigen Kakteen, eintrat. Hier saß ein zwölfjähriges, ganz ausgewachsenes Mädchen, eine echte Murillo-Schönheit, sehr spärlich angekleidet – daran hatte nun die unerträgliche Hitze schuld; in der Hand hielt sie eine schwere, saftige Traube, »Feuer und Labetrunk« hätte die Umschrift dieses bacchantischen Bildes sein können. Ja, hier war man freilich in den heißen Ländern!

Kein Wind regte sich, selbst der Staub hatte nicht die Kraft, sich von der Straße zu erheben, und unten im Flußbett war kein Tropfen Wasser vorhanden. Der Fluß wird auch, wie der Spanier sagt, zur Ader gelassen, und zwar in dem Grad, daß er schon leblos erscheinen kann. Hier, wie um Valencia, ist der Fluß angezapft und durch künstliche Wässerung in der Campagna umhergeleitet, die dadurch in einen fruchtbaren Garten umgestaltet wird; Wein, Mais, Bohnen und Liebesäpfel wachsen in Beeten zwischen Maulbeeren und Granatbäumen. Wir fuhren hinab in das wasserlose Flußbett längs hohen Bambussen; die Brücke, über welche wir fahren sollten, erhob sich nun über uns, als sei sie ein alter Triumphbogen.

Vor uns, inmitten des großen Obstgartens, erblickten wir Murcia. Der schlanke Turm des Doms ragte über alle anderen Gebäude empor, als hätte er sich gereckt, um uns willkommen zu heißen.

vi. Murcia

Wir fuhren über ungepflasterte Straßen an dem Spaziergang der Stadt, La Glorieta, dahin, und die Diligence hielt bei einem Huésped an, der an das Wirtshaus von Orihuela erinnerte. Eine junge, schmutzige Pepita, mit frischen, weißen Blumen in den fettigen, schwarzen Haaren, erfaßte ohne weiteres unsere Hände und wollte uns in zwei Zimmer mit offenen Balkons führen; der feuerrote Rock, das brandgelbe Tuch und der ausgeschnittene weiße Kragen schrieen zusammen laut aus, wie wenig rein ihr Hals und ihre Arme waren; sie schien ihrer Schönheit gewiß zu sein. Hähne und Hühner flogen auf, wenn sie über den Hof schritt, und als sie erfuhr, daß wir eine andere Wohnung, anderswo in der Stadt, gewählt hatten, lehnte sie sich an das zerbrochene niedrige Gitter vor dem Eselstall des Hauses, schlug mit den Kastagnetten und zwinkerte mit den Augen, bis wir diesem Feuerwerk aus dem Gesicht waren.

Ein dünner, alter Knecht lud mühsam unsere Koffer und Reisetaschen auf, die er zusammengeschnürt hatte, und lief mit ihnen im Galopp davon, damit er um so schneller die Last los werde. Wir erreichten bald die Kathedrale, und hinter derselben, auf der Plaza de San Leandro, traten wir in das uns empfohlene Hotel: *antigua casa de la hospedage de la cruz.* Es war keine Fonda ersten Ranges, aber immer das beste Haus in Murcia, in welches ein

Fremder einkehren konnte. Hier war es vortrefflich und unglaublich billig. Man wies uns zwei große Zimmer mit Balkons an, der eine ging auf den Platz, der andere auf die Seitengasse hinaus. Wir hatten einen Brief für den Wirt Don Juan de la Cruz und seine Frau bei uns, allein diese beiden, so sagte man uns, wohnten nicht mehr im Hause, die Wirtschaft war von Anverwandten, jungen, freundlichen, sehr braven Leuten übernommen worden. Diese frugen uns, ob wir nach französischer oder spanischer Art bewirtet sein wollten; wir wählten die letztere und waren sehr zufrieden. Wir bekamen zum Überfluß gebratene Pfauen und Wachteln, wunderschönes Obst und guten Wein, und für dieses alles, Kost und Logis, bezahlten wir täglich sechzehn Realen, ungefähr ein Taler und fünf Groschen.

Der Platz, auf dem wir wohnten, lag gerade hinter dem prächtigen Dom; Orgelmusik und der Gesang des Ave Maria tönten aus der Kirche zu uns herüber, aber vor demselben war es einsam und still; wir sahen einige Priester im vollen Ornat über den Platz hinschreiten; ein paar Chorknaben in roten Chorhemden und mit großen Spitzenkragen um den Hals begleiteten sie. Die Kirche war hier natürlicherweise der erste Ort, den wir besuchten.

In seiner ursprünglichen Gestalt als türkische Moschee muß das Gebäude von großer Schönheit gewesen sein, es ist aber zu verschiedenen Zeitaltern mannigfachen Veränderungen unterzogen worden und hat durch die hinzugefügten Verzierungen gelitten. Der große Haupteingang ist mit Schnörkeln und Basreliefs überladen worden, schwere steinerne Figuren drücken das ganze Portal. In dem maurischen Turm aber, wenn an demselben auch mehrere der pferdehufförmigen schlanken Fenster vermauert sind und er unter diesem und jenem Anbau leidet, dominiert doch immerhin der maurische Stil. Niedrige, aufwärts führende schräge Stufen bilden einen bequemen Aufgang von der Straße zu den Glocken in der Höhe. Luftig und frei läuten diese über Stadt und Land hinaus.

Das, was mich an Murcia besonders fesselte, war das Zigeunervolk; hier, wie in Granada, bewohnte es eine ganze Vorstadt. Ganz allein, war mir gesagt worden, sei es nicht gerade ratsam, sich in diese Vorstadt zu begeben, das Messer sitze ziemlich lose bei diesen Leuten. In allen Ländern Europas, wo noch Zigeuner zu finden sind, bilden sie ein umherziehendes Volk, so in Ungarn, in England und oben in Norwegen; nur Spanien scheint ihnen ein Heimatland zu werden. [...] Am folgenden Tag ließ es mir keine Ruhe mehr, ich mußte hinaus in die Vorstadt Murcias, wo sie wohnten. Ich würde jedoch, sagte man mir, nicht ein von diesem Volk ausschließlich bewohntes Viertel finden, im Verlauf der letzteren Jahre hätten sich auch Christenfamilien dort niedergelassen, und einzelne Gitanos hatten sich wiederum in der Stadt seßhaft gemacht, Gitanos und Spanier gingen Ehen miteinander ein; die Entwicklung schritt fort auf Kosten der Romantik.

Von dem stillen Kirchplatz, wo wir wohnten, gelangt man bald in ein verkehrsvolleres Viertel; hier liegt die Alameda, auf welcher üppige Trauerweiden stehen, die ihre laubreichen Zweige über das ausgetrocknete Flußbett hinaushängen; eine gemauerte große Brücke führt zu einem Platz hinüber, auf welchem wir Lärm und Gedränge von Menschen vorfanden; malerisch gekleidete Bauern ritten auf ihren reich ausgeputzten Maultieren einher, die Frau oder die Geliebte hatte ihren Platz hinten auf dem Tier. Nackte Kinder von zwei, drei Jahren liefen umher und bräunten sich in der Sonne, eins trug eine Apfelsinenschale um den Hals, das war seine Auszeichnung: Lorbeerbäume und blühende Oleander wachsen hier buchstäblich im Rinnstein, und der Rinnstein führte Wasser, klares Wasser, welches er den ausgetrockneten Tiefen des großen Flusses opferte. Wir befanden uns indes, wie wir erfuhren, hier nicht auf dem Wege nach der Zigeunervorstadt, aber aufgefunden mußte sie werden, und wir fanden sie auch. Wenn ich zeichnen könnte, würde ich nicht unterlassen haben, ein Bild aus derselben mit in die Heimat zu bringen.

An einem kleinen, mit Rohr gedeckten Hause, an welchem ein bestäubter blühender Oleander sich ausbreitete, stand ein schwarzhaariger Bursche, die Haut braun, als sei sie mit Walnussaft eingerieben, die Augen flammend schwarz, die Gesichtszüge deutlich die eines Gitano; er schliff ein großes Räubermesser und ward hierin von einem kleinen nußbraunen Mädchen in einem brandgelben Rock unterstützt, es fehlte dem Hemd der Kleinen ein Ärmel, aber man sah dafür einen ganz allerliebsten Kinderarm. Sie drehte den Schleifstein und steckte die Zunge nach mir aus, während ich vorüberging.

Der kürzeste Weg zurück führte durch die Hauptstraße Calle del Caballeros; die Sonne brannte, daß man selbst das Aussehen eines Gitano bekam. Nicht weit von der Kirche entfernt lag ein Gebäude, welches wir für ein Café ansahen, von gleicher Eleganz wie wir solches in Barcelona gesehen hatten. Hier waren luftige Hallen; steinerne Säulen trugen das Dach, ein großes Zeltdach war über den Garten gespannt, in welchem zwischen Blumenboskett und Springbrunnen Bänke und kleine Tische mit Büchern und Journalen aufgestellt waren. Collin und ich traten hier ein, wir verlangten Erfrischungen, der Aufwärter lächelte und sagte, daß wir uns im Lokal einer geschlossenen Gesellschaft, im Kasino der Stadt, befänden, fügte aber hinzu, daß wir, weil Fremde, nur bleiben sollten, genießen, was wir wollten und die Zeitungen lesen, nur müsse er erst bei einem der Direktoren Meldung machen; und wir erhielten denn auch sofort mit spanischer Höflichkeit die Erlaubnis zum Aufenthalt; man frug nicht nach unseren Namen, nur nach dem Land, aus welchem wir wären.

Hier war es schattig, aber kein Lüftchen regte sich, die Hitze dominierte; man solle sich aber auch während des sonnenheißen Tages ruhig verhalten, nicht immerwährend auf der Wanderung sein; uns brannten die Sohlen unter den Füßen, die Sohlen solle man aber auch erst abends auf der hochliegenden Alameda benutzen, von welcher man über den Fluß und die Campagna in die Berge hineinschaut; diese strahlten in Flammenglut beim Sonnenuntergang, aber nur einen Augenblick, der Schimmer erlosch, und die Sterne sprangen hervor, als hätten sie des Signals geharrt. Aus einem Haus klangen Kastagnetten, nicht aber wie man sie im Norden hört; dort klingen sie, als lärmte man mit hölzernen Schalen, hier schlagen sie einen Akkord an, stoßen einen Klang aus, der im starken Taktschlag in Fülle schwillt; sie behaupten ihren Platz als selbständige Instrumente, sie schleudern ihre Melodie hinaus, es ist eine ganze Dichtung, die geheimen und doch laut werdenden Bekenntnisse zweier Herzen. Wir kennen im Norden die Gewalt und die hohe Abstammung der Kastagnetten nicht.

Granate, Zitrone, trotz vornehmem Stolze,
Gabt ihr Kastagnetten den kostbaren Leib;
Ihr Klang drum entsprießet dem edelsten Holze,
Und feurigem Blute bei Mann und bei Weib!

Es strömt in die Finger wie Feuer vom Herzen,
Es schlagen die Pulse mit Donnergewalt,
Es tönen im Takte so Freuden als Schmerzen;
Verstehst du die Worte in dieser Gestalt?

Verstehst du den Sinn, der im Klange erblühet?
Es sagt's Dir des Herzens entschwundene Ruh,
Granatbaum, so mach, daß die Blume dir glühet,
Zitrone, dich zünd' ich, so brenn denn auch du!
Wir kosen, wir küssen, doch was sich auch mühet –
Einst decket die Asche das Rasentuch zu.

Ja, so klang es aus den Kastagnetten heraus, und der Klang der Kastagnetten war in Spanien mein erster Gesang.

Aus der engen Gasse heraus bewegte sich eine Prozession über den Platz hin – die einzige, die mir während meines ganzen Aufenthalts hier im Land zu Gesicht kam; die Lichter brannten mit langem Docht, Gebet und Psalmengesang vermischten sich, ich verstand die Worte nicht, aber mir fiel bei dem allen der alte spanische Psalm von Prudentius ein, der auch in unserem dänischen Gesangbuch steht. »Haltet Maß mit der Trauer, mit der Klage.« Es war das Leichenbegängnis eines jungen Mädchens; Geistliche mit Kreuz und Fahnen folgten, jeder einzelne im Zuge schritt mit einer langen, dünnen, brennenden Wachskerze einher, Chorknaben schwenkten Räuchergefäße. Hoch auf den Schultern vermummter Männer wurde auf einem silbergestickten Teppich der offene Sarg einhergetragen; ein junges Mädchen lag in demselben, wie ein schönes Wachsbild, überstreut mit Blumen lag es da unter Gottes hellem Sternenhimmel; es war, als schliefe es, als sollte es mit Sang und Segen in seine Schlafkammer gebracht werden. Von allen Zuschauern auf den Balkons und von allen Vorübergehenden bekam die Tote einen Gruß, sie, die in ihrer Ruhe den Vorausgegangenen einen Schritt näher war, als alle wir Lebenden es sind. Ich folgte der Prozession eine kleine Strecke bis hinter die Kirche und sah von meinem Balkon aus die letzten Lichtpunkte derselben verschwinden.

Der Abend war still und sternenhell; plötzlich tönten wieder Kastagnetten, junge Herzen begegneten sich oder sehnten sich nach Begegnung. Jetzt klingelte, ringelte und raschelte es, man vernahm ein schweres Gepolter, es war die Diligence, von zwölf Maultieren gezogen, die mit Schellen und Messingzieraten behangen waren, die Laterne vor dem Sitz des Majorals warf ihren Schein über die dahin jagenden Maultiere, und nun trat wieder Stille auf dem Platz und in den Straßen ein, selbst die Kastagnetten und Gitarren verstummten; es war Friede auf Erden und im Himmel; die Sterne droben funkelten groß und klar, die Luft war leicht, und doch wie warm, wie schön zum Leben und Atmen.

Wie lange würden wir unseren Aufenthalt in Murcia wohl noch ausdehnen? Ja, das konnte das erste Dampfschiff, welches von Cartagena nach Málaga ginge, entscheiden; acht Tage wollten wir noch auf dasselbe warten, länger aber nicht, alsdann mußten wir den Weg nach Alicante wieder zurück, von welcher Stadt der Abgang der Schiffe regelmäßig ist.

Einer unserer Freunde in Murcia ließ für uns telegraphieren, und das Telegramm, welches ankam, meldete, daß ein Dampfschiff nach Málaga baldigst zu erwarten sei; wir mußten demnach schon am nächsten Tag die sechsstündige Fahrt nach Cartagena unternehmen.

Um zehn Uhr vormittags ging die Diligence von demselben Huésped ab, bei welchem wir vor vier Tagen abgestiegen waren. Die schmutzige Pepita stand wieder da in ihrem feuerroten Rock mit dem brandgelben Halstuch, eine frische Blume in dem fettigen Haar. Die Diligence, in die wir einsteigen sollten, schien aus zwei hölzernen Buden zu bestehen, die man zusammengehämmert hatte; Collin und ich gelangten mit einem alten geistlichen

Herrn in die vorderste Bude; die Scheidewand zwischen uns und der hinteren Bude wurde sofort herabgelassen, so daß wir einen immerwährenden frischen Luftzug im Nakken und sechs Personen als Hinterlast hatten. Da war ein entsetzlich kokettes, affektiertes Dienstmädchen, das ein Mundwerk wie ein Mühlrad hatte, da war eine ältere Dame, fett und träge, ein Stück schlafender Speck; im äußersten Winkel saß eine Person, deren Kleider bis ans Unglaubliche geflickt waren; es war keine geringe Aufgabe, da herauszufinden, welcher Lappen an Rock und Hose dem ursprünglichen Kleidungsstucke angehöre. Von den übrigen drei Personen gehörte die eine zu den besser Gekleideten, es war ein Mann mit Busenstreif am Hemd und strahlender Busennadel, aber seine Wäsche war dermaßen schmutzig, daß er sich, wenn er alle Tage so aussieht wie an diesem, jedenfalls schmutzige Wäsche bei irgendeiner Waschfrau leihen muß. Die Atmosphäre im Wagen war ein Gemisch von Tabaksrauch und Zwiebelgeruch; ich bemerkte sie schon, als ich meinen Fuß aufs Rad setzte, um einzusteigen; ich mußte mich umdrehen, um einen weniger gemischten Mund voll Luft zu bekommen. Ich blickte zum Altan des nächsten Hauses hinauf, dort standen einige Frauenzimmer, die ihren Freunden und Freundinnen ein Lebewohl zuwinkten; ganz vorn stand ein allerliebstes Kind, ein Mädchen von etwa zwei Jahren; ich nickte ihm zu, und es ward darüber so verlegen, daß es in seiner Unschuld sein Hemdchen über den Kopf hinaufzog. Und nun sage mir einer, daß die jungen Spanierinnen nicht verschämt seien!

Wir rollten durchs Menschengedränge zur Stadt hinaus in eine schattige Allee mit Gärten, Weinfeldern und Maulbeerhainen zu beiden Seiten, fort aus dem heißen Murcia.

VII. Cartagena

Während der ersten Stunde fuhren wir noch immer in der fruchtbaren Campagna, dann war es aber auch mit der Herrlichkeit aus, die Landschaft wurde steinig, dürr und ausgebrannt; ein starker, durchdringender Wind blies vom Meer her; ringsum war es öde, langweilig und menschenleer. Vor einem einsam stehenden Haus an der Landstraße machten wir halt, man verkaufte uns hier warmes Regenwasser, welches mit herber, schlechter Anisette vermischt wurde. Um vier Uhr nachmittags erreichten wir Cartagena und gelangten durch enge finstere Gassen an das uns ganz besonders empfohlene Hotel, Fonda Francesa.

Lange, schwarze Gänge, schmale, steile Treppen mußten wir betreten, unheimlich und finster sah es hier aus; hohe, gefängnishafte Kammern; die Fenster, alle mit Eisengittern versehen, saßen so hoch in der Mauer, daß man auf den Tisch steigen mußte, um hinauszusehen, oder richtiger, in die offene Balkontür des Nachbarn gegenüber, hineinsehen zu können; diese war immer in naher Berührung mit den gegenüberliegenden Fenstern. Ein solches Zimmer bekam Collin, ich erhielt eins mit Altan und einer kleinen Glasscheibe in der dicken Mauer. Hier war es durchaus nicht gemütlich, man müßte es denn gemütlich nennen, daß man sofort mit der Familie des Nachbarn gleichsam zusammenwohnt, mit ihnen in seiner Stube lebt, ohne doch in der Stube zu sein, es liegt eine Straßenritze dazwischen, aber dieselbe ist zu bewältigen. Ein Schritt durch die Luft, und man befindet sich in der Familie. Den Vorhang drüben hatte man zurückgezogen, die Sonne schien ja nicht hinein, nur die Augen der jungen Señora strahlten, und es wäre Unrecht von mir gewesen, hätte ich diesen Sonnenschein aus meinem Zimmer ausschließen wollen.

> Im afrikanischen Städtchen
> Cartagena bin ich zu Haus,
> In dem schmalen engen Gäßchen,
> So eng, kaum spricht es sich aus.
> Ich faß' den Balkon mit den Händen
> Beim Mütterchen drüben, grad' vor,
> Wo die reizende Tochter träumet
> In der Jugendschönheit Flor,
> So voll, so kräftig, so feurig;
> Das lange, kohlschwarze Haar
> Entwirrt behend' die Mutter,
> Auf die Füße fällt es ihr gar.
> Die Schulter gleicht der Antike,
> Dem Blitze der Flammenblick,
> Man fühlt sich versengt und geblendet,
> Und sucht ihn doch wie ein Glück.
> Von Afrika glühen die Lüfte,
> Und heiß wie sie ist mein Blut; –
> Doch jetzt will ich löschen die Lampe
> Und löschen mit ihr die Glut.

Am frühen Morgen, die Uhr war kaum vier, klopfte es an meine Tür; einer der Hausknechte meldete, daß das Dampfschiff, welches nach Málaga abginge, eingetroffen sei und daß es früh am Vormittag wieder abgehen würde;

das kam mir denn doch etwas überraschend, ich war ermüdet vom Fahren und hatte mich noch nicht in Cartagena umgesehen. Der Bursche ließ die Äußerung fallen, daß morgen oder übermorgen wieder ein Schiff, das nach Málaga ginge, ankommen werde, und als ich diese Möglichkeit vernahm, ließ ich es darauf ankommen und blieb.

Unser dänischer Konsul, der Spanier Bartolomeo Spotturno, empfing mich mit viel Freundlichkeit und trug seinem jungen Sohn, der russischer Vizekonsul, in Deutschland erzogen ist und die deutsche Sprache fließend spricht, auf, mir und meinem Reisegenossen zu Diensten zu sein, und er war dies in der liebenswürdigsten Weise; wir konnten uns keinen besseren Führer wünschen, er machte uns mit Kenntnis und Lebendigkeit auf alles aufmerksam.

Durch die Puerta del Mar gelangten wir nach dem Hafen, der von großer Ausdehnung und erstaunlicher Tiefe ist; eine Felseninsel deckt ihn vor dem Wind, das Fort Fuerte de Navidad und Castillo de Santa Barbara schützen ihn gegen den Feind. Eine so wilde, ausgebrannte Natur, wie hier, habe ich nirgends gesehen, keine Bäume, keine Gebüsche, nicht einmal der sonnengeborene Kaktus war zu erblicken. Die Felsen nah und fern trugen die Farbe rotgelber Torfasche. In den Bergen sind Silberminen, und in den Tälern wächst das Espartogras in einer solchen Fülle, daß deshalb die Stadt den Beinamen Spartaria erhielt. Wenn in ein paar Jahren die Eisenbahn von Madrid nach Cartagena vollendet sein wird, wird unfehlbar der hiesige Hafen von allen spanischen Häfen vorzugsweise besucht sein. Begleitet von einem jungen Seeoffizier, einem Anverwandten unseres Konsuls, setzten wir in einem Boot nach dem Arsenal über, besahen dort die ungeheuren Schiffswerften und die großartigen Docks, ein schwindeltiefes Felsenbassin; überall arbeiteten Galeerensklaven. Für den Augenblick schien all die hiesige Emsigkeit sich in Veranlassung des bevorstehenden Besuchs der Königin zu entfalten. In mehreren Zimmern wurden Schilder ausgeschnitten und bemalt, Transparente und andere Verzierungsgegenstände gefertigt; vor dem Arsenal legte man einen künstlichen Garten an, man führte Erde, Pflanzen und Büsche hierher.

Cartagena liegt niedrig, nur eine einzelne Straße schlängelt sich die Felsenküste hinan; der Anblick von hier über Bucht und Meer ist außerordentlich malerisch. Ich wanderte diesen Weg allein, immer höher; ein Bauer begegnete mir, er saß auf seinem Maultier und hatte zwei gefüllte schwere Säcke vor sich, der eine Sack war entzweigegangen, und eine ockerrote Masse sickerte heraus; er mußte ihn mit einem alten Lappen und ein paar Stecknadeln bepflastern; es war rote Almagroerde, die er zur Stadt brachte; dieselbe, erzählte er mir, werde bei einem Dorfe in der Nähe von Cartagena ausgegraben und zur Vermischung mit dem Schnupftabak verwendet. Eine Strecke weiter gelangte ich zu einem kleinen fensterlosen Haus; es erhielt für seinen inneren Raum das Licht nur durch die offene Tür; vor derselben saß ein junges, niedliches Mädchen und nähte an ihrem feuerroten Rock; es war eine anstrengende Näherei, und sie hatte deshalb auch den Rock ausgezogen, der lag ihr auf dem Schoß; dicht neben ihr stand ein kleiner Knabe im kurzen Hemdchen, er lehnte am Türpfosten und schlug die Kastagnetten, es hatte aber nicht den rechten Klang. Ich schritt vorüber, mußte aber denselben Weg zurückgehen; große Regentropfen fielen nieder, endlich goß es vom Himmel herab; ich suchte Schutz in dem fensterlosen Haus bei dem kleinen Knaben mit den Kastagnetten und der jungen Schönheit. Sie sprach mit mir, als wenn ich in Cartagena zu Hause wäre, als wenn wir uns schon öfter gesehen hätten, und hatte doch ein Benehmen, so weiblich, so niedlich – gewiß ein vertauschtes Grafenkind; sie warf den Kopf, als gehörte ihr ganz Cartagena, als stände sie da in Samt und Gold, und doch hatte sie nur einen einzigen roten Rock an. Sie zeigte dem Knaben, wie er die Kastagnetten schlagen sollte, und das mit einem Ernst, der komisch war. Der Regen hörte gar zu schnell auf, und nur der Regen gab mir ein Recht zu verweilen, aber ich hörte noch lange die Schläge ihrer Kastagnetten; sie wurden gleichsam von unten, wo die Straße begann, beantwortet; auch dort klangen Kastagnetten, und als ich mein Zimmer betrat, klangen sie vom Nachbarhaus herüber.

Dort waren schöne Töchter, dort kamen junge Soldaten auf Besuch; sie warfen ihre Jacken ab; die Kastagnetten ließen Rhythmen und Melodien hören, Verzierungen, Triller und Tremulanten; es war eine wahre Kunstfertigkeit! Der Tanz begann, sie lachten, sie sangen, es wurde auf der Gitarre geklimpert; der sonnenheiße Tag schlug in einen sternenhellen Abend um, aber die Luft war heiß, man hatte ein Gefühl, als werde man zu einem Spanier angefeuert. Ich saß auf dem Balkon und schaute hinüber zu der glücklichen Jugend. [...]

Sie blickten einander in die Augen, sie lasen ihre Zukunft in den Sternen; die glückliche Jugend! Sie blickten in den Himmel hinein, ich blickte in ihn hinauf, hinaus in die leuchtende Unendlichkeit. Sie küßten sich drüben und ließen es mich sehen, daß sie sich küßten, und auch die ehrwürdige alte Dame drüben mit der schwarzen Mantille sah es, sie mochte gewiß die Mutter sein, und da sie es mit ansehen durfte, so war der Kuß Verlobung. Wie herrlich, jung und lebensfroh zu sein, in Flammen aufzugehen! Und es flammte drüben, und die Flamme war nahe daran, im Nachbarhaus geradeüber anzustecken – ich mußte auf den Altan hinaustreten.

Am Himmel die Sterne! Ich kenn' euch ja!
Glänzt heimische Freude! Ihr, ewig mir nah!
Ihr sendet mir Kühlung, so frisch und so mild,
Erquickung beim Feuer, das hier mich erfüllt.
Es säuselt mir über den glühenden Sand,
Als wär' es ein Kuß aus dem Heimatland!

Sonntags geht kein Dampfschiff aus irgendeinem spanischen Hafen; Samstag abend wußten wir somit, daß wir wenigstens den ganzen folgenden Tag in Cartagena bleiben könnten. Collin beschloß, denselben zu einem Besuch in den Silberminen zu verwenden. Da er auf langen, mühsamen Wegen ganz anders flink war als ich, so bekam er auch zu Fuß weit mehr von der Umgegend der Stadt zu sehen, als es mir möglich war. Aus den Bergen Barcelonas, Valencias und Murcias trug er Sammlungen für seine Wissenschaft zusammen und erzählte manchen gutmütigen Charakterzug spanischer Bauern, welche er auf seinen Wanderungen erlebt hatte. Bevor er noch die Minen erreichte, strömte schon der Regen herab; ich verbrachte den größten Teil des Tages damit, Zeitungen im Circulo Cartagenero, dem Club des Ortes, zu lesen; von dem jungen Spotturno waren wir dort eingeführt worden. Schöne Zimmer rahmten einen mit Marmor gepflasterten Hofraum ein, dieser ist der eigentliche Festsaal, er hat den Himmel zur Decke; aber unter dieser Decke hingen heute die schweren Regenwolken, die sich ihres Reichtums dermaßen entledigten, daß das Wasser über den marmornen Fußboden dahinfloß, und man Dämme aus Sägespänen zwischen den Säulen vor den offenen Zimmern aufwerfen mußte, damit nicht auch diese unter Wasser gesetzt würden.

Der Regen spielt übrigens keine geringe Rolle in Cartagena; auf einer der hohen Gebirgsebenen über der Stadt sammelt sich das Regenwasser zu einem ganzen See an, und strömt dasselbe über, so ergießt es sich über Cartagena hin. Ein anderer böser Gast ist hier der sogenannte Mistral, ein kalter, schneidender Wind, den wir auch kennenlernen sollten. Gewaltsame Windstöße ließen sich vernehmen, und während derselben kam die Nachricht an, daß das Schraubendampfschiff *Non plus ultra* nach Mitternacht eintreffen und Passagiere an Bord nach Málaga einnehmen würde.

Wir sollten mit, und der Sturm raste! Er könnte zwar bis Morgen ausgerast haben, könnte aber auch ein paar Tage anhalten; es war höchst vergnüglich, daran zu denken. Der Wind fuhr sausend über Cartagena hin und in die langen Gassen, in die Spalten zwischen den Häusern hinein; es klang in der Luft wie jammernde Klagetöne. Verdi hat in seiner Oper Rigoletto, in den Effektszenen des letzten Aktes, diese Klageseufzer des Windes nachgeahmt. Das Meer mußte in einem fürchterlichen Aufruhr sein, und wir mußten aufs Meer; mir wurde ganz heiß bei dem Gedanken.

Der Sturm nahm zu, allein wir mußten hinaus und wollten hinaus! Angst und Ernst bemächtigten sich meiner – doch es trat wieder Ruhe ein, nicht aber in der Luft und auf der See; dort brauste es. [...]

Es war die letzte Nacht in Cartagena, der Stadt Hasdrubal. [...]

Als ich in der Morgenstunde aufwachte, war es das herrlichste Wetter, der Sturm dahin gefahren, jedes Gewölk verschwunden, nicht ein Lüftchen bewegte sich, der Hafen war spiegelblank, und auf der See, soweit wir hinausblicken konnten, herrschte Meeresstille. Das Schraubendampfschiff *Non plus ultra* lag da mit wehender Flagge. Wir gingen an Bord und genossen mehrere Stunden hindurch den Anblick von Cartagena und dessen kraternackten Felsen; erst gegen zwei Uhr nachmittags stachen wir in die hohe See.

Frühere Beschreibungen der echten spanischen schmutzigen Schiffe bewährten sich hier, wir befanden uns an Bord eines solchen. Das Verdeck war von einer Menge Passagieren der zweiten Kajüte angefüllt; hier waren auch schmutzige Kinder, die dem Anschein nach alle einer Familie angehörten, sie tummelten sich als allein Berechtigte auf dem ganzen Verdeck umher; die Eltern breiteten Betten aus zum Lager und zur Bequemlichkeit der Familie. Collin und ich waren die einzigen Reisenden erster Kajüte; diese war niedrig, eng und mit höchst schmutzigen Sofakissen versehen; um die Nacht auf diesen zu ruhen, mußte ich aus meinem Koffer ein Stück reiner Wäsche herausholen und um das Kopfkissen legen: dasselbe war zu fettig, um ohne Überzug benutzt werden zu können. Der Steuermann und, dem Anschein nach, auch der Maschinenmeister nahmen, ganz wie sie von ihrer Beschäftigung an Bord kamen, Platz an dem Mittagstisch, aber es waren gutmütige, bescheidene Menschen, und der Steuermann kannte nicht allein Hamburg, sondern sogar Kopenhagen: so weit nördlich war er vorgedrungen. Auf dem Verdeck waren wir der sengenden Sonne ausgesetzt, ein Sonnenzelt gab es nicht; die See war ruhig, allmählich wurde sie blank und still [...]. Das Meer schlief, meine Furcht vor dem Meer schlief auch ein, erwachte aber wieder, als die Finsternis eintrat und ich in der Kajüte lag, woselbst die Lampe ausgegangen war, weil niemand sich um sie kümmerte. Die Schraube des Schiffes machte einen ganz entsetzlichen Lärm; irgend etwas in der Maschinerie stieß und stampfte immerfort, als wenn es daran arbeitete, ein Loch in das Schiff zu schlagen. Es war, als säßen wir alle Augenblicke fest und scharrten über irgendeinen Felsengrund dahin; ich konnte mir das nicht anders erklären, und nicht begreifen, daß das mit rechten Dingen zuginge, und stolperte nun endlich im Finstern auf das finstere Verdeck hinauf, wo kein Mensch außer dem Mann, der am Ruder stand, zu entdecken war; die Deckpassagiere lagen unter Säcken und wollenen Decken versteckt. Ich beugte mich über Bord hinaus und blickte in die tiefen Gewässer; große, sonderbare Fische bewegten sich dort leuchtend umher. Ich stieg wieder, in Stockfinsternis, in die Kajüte hinab und begegnete auf der Treppe dem Kapitän, einem gemütlichen, höflichen Mann; er zündete die Lampe wieder an, allein es war mir unmöglich zu schlafen. Die Schraube oder die Stempel oder was es sonst sein mochte, stießen und stampften fortwährend, daß ich mir immer einbildete, wir steuerten dem Lande zu nahe und es könne unmöglich gut ablaufen. Ich kletterte wieder aufs Verdeck, das Schiff ging wie ein Totensegler, es war keine lebende Mannschaft zu sehen.

Endlich schimmerte es hell am Horizont auf, Himmel und Meer färbten sich wie Wein, die Delphine sprangen bis über den Wasserspiegel, überschlugen sich in der frischen Luft, spielten scharenweise um das Fahrzeug herum, als harrten sie ihres Arion. Der Kapitän ließ das Schiff mit nur halber Kraft gehen, wir würden sonst zu frühzeitig nach Málaga kommen, sagte er, das Gesundheits-Comité schlafe stets lange, und bis dasselbe an Bord gewesen, dürften wir nicht ans Land, woran man sich in spanischen Häfen gewöhnen müsse. Wir steuerten um den Leuchtturm in den Hafen hinein – und vor uns lag Málaga mit seinen weißen Häusern, seinem mächtigen Dom und dem hochliegenden Gibralfaro, einst die starke Feste der Mauren.

VIII. Málaga

Wir sehnten uns danach, an Land zu kommen. Die Sonne sengte; der Kohlenstaub vom Schornstein der Maschine lag dick auf dem Verdeck, auf Bord und Bänken, es war auf dem Schiff nichts weniger als gemütlich. Ringsum sahen wir Leute und Waren, die teils an Land, teils an Bord gebracht wurden; Ruderknechte und Knaben in zerlumpten Hemdsärmeln lagen mit ihren Booten da, bereit, uns an Land zu bringen; sie winkten, riefen, klammerten sich fest an das Schiff an; allein es war kein Boot des Gesundheits-Comités zu erblicken, und wir mußten also an Bord bleiben. Der Hafen war mit Kauffahrern angefüllt und unter diesen eine Menge dänische, nicht weniger als vierundzwanzig, benachrichtigte man mich später. Das weiße Kreuz in dem roten Feld flatterte im Wind, eine Verheißung all des Heimischen, welches uns hier in Málaga umfangen sollte.

Einer der Passagiere, ein Fabrikvorsteher von Almada, nahm sich unserer an, als wir endlich an Land gehen konnten und führte uns in die Fonda del Oriente, ein wohl eingerichtetes Hotel, wo Spanisch, Französisch und Deutsch gesprochen wurde; einer der Aufwärter, ein junger Berliner, ließ es sich namentlich angelegen sein, uns gut zu bedienen, er betrachtete uns als Landsleute.

Unser Balkon führte auf die Alameda hinaus mit ihren grünen Bäumen, Springbrunnen und vielen Spaziergängern; dort wandelten barfüßige Beduinen in weißen Burnussen, afrikanische Juden in langen, bunten Kaftans, Spanierinnen in der kleidsamen, schwarzen Mantilla, Frauen in bunten Schals, junge, elegante Herren zu Fuß und zu Pferde, Bauern und Lastträger; hier war Leben und Regsamkeit. Das Sonnenzelt gab uns Schatten auf unserem Balkon; hier saßen wir und überschauten das Gewimmel, die Alameda hinab, weit über den Hafen und das Meer hinaus. Der Aufwärter brachte uns englisches Ale, einen himmlischen Labetrunk, nachdem wir wochenlang nur feurige Weine und warmes Wasser mit Anisette genossen hatten. Es schien, als wenn man hier wohl gedeihen könne. Die Sonne ging unter, der Abend belebte wieder alles. Ich saß da, die papierne Cigarette in der Hand, wie sie der Spanier rollt. Der erste Zug schmeckt stets wie Cigarre, der zweite, ja, beim zweiten schmaucht man! Den Stummel der Cigarette wirft man fort, um eine neue oder gar eine ausgezeichnete wirkliche Cigarre zu nehmen. Im Bereich der Kunst, diese Dichter und Dichterinnen, Sänger und Sängerinnen, wie schnell wird man nicht auch ihrer überdrüssig, wenn sie nur Papier sind. Fort mit dem Stummel! Dort kommt eine Havanna-Cigarre! Hosianna! Lehre du mich, Papiercigarre, daß ich in meinem Wirken wie du es unterlasse, von Namen und Ruhm der Nachwelt zu träumen! Lehre mich eingedenk sein, daß ich hingeworfen werden soll, daß mein Leben nur ein Rauch ohne Bedeutung für die anderen war. Diese Stimmung kam über mich – und verging auch wieder mit der Cigarre. Die Laternen wurden noch vor dem Erlöschen des Tageslichts angebrannt, die Sterne funkelten hervor, die Volksmenge unten nahm zu, die Spaziergänger wandelten unter den Baumkronen auf dem geebneten Erdboden, Fahrende und Reitende jagten auf dem Steinpflaster der Straße dahin. Ein Musikcorps spielte einige Piecen aus Norma. [...]

Ich mußte auf die Alameda, ins Gedränge hinunter; hier waren schöne Frauen mit dunklen, feurigen Augen, sie bewegten mit einer unvergleichlichen Anmut den schwarzen, mit Pailletten besetzten Fächer, und fürwahr, der alte spanische Vers hat recht, der das sagt:

una mujer malagueña
tiene en sus ojos un sol,
en su sonrísa la aurora
y un paraïso en su amor.

Jetzt war es mit lebender Illustration zu verstehen. Alle Leute sahen aus, als seien sie guter Laune, als hätte das Leben nur seine sonnenbeleuchtete Seite, man bekam den Eindruck von Freude und Lebensfrische. Málaga, herrliche Stadt, hier werde ich heimisch werden! jubelte ich.

Niemand kennt mich, keinen kenn' auch ich.
Wie unter neuem Geschlecht wandr' ich umher!
Gleich einem Siebenschläfer erschein ich mir selbst.
Der Ort, das Volk – alles ist mir ja neu.
O welche Schönheit! Gleich dem Strohhalm möcht' ich
    jetzt
Auf dem Strome treiben, drehen im Kreis mich!
Dürft' ich's, ach! doch tun, der Strohhalm darf's,
Jedes Blümchen küßt er auf schwellendem Strom!

Ich hatte es mit der Hitze! Es ist aber auch außerordentlich heiß in Málaga. Und auf welchem Boden wandert man hier! Wem gehört er? Aus dem Meer stieg Venus Anadyomene empor; der Meeresgrund hier ist ihr mütterliches Erbe; hier hat er sich aus den Fluten emporgehoben. Die ganze lange Straße dicht nebenan, wo die dänische Flagge vom Haus des Konsuls weht, die Strecke dort mit den

Packhäusern und die grün angestrichenen Vogelkäfige oben auf dem flachen Dach, ist ein Boden, der dem Meer entrissen ist, Eigentum der Venus Anadyomene. Zur Zeit der Mauren rollte die See über den Sand hin und schlug gegen die starken Mauern Málagas empor. Von diesen steht noch ein Überrest auf der Alameda; der pferdehufgeformte Bogen, der den Eingang bildet, sagt uns gleich, zu welcher Zeit und von welchen Geschlechtern er gebaut wurde, und daß hier einer der Eingänge zur Stadt war. Nicht weit entfernt, in der krummen, schmalen Gasse stehen noch ein paar alte, maurische Häuser mit weißgetünchten Wänden, aber der Kalk hat sich abgelöst, es kommen Unebenheiten zum Vorschein, und diese bestehen in aus Marmor gehauenen Säulen. In dem kleinen Hofraum erblickt man noch größere Marmorpracht; vieles ist übertüncht, plumpe Anbauten sind aufgeführt, als sei es darauf angelegt gewesen, den Eindruck der ursprünglichen Schönheit zu zerstören. Wer wohnte hier in alten Zeiten? Niemand weiß es. Gegenwärtig ist hier eine Niederlage und ein Detailverkauf von Eisenwaren. Im Laden erheben sich noch schlanke Marmorsäulen mit kunstvollen Verzierungen unter der reich ausgeschnitzten hölzernen Decke; steile, steinerne Treppen und enge Gänge verbinden eine Menge Zimmer miteinander, jedes von diesen trägt das Gepräge jener längst entschwundenen Zeit. Die Decke erhebt sich zu einer Kuppel, eine durchgeschnittene Orange nannten sie es, und prangt mit Vergoldung und eingelegten verschiedenen Holzarten. Es ist, als träume hier die dahingeschwundene Zeit; allein was sie träumt, bleibt uns ein Rätsel. Man wandert langsamen Schrittes durch diese Zimmer, man bleibt stehen, vermag es nicht, sich loszureißen; man hat ein Gefühl ähnlich dem vor einer Trödelbude, wenn man in derselben zwischen allerlei Dingen ein altes Portrait entdeckt, das durch das Charakteristische seiner Züge oder durch seine Schönheit auffällt, und man sich vergegenwärtigt, wie vor langen Zeiten diese Gestalt lebendig und blühend über die Erde dahinschritt. Leben und Treiben dieser Dame kennen wir nicht; ein Perlenband, der Stoff des Kleides oder dessen Farbe und Schnitt eröffnen den Gedanken ein weites Feld des Vermutens; so auch hier in diesen zierlich gebauten Zimmern mit den leichten schwebenden Fenstern, den phantastisch sich erhebenden Decken, auch hier ist die Kenntnis des Lebens, welches sich einst in ihnen regte, dem Erraten anheimgegeben. Vielleicht arbeiteten kunsterfahrene Hände hier und schufen Meisterwerke, die wir an irgendeinem Ort schon bewundert haben, vielleicht strahlten hier einst die schönsten Augen Málagas, oder ein Dichter hat hier gewohnt und bei der klingenden Laute zum ersten Mal die Lieder gesungen, die noch von den Lippen der Völker tönen; vielleicht war Waffengeklirr demjenigen die liebste Musik, der einst unter dem Kalifat der Omijaden dieses Haus das seinige nannte. –

Reicher und mehr den Stand und die Stellung des Eigentümers andeutend ist ein anderes Gebäude in der Nähe des vorigen; zwar ist dessen offener Säulengang nach dem Hof hinaus vermauert, aber die Säulen mit ihren Bogen treten deutlich hervor, die schönen, offenen, maurischen Fenstereinrahmungen sind noch vorhanden; freilich sind Zimmer und Säle mit Kisten und Kasten und allem möglichen anderen Gerümpel angefüllt, aber dies alles vermag doch nicht den Einblick in die alte Herrlichkeit zu verwehren; die prächtig geschnitzten und vergoldeten Zimmerdecken erschienen uns, als wären sie erst einige Jahre alt; die Verzierungen an den Wänden springen frisch hervor. In einem der Räume erblickten wir mitten im Fußboden die marmorne Wanne mit ihrer ausgetrockneten, eisernen Röhre, aus welchem einst der Wasserstrahl drang

Málaga 93

und plätschernd Kühlung spendete. Draußen vor dem Gebäude, in dem von hohen Mauern umzäunten Garten, rieselt noch das Wasser in langen, ausgehauenen, marmornen Rinnen, Venushaar wächst in schwellender Fülle aus Ritzen und Sprüngen heraus; eine große Palme erhebt ihren saftigen Blätterschirm hoch über einen ganzen Hain von Orangen und Rosenbäumen; wie wunderschön ist das Ganze, und doch ist alles im Verfall, sich selbst überlassen. Einst wurde dieser Garten gehegt und gepflegt, wie herrlich muß es gewesen sein, damals nach einem heißen Tag, hier am sternenhellen Abend oder im klaren Mondschein zu wandeln! Die Wasserstrahlen sprangen zwischen den duftenden Bäumen; viele selige Stunden sind hier vielleicht verlebt, vielleicht auch Stunden der Angst, damals, wo die Christen feindlich vor den Mauern lagerten und Mangel und Not hier innen herrschten; Gibralfaro, die Feste dort oben auf dem Felsen wollte bis zum letzten Mann ausharren.

Auf meiner Wanderung hier schien es mir, als sei der warme Sonnenschein ein Zauberschleier, über das alte Haus und seinen Garten hingeworfen, ein Schleier, der alles in Schlaf wiegte; aber wenn der Schleier gehoben, würde auch der Zauber gehoben sein, würden die Wasserstrahlen in dem marmornen Bassin plätschern, Bäume und Blumen frischer und freier ihre Plätze behaupten, maurische Männer und Frauen sich aus ihrem Todesschlaf zum Leben und Wirken erheben.

Auf der Straße, auf welche ich hinaustrat, klangen Kastagnetten; im Schatten des Hauses saß eine junge, schöne Frau, Kastanien feilbietend. Bauern wanderten umher mit großen Körben, gefüllt mit Feigen und Datteln; schwere, saftvolle Trauben lagen aufgeschichtet, die braunroten Weinblätter gaben eine schöne Ausschmückung des Korbes ab. Von den entschlafenden alten Erinnerungen trat man hinaus in die lebendige, erregte Zeit; es war ein Vergnügen, sich umherzutreiben wohin einen gerade die Beine trugen. Immer zeigte sich dem Blick etwas Neues, ein Bild des südlichen Lebens wechselte mit dem anderen ab.

Auf einem der freien Plätze, umgeben von Cafés und Kaufmannsläden, steht eine Bildsäule, eine schöne, weibliche Figur, in der Rechten eine Fackel tragend; allabendlich brennt eine kleine Flamme auf der Fackel, es ist, als sähe man das versteinerte Zauberweib, die Circe, aus längst verschwundener Zeit, noch immer mit flammender Lebenskraft wachen und warten, daß das Tote sich erhebe – und es wird sich auch erheben, in der Welt der Dichtung, wenn einst sein Dichter kommt, es wird geweckt werden wie die Alhambra geweckt wurde, als Washington Irving sie betrat.

Durch winkelige Gassen erreicht man von hier aus den prächtigen Dom von Málaga; wie ein behauener Marmorfels erhebt er sich, durch seine Größe die ganze Stadt beherrschend; namentlich ist er, vom Hafen aus gesehen, von imponierender Wirkung. Hier gelangt man wieder auf die Alameda hinaus; durchschreitet man dieselbe bis ganz hinauf zum Fluß Guadalmedina, so befindet man sich in dem Stadtteil Málagas, in welchem sich das Volksleben am stärksten regt, und das nicht allein oben auf dem Platz, sondern auch unten im Flußbett selbst. Dieses war bei jetziger Jahreszeit gänzlich ohne Wasser und in seinem trokken gelegten Zustand in einen Marktplatz verwandelt. Pferde und Esel standen dort unten zusammengekoppelt; in Töpfen und Pfannen kochte und briet man über flammendem Feuer, es waren Verkaufsstände, Tische und Bänke aufgestellt; es war zum Zeichnen! Fällt aber ein Wolkenbruch, ein gewaltsamer Platzregen oben im Gebirge, dann füllt sich das Flußbett, das Wasser strömt in reißender Fahrt durch dasselbe dem Meer zu, Zeit zur Flucht gibt es dann nicht; man erzählte mir, daß auf solche Weise in diesem Frühjahr die Ochsen vor einem Wagen ertrunken wären, sie wurden von demselben mit fortgerissen, weil sie nicht zeitig genug das nahe Uferland zu erreichen vermochten. Augenblicklich sah das Flußbett aus, als sei hier jahrelang kein Regen gefallen.

> Das Flußbett liegt ausgetrocknet
> Und dient zur Landstraß' frisch,
> Dort ist es Markt, man handelt, –
> Der Stein dient zum Ladentisch, –
> Kauft Zwirn und gebratene Schnecken,
> Kauft Wasser und Eisen und Kaktusfrucht;
> Die Szene umrahmen Vulkane,
> In welchen einst Lava gekocht.
> Bauern, bewaffnet mit Büchsen,
> Im Gürtel das Messer dabei,
> Reiten die wilden Mäuler,
> Hier ist Leben und laut' Juchhei.
> Plötzlich erhebt das Gebirge,
> Ein Wolkenbruch strömt herab,
> Im Nu ist alles verwandelt,
> Tief gräbt der Sturzbach ein Grab.
> Alles entflieht, das Flußbett
> Ist für die Wege zu klein;
> Schrillend, gewaltsam in Wirbeln
> Stürzen die Frechen herein,
> Kaktus und Palme im Fluge
> Reißen sie mit sich fort,
> Doch ewig in meiner Erinnerung
> Bleiben im Bilde sie dort.

Collin und ich fuhren etwa eine Meile in dem wasserleeren Flußbett hinauf; einer der reichsten Kaufleute Málagas,

Herr Delius, an welchen ich empfohlen war, hatte uns zu dieser Tour eingeladen, er wollte uns nach seiner Villa und nach seinem herrlichen Garten führen. Eine undurchdringliche Hecke von klafterhohem Kaktus, in unübersehbarer Menge die Bergwände hinan gewachsen, umzäunte diese Villa; der Garten hob sich terrassenförmig, mit einem großen Reichtum und einer prächtigen Abwechslung von Bäumen, hier war herrlicher Schatten unter Orangen- und Bananenbäumen. Große Pfefferbäume mit zahllosen rosenfarbenen Beeren, wie eine Handvoll Perlenschnüre, senkten ihre Zweige gleich Trauerweiden in das klare, grünliche Wasser des Bassins hinab. Hier standen hohe, mannsdicke Palmen und seltene Tannen, die auch palmenartig, in ihrer Art so aristokratisch geboren, daß sie mit der Familie der Tannen von Geblüt, das heißt von Saft, mitreden könnten. Welcher Duft von Zitronenbäumen, von hohen, blühenden Geraniumhecken; Passionsblumen hingen hier in Fülle am Zaun, sonderbare lilienförmige Blumen prangten im Sonnenschein; mir war, als kannte ich sie aus den Arabesken in Gold und Silber, die ich in alten Legendenbüchern gesehen habe. Das kostbarste Gewächs des Gartens, sagte man mir, sei das grüne Gras; zwei große Rasenplätze dehnten sich hier frisch und wohlgepflegt aus, es sah aus, als sei jeder Grashalm gewaschen und geputzt. Die Luft fächelte frisch, fast zu kühl für uns, die wir aus dem tiefen, heißen Talgrunde zu Fuß bis auf die oberste Terrasse des Gartens gewandert waren. Málaga lag vor unseren Blicken; der mächtige Dom zeigte sich wie eine Arche auf einem versteinerten, schaumweißen Meer.

Auf der Rückfahrt besuchten wir eine andere Villa, die von ihrem Besitzer verlassen war; er hatte sich durch Spekulationen in Wasser ruiniert, das heißt, er hatte sein ganzes Vermögen darauf verwendet, in seinem Garten große steinerne Bassins zum Aufsammeln alles Regenwassers aus dem Gebirge einzurichten, um es zu weiterem Gebrauch zu verhandeln. Der Garten war eine Wildnis, das Wasser stand dort grünlich und still in den tiefen Zisternen, als sei es sich seiner Bedeutung bewußt, und doch war es nicht trinkbar. Collin fing hier eine Tarantel, eine ekelhafte achtbeinige Spinne. Es wimmelte hier von Kriechtieren, aber kein Vogel zwitscherte; die Sonne brannte unleidlich, und noch unleidlicher brannte sie, als wir wieder in das trockene, steinige Flußbett hinabfuhren, wir schmachteten vor Durst. Es war ein wahres Labsal, eine Kaktusfrucht, einen Chumbos, wie sie genannt wird, zu bekommen; aus Dankbarkeit versprach ich, den Kaktus, der in Blume und Frucht die Farben Spaniens trägt, zu besingen.

> Ja, Gelb und Rot sind Spaniens Farben,
> Sie strahlen feurig von Flagg' und Fahnen,
> Die Kaktusblume hat sie verschmolzen
> Zu einer Farbe im Sonnenbrande.
> Du Sonnenblume, du Spaniens Symbol,
> Du bliebst, als einst die Mauren flohen.
> Du hieltst den Boden, erwuchst zur Wildnis
> Mit Flammenblüt' und Erquickungsfrucht.
> Dich retteten nicht die tausend Dolche,
> Die rings aus deinen Blättern starren,
> Nein, fort zum Kauf! Spottwohlfeil prangst du,
> O Sonnenblume! mit Spaniens Farben.

In keiner der Städte Spaniens habe ich mich so erfreut, so heimisch gemütlich befunden wie in Málaga; Volksleben, Natur, das offene Meer, jedwedes fand ich hier so reich und mir so unentbehrlich; aber was mir noch wichtiger ist: Ich fand liebenswürdige Menschen. Unser Ministerium des Auswärtigen Amtes hatte mir ein offenes Schreiben an alle dänischen Konsuln vergönnt, und zwar dermaßen empfehlend und ehrend, daß ich des besten Empfanges gewärtig sein durfte, aber nirgends war derselbe herzlicher als in Málaga bei dem jungen dänischen Konsul Scholz; sein Familienleben war so glücklich, es war so wohltuend, ihn zu besuchen; seine Frau, eine geborene Schwedin, eine Freundin von Jenny Lind, war die Herzensgüte, die Lebensfrische selbst, durch sie schien ein Stückchen nordischer Häuslichkeit hier an die Küste des mittelländischen Meeres hingepflanzt worden zu sein. Die Kinder, lachend und lustig, schlossen sich sofort an mich an, die älteste Tochter Trinidad, ein Mädchen von fünfeinhalb Jahren, für sein Alter merkwürdig entwickelt, sprach es gleich beim Mittagstisch aus, in wie hoher Gunst ich bei ihr stehe. »Papa! a mi me gusta mucho Andersen, yo lo quiero mucho!« sagte die Kleine. In der Scholzischen Familie und bei dem Bankier Prieß, wie auch von seiten meines aufmerksamen Freundes Herrn Delius, erzeigte man mir so viel Teilnahme, daß es mir fast schien, als sei ich nicht in fremdem Land. In der Fonda del Oriente traf ich mit einer Menge unverheirateter, aber hier in Málaga wohnhafter Deutscher, zusammen, deren Umgang mir Vergnügen gewährte; kein Wort Politik wurde gesprochen [...]. Unsere gewöhnliche Unterhaltung betraf die Merkwürdigkeiten der Stadt, die maurischen Denkmäler, Literatur, Stierkämpfe und die Oper. Mehrere der vielen dänischen Schiffe blieben noch einige Zeit im hiesigen Hafen liegen, einige der Kapitäne besuchten mich; nicht allein die Landsleute und die Personen, die in Beziehung zu meiner Heimat standen, sondern auch jeder Spanier, den ich kennenlernte, war entgegenkommend und voll des Wohlwollens, überall leuchtete Feiertagsstimmung hervor. In solchem Sonnenschein und in der reichen südspanischen Natur verjüngt sich das Herz; Kälte zieht zusammen, Wärme erweitert und füllt, drückende Bande lockern sich, die Gedanken kommen in Fluß, man ist ganz sich selber, darf auch sich selber sein, man wird nicht gehemmt von Tausenden von faden, eingeimpften Rücksichten; man lebt fröhlich in der schönen Welt Gottes, jeder Gedanke, und wenn derselbe auch mit seinen Wurzeln das Irdische umklammert, erhebt sich in den Himmel zu Gott. Nicht die Jahre von außen sind es, die unser Alter uns diktieren, es ist das Gemüt, das von innen mit Glockenschlägen des Lebens verkündet, wie alt man ist. Der Zaubertrank der Medea spendet Verjüngung, der sprudelnde Quell des Reiselebens besitzt etwas von derselben Kraft. Wie selig ist es, hingerissen zu werden und seine Freude haben zu können an all der Herrlichkeit und all dem Segen, die Gott erschaffen hat. Im Süden ist der starke Ausbruch dieses Gefühls nie lächerlich, küsse die frische Rose, den unschuldigen Kindermund, sprich deine Gedanken in natürlichen Worten aus, dort wird das nicht mißverstanden; das kindliche Gemüt, sei es der Teil, der dem Engel gehört, sei es der, der dem Teufel gehört, tritt gleich unverschleiert hervor.

Mochte ich in Gesellschaft der neuen Freunde oder allein mit mir selbst sein, fremd inmitten des Volksgewühls, immer ließ ich die Sonne der guten Laune scheinen, verjüngen, erfreuen, die Gedanken mit Freude und Gesang erfüllen. Wie herrlich war es, gegen Abend längs dem offenen Meer zu wandeln; die See rollte hoch hinauf auf den Sand und streute hier die verschiedenartigsten Gegenstände aus: Skelette von Fischen, Wrackstücke untergegangener Schiffe, Lumpen und Obstschalen; die Fischer zogen ihre Kähne durch die Brandung ans Land; dort auf der Balkenkante saßen alte, sonnenverbrannte Burschen, ihre Cigarre schmauchend, hier plätscherten halbnackte Kinder im Wasser umher, die Musik von der Alameda klang zu uns herab, lockte und rief uns in das Gewimmel zurück, und hier war die Schönheit zu Haus, merkwürdig viele Schönheiten! Hier waren andalusische Augen, und das Lächeln spielte um den Mund; Zauber wohnte einer jeden inne. [...]

Wie so heiß es ist! Wir müssen hinaus, wo frisch die Lüfte wehen, längs dem Meer fahren. Wir fahren nach dem Kirchhof. Der protestantische Kirchhof Málagas ist ein wunderschöner Ort.

In der Heimat, im Norden, erzählt man von finsteren Landseen, die in geheimnisvoller Weise die Menschen anziehen, so daß der Schwermütige zuletzt wie von unsichtbaren Mächten hingerissen wird und sich in die lockende Tiefe stürzt. Etwas von dieser mystischen Anziehungskraft hatte der protestantische Kirchhof Málagas für mich; hier verstand ich es wohl, daß ein spleenkranker Engländer sich das Leben genommen hatte, um an diesem Ort begraben zu werden; ich bin indes, Gott sei Dank, nicht spleenkrank und verspüre große Lust, noch mehr von dieser schönen Erde zu sehen; ich nahm mir nicht das Leben, ich wandelte in einem Stück Paradies, dem schönsten Garten. Hier standen Myrtenhecken zu Tausenden von Brautkränzen in Blüte, hohes Geraniumgebüsch umzäunte Gedenktafeln mit Inschriften, selbst in dänischer Sprache, norwegischer kann es auch heißen, insofern es die Inschrift auf das Grab eines Norwegers war; hier war Englisch, Deutsch und Holländisch zu lesen. Über viele Grabsteine schlängelten sich die Ranken der Passionsblume, die Pfefferbäume senkten ihre wie die Trauerweiden hängenden Zweige über die Ruhestätten herab. Hier stand eine Palme, dort ein Gummibaum, und inmitten der grünen Umgebung ein freundliches Häuschen in pompejanischer Weise angestrichen; in demselben waren Erfrischungen zu haben, schöne Kinder mit strahlenden Augen spielten drin herum. Der ganze Garten war von einem Zaun von wildgewachsenem Kaktus eingerahmt, über welchem hinaus man in das weite, rollende Meer hinabblickte; in den Strahlen der sinkenden Sonne wähnte ich die afrikanische Küste zu erblicken.

Unterhalb des Friedhofs schlängelt sich der Weg ins Gebirge hinein, ringsum wachsen Kakteen und Agaven, alles ist wundersam wild, einsam und öde; der Weg führt an einem Kloster vorüber, das einst Isabella die Katholische besuchte und dem sie ein ausgeschnitztes Heiligenbild schenkte. Die Priester und das Volk wissen von ihm Wunder zu erzählen. Es war, als wohne die Nacht in dem Kloster, aus keinem Fenster leuchtete ein Licht in den schon halbdunklen Abend hinaus; wie von allem Lebendigen verlassen, lag hier das große Gebäude in gedankenschwerer Einsamkeit; wie überraschend war es deshalb, beim plötzlichen Einlenken auf den Weg nach Granada, dicht vor uns das lebendige Málaga zu erblicken; von Tausenden von Gasflammen beleuchtet, hob es sich empor gegen den blaugrünen durchsichtigen Abendhimmel.

In den Klöstern, in den Städten und bei einzelnen Privatleuten auf der Hauptroute, wo die Ankunft der Königin erwartet wurde, herrschte große Emsigkeit. Schon bei unserer Ankunft in Málaga hatten wir dort große Vorbereitungen zu Festlichkeiten wahrgenommen. Der Dom war an seiner Außenseite bereits mit vielen Tausenden von Lampen geschmückt, diese hingen bereits mit Öl angefüllt da, und doch mußten noch Wochen verstreichen, bevor ihre Majestät einträfe, allein man hegte hier keine Furcht vor Regen, während der letzten fünf Monate war kein Tropfen Regen gefallen, und die Luft würde noch lange immerfort klar und wolkenfrei bleiben. In der Alameda schuf man kleine künstliche Springbrunnen, hoch in den Wipfeln der Bäume hingen die das Wasser herableitenden blechernen Wasserröhren. Triumphbögen wurden errichtet, und an dem Landungsplatz am Hafen erhob sich schon von Gebälk und Leinwand mit buntem Farbenanstrich eine luftige, schwebende, maurische Halle; Mauern, Balustraden und Türme, alles von Leinwand und Pappe, Theaterdekorationen lagen hier in hellem Sonnenschein hingeworfen oder waren schon aufgestellt.

Die Autoritäten von Málaga wollten die Königin etwa eine Meile außerhalb der Stadt empfangen, und zwar gerade auf einer schönen Villa, die den Eltern meines mir herzlich entgegenkommenden Freundes, dem Herrn Delius gehörte. Er führte mich hinaus in diese reiche Besitzung, deren prachtvolle Blumengärten auf die Hauptlandstraße von Almeria gingen. Hier war eine herrliche Aussicht in das Gebirge, über die reichen Weinfelder und das Meer hin. Geschmack und Reichtum entfalteten sich im Haus und im Garten.

Der alte Herr Delius ist Botaniker, und in seiner köstlichen Anlage befanden sich nur tropische Pflanzen, und zwar in solcher Reichhaltigkeit, wie ich zu Hause im Norden nur in einzelnen Exemplaren in den luxuriösesten Treibhäusern gesehen habe. Eine der Töchter überreichte mir ein Bouquet, farbenreich, glühend rot und gelb, die Farben Spaniens; sie strahlten, als sähe ich sie im Sonnenglanz und im Transparent. Vor dem Garten, auf den Abhängen, welche die Sonne durchhitzt und wo der Nachttau niederfällt, werden die Muskatellertrauben zu Rosinen getrocknet; sie lagen dort dicht ausgestreut, nachts mit großen Rohrmatten überdeckt; sie waren bereits in Gärung und für den Augenblick ungenießbar. Nach Sonnenuntergang wehte ein kalter durchdringender Wind vom

Meer her, wie ich ihn noch nicht in Spanien empfunden hatte; pfeilschnell jagten wir in dem leichten Wagen dahin und zurück nach Málaga. Der Leuchtturm flammte, die Luft leuchtete, allabendlich war es hier wie bei einem Fest, und uns stand noch das Fest in Granada bevor, dort wollten wir zur Zeit der Ankunft der Königin sein.

Deshalb hatten wir schon an einen Landsmann in Granada geschrieben, allein dieser riet uns ab, um jene Zeit die Stadt zu besuchen, weil die Preise der Hotels usw. dort eben infolge der Ankunft der Königin bis ans Unglaubliche hinaufgeschraubt wären; ich meinte aber, es würde dasselbe in Málaga der Fall sein, wenn Ihre Majestät hier einträfe; die Alhambra war einer der Glanzpunkte unserer Reise, den konnten wir nicht aufgeben; die Festlichkeiten, die während der Gegenwart der Königin dort stattfinden sollten, würden unseren Aufenthalt interessanter machen, und Konsul Scholz telegraphierte deshalb auch unsere Ankunft.

Die Diligence von Málaga nach Madrid geht über Granada, und sie ist eine der teuersten in Europa; wobei freilich in Betracht zu ziehen ist, wieviel diese Beförderung den Eigentümer kostet; zehn bis zwölf Maultiere werden vor den Wagen gespannt, und etwa bei jeder dritten Meile steht eine gleiche Anzahl zu frischem Vorspann; und es geht vorwärts in fliegender Fahrt. Schon fünf Tage vor der Abreise mußten Collin und ich uns einschreiben lassen, sonst würden wir keine Plätze bekommen haben, in solcher Anzahl reisten für den Augenblick die Leute nach Granada. Die Abfahrt fand um sieben Uhr des Abends statt, allein an dem Tag, an welchem wir abfuhren, brach man erst eine Stunde später auf, und zwar infolge eines großen Stiergefechtes in Málaga, eines der blutigsten, die ich in Spanien sah, es machte einen erschütternden, unvergeßlichen Eindruck auf mich.

Es war, als ströme die ganze Stadt nach der Plaza de Toros, als wir nachmittags dahin gingen. Damen in schwerseidenen Kleidern und Mantillen schwebten auf zarten, niedlichen Füßchen durch die Straßen, die zu eng sind, als daß sie von Wagen befahren werden können; Frauen und Mädchen, in buntfarbige seidene Schals gehüllt, eilten dahin; geputzte Bauernburschen in samtenen Jacken und dergleichen Beinkleidern, künstlich benähten Ledergamaschen um die Beine, breiträndrigen Hüten auf den Köpfen flanierten durch die Straßen mit Cigarren im Mund und führten sich, daß man hätte glauben können, sie gehörten zur jungen, vornehmen Welt, die im Kostüm zum Karneval ginge. Vor dem Platz zum Stiergefecht hielt reitendes Militär mit gezogenen Säbeln, die Pferde wieherten und bäumten sich; Limonaden- und Obstverkäufer, zerlumpte Bummler und Bettler vergrößerten das Gedränge; die Sonnenstrahlen fielen sengend auf die weißen Mauern.

Endlich befanden wir uns im Amphitheater und bekamen dort glücklicherweise zwei Plätze im Schatten; die Tausende von Menschen, die im Sonnenschein saßen, kämpften gegen denselben mit Fächern und Schirmen. Die Ordnung und der Verlauf des Stierkampfs war ganz so, wie wir es in Barcelona gesehen hatten, hier bekamen wir es aber in seiner ganzen Roheit und Abscheulichkeit zu sehen.

Zwölf Stiere, einer nach dem anderen, sollten die armen, halbgeblendeten Pferde angreifen. Der erste Stier rannte sogleich dem Pferd seine spitzen Hörner in den Bauch und riß denselben auf, daß die Eingeweide hervorquollen; einige Knechte rückten sie wieder hinein; das Tier hielt noch einem Angriff stand, hinkte einige Minuten umher und verlor buchstäblich ellenlange abgerissene Stücke seiner Gedärme auf der Arena. Dem nächsten Pferd erging es nicht besser; es bekam das eine Horn des

Stiers in das Hinterteil hinein, daß das Blut über die Balustrade spritzte, es ging nur noch ein paar Schritte und sank alsdann zusammen. Ein drittes Pferd wurde mitsamt seinem Reiter hoch empor geschnellt; mit Not gelang es den Banderilleros, den Reiter zu retten, das Pferd wurde von dem rasenden Stier zerfleischt und umhergeschleift; es war ein Anblick kaum zum Aushalten, das Wasser quoll mir aus den Fingerspitzen. Pferd bei Pferd lag als Leiche auf der Arena, und dann erst, nachdem der Stier unter dem Jubel der Zuschauer den Todesstoß von dem Espada empfangen hatte, erschien das Gespann von Pferden, und während eine wilde, lärmende Musik das Amphitheater erfüllte, wurden die getöteten Tiere vom Kampfplatz fortgeschleppt.

Ein noch nicht ganz totes Pferd sah ich während der schleifenden Fahrt seinen Kopf mit den klappernden Zähnen erheben, der Kopf sank wieder zurück; es war empörend, peinlich, unerträglich; ich war einer Ohnmacht nahe; jedoch schon jetzt das Stiergefecht zu verlassen, das ich eigentlich zum ersten und vielleicht zum letzten Mal zu sehen bekam, vermochte ich auch nicht, es lag etwas Interessantes und Lockendes in der Geschmeidigkeit und Kraft, in dem sicheren Auge und der Behendigkeit, mit welchen die Banderilleros und der Espada sich auf der Arena bewegten; es war gleichsam ein einstudiertes Spiel, es war wie ein Tanz auf der Bühne. Einzelne Male taten sie einen Sprung hoch über den Stier hinweg, wenn dieser in seiner Wildheit hervorstürzte. Alle Banderilleros waren junge wohlgebaute Männer, prächtig gekleidet in Gold und Seide. Oft hatten sie ihre Not, den ausgestopften hilflosen Picadore zu retten, der unter dem gestürzten Pferd lag, wenn der Stier dasselbe beim ersten Zusammenstoß mit seinen Hörnern hoch von der Erde emporhob; zwar starb das Pferd nicht sofort, aber es war doch dermaßen verwundet, daß es bluttriefend wieder zusammensank, indem man es aus der Arena hinauszuführen sich bestrebte. Einen vierten Stier sah ich, triefend von Blut über das Geländer zu den stehenden Zuschauern hinübersetzen, die sich nun in größter Eile auf die Arena flüchteten, und, als der Stier durch das geöffnete Tor zurückgekehrt war, wieder aus derselben über das Geländer springen mußten. Dieser Stier bekam ein paar linkische Degenstöße von dem Espada, das Blut strömte ihm aus dem Maul, das Publikum pfiff; der Espada hatte schon von dem ersten Stier einen Stoß in eine der Waden erhalten, sie blutete, schwoll auf und machte ihn hinken, und das duldete man nicht; ein Witzbold entriß einem Krüppel unter den Zuschauern eine Krücke und warf diese dem hinkenden Espada zu, der, als ein neuer Kampf begann, nicht mehr geduldet wurde, sondern unter Pfeifen und Heulen die Arena verlassen mußte.

Ein anderer, in besonderer Gunst stehender Espada, namens Bacanegra, wurde mit Jubel begrüßt, er verstand es auch, mit einem Stoß den Stier zu töten, derselbe brach zusammen und lag da wie ein Lappen. Er schnitt dem Stier ein Ohr ab, und warf es dem Publikum zu, welches laut aufjubelte und ihm wieder das erste Beste zuwarf, Hüte, Fächer, Cigarrenetuis und vieles mehr.

Der zunächst auftretende Stier zerfleischte beim ersten Zusammenstoß eines der Pferde; es sah lebensgefährlich aus für den Picadore, der unter dem Pferd lag. Der Stier setzte schon zu einem neuen Angriff an, allein Bacanegra ergriff ihn am Schweif und hielt ihn mit solcher Kraft an demselben fest, daß er wie erstaunt stehenblieb, den Kopf umdrehte, ihn ansah und darauf nach der entgegengesetzten Seite der Arena fuhr; dem Picadore und seinem Pferd wurde wieder auf die Beine geholfen.

Etwa zwanzig Pferde und zwölf Stiere waren getötet,

noch sieben sollten kämpfen; ich hatte jedoch für diesmal genug gesehen und war in dem Grade von dem Gesehenen erfüllt und angegriffen, daß ich die Arena verließ, wo der Kampf später, wie man mir erzählte, noch blutiger und interessanter wurde und bis zur Tötung von zwölf Stieren fortgesetzt wurde.

Es ist eine rohe abscheuliche Volksbelustigung! Selbst von Spaniern hörte ich diese Ansicht aussprechen; man meinte auch, sie würde sich nicht mehr viele Jahre halten und daß bereits ein Antrag auf Abschaffung dieser Kämpfe bei den Cortes eingebracht sei.

Die Diligence ging erst um sieben Uhr ab. Konsul Scholz, seine Frau und deren kleine Tochter Trinidad begrüßten uns noch an dem Wagen, in den wir einstiegen; Herr Delius brachte mir noch im letzten Augenblick Empfehlungsschreiben an Freunde in Granada. Es wurde halb acht Uhr, ehe wir abfuhren. Zehn Maultiere mit klingenden Schellen jagten im Galopp mit uns durch die Alameda, in das ausgetrocknete Flußbett hinab, an den niedrigen weißgetünchten Häusern vorüber, aus deren offenen Türen die Lichter blitzten.

»Leb wohl, Málaga! Ich grüße dich wieder, meine Liebe!«

IX. GRANADA

Der Weg, den jetzt die Diligence von Malaga aus nach Granada durch das Gebirge fährt, ist länger als die frühere Straße über Velez-Málaga und Alhama, der zu Pferde zurückgelegt wurde; diese letztere war meist sehr unsicher, und die Reisenden passierten sie deshalb nur in großen, bewaffneten Karawanen; in der Regel schloß der einzelne Reisende einen Geleitkontrakt mit den Schmugglerbanden ab, die diesen Weg zu Pferde zurücklegen und die Örtlichkeiten und übrigen Verhältnisse genau kennen.

Als wir in das Gebirge einfuhren, war es finsterer Abend; das starke Laternenlicht vom Wagen aus zeigte uns einzelne nackte Felsen und tiefe Abgründe, die noch tiefer erschienen, als sie tatsächlich waren, weil das Licht nur den oberen Rand beleuchtete. Hier schlossen sich uns bewaffnete Soldaten an, die für die Sicherheit zu wachen hatten und die Diligence auf der einsamsten Strecke des Weges begleiteten. Es war noch kein Jahr her, daß ein Überfall stattgefunden hatte, der vierzigste, von dem man während der letzteren Zeit zu erzählen wußte. Tags darauf waren die Räuber gefaßt worden; es waren Bauern, eine Familie; der jüngste Sohn sollte Soldat werden, und um das Geld zu beschaffen, das erforderlich war, ihn loszukaufen, geschah der Überfall.

Die Laterne vorn am Wagen leuchtete in eine wilde, öde Natur hinaus; es war windig, die Luft dick und grau.

Collin und ich hatten Eckplätze; ein junger Spanier von sehr schönem Äußeren saß zwischen uns, er schlief die ganze Nacht hindurch; das vermochte ich aber nicht, und ich sehnte mich deshalb sehr nach dem Tag, an dem ich mich umschauen könnte. Der Tag brach erst an, als wir die kleine Stadt Loja erreichten, die malerisch auf einer Felsenhöhe liegt. Der Fluß Xenil bildet einen Wasserfall in der romantischen Gebirgsschlucht Infiernos de Loja. Eine Merkwürdigkeit der Stadt ist ihr frisches, kühles Quellwasser, das ringsum aus Röhren und aus dem Boden hervorquillt; dies war für uns, die wir seit Wochen nur Trinkwasser in lauem Zustand genossen hatten, ein wahres Labsal, ein paradiesischer Genuß. Durch reiche Korn- und Weinfelder erreichten wir bald Santa-Fé. Während der Kriege mit den Mauren hatten die Truppen Isabellas und Ferdinands hier ein großes Zeltlager aufgeschlagen; dasselbe ging in einer Nacht in Flammen auf; da aber das Herrscherpaar geschworen hatte, hier so lange zu verweilen, bis die Mauren vertrieben seien, so begann man sofort die Erbauung einer Stadt mit Mauern und Türmen; hier wurde Columbus zum ersten Mal zur Audienz gelassen. Die Überreste der Festungswerke von Santa-Fé sanken bei einem Erdbeben im Jahre 1807 zusammen. Die ganze Landschaft lag nun reich bebaut vor uns ausgebreitet; Olivenhaine und Weinfelder streckten sich weit nach allen Seiten hin; einst sind sie mit dem Blut von Mauren und Christen gedüngt worden; Sagen und Lieder erzählen hiervon.

»Grüner Strom, du rinnst so traurig,
So viel Leichen schwimmen in dir,
Christenleichen, Mohrenleichen,
Die das harte Schwert erlegte.

Deine klaren Silberwellen
Sind mit rotem Blut gefärbet,
Mohrenblute, Christenblute,
Die in großer Schlacht hier fielen.«*

Endlich gelangten wir in die Vorstadt von Granada; die Fahrt durch dieselbe schien nimmer enden zu wollen; wir fuhren durch lange Gassen, längs alten Mauern, und schließlich hielten wir vor dem Stadttor an; aber hier war es kein leichtes, durch das Gedränge und Gewühl hindurch zu schlüpfen. Belastete Maultiere wollten hinein, Wagen mit vorgespannten Ochsen wollten hinaus; endlich erreichten wir den Halteplatz am Diligencebüro auf der Alameda, wo unser Landsmann Herr Wisby uns erwartete und in ein gutes Hotel, wenige Schritte weiter, führte. Wir bekamen hier zwei gute, helle Zimmer mit Fenstern nach der Promenade hinaus, die schneebedeckten Höhen der Sierra Nevada uns gerade gegenüber. Unter unseren Fenstern wimmelte es von Gehenden und Fahrenden, die Kirchenglocken läuteten; wir vernahmen Gesang und Jubel. Hier war es herrlich zu sein! Unser Landsmann zeigte mir auf der Gebirgshöhe, dicht an der Stadt, eine alte Mauer mit einem rötlichen viereckigen Turm, an dem nichts Besonderes schien – es war die Alhambra, die oft beschriebene, feenhafte Alhambra, das Ziel unserer Reise. Eine Villa mit weißen Mauern dort oben, das Wohnhaus eines reichen Privatmannes, trat ganz anders und vielversprechender hervor. Heute sollten wir jedoch nur die nächsten Umgebungen des Stadtviertels, in welchem wir wohnten, sehen.

Die ganze Stadt war in Aufregung und entfaltete eine Emsigkeit sondergleichen; die Königin mit ihrem Ge-

---

* Alte spanische Romanze.

Granada 111

mahl, ihren Kindern und einem großen Gefolge würde in diesen Tagen hier eintreffen. Es war das erste Mal seit dem Tod Isabellas der Katholischen, daß Granada seine Königin sehen sollte.

Mit der Frontseite nach der Alameda, vor der Hauptstraße, war aus Holz und Papier ein als Marmor angestrichener Triumphbogen mit Statuen von Gips und Leinwand errichtet. Bei Illumination an einem stillen Abend und bei Nacht müsse das Ganze von großer Wirkung sein, jetzt im Sonnenschein sah es kulissenhaft aus. Überall in den Straßen, wo alte Häuser unter Reparatur oder zum Abbruch standen, war diese Störung durch große Versetzstücke von Papier und Leinwand, wie Quadersteine angestrichen, verdeckt. Auf den Plätzen, wo schon die Fundamente zu irgendeinem Monument sich befanden, das Monument selbst jedoch noch nicht errichtet war, wurde ein solches in Form eines Obelisken von Latten und Leinwand gezimmert; unwillkürlich tauchte in einem der Gedanke an die Potemkinschen Dörfer, an die Reise der Kaiserin Katharina von Rußland auf, bei welcher Gelegenheit ganze Städte von Kulissen und spanischen Wänden in der Ferne aufgestellt waren, damit ihre Kaiserliche Majestät sich an der so bevölkerten weiten Landschaft erfreuen könne. Von Baum zu Baum auf der Alameda zog man Girlanden von bunten papiernen Laternen, und über die breite Straße, die zu dem Haus führte, wo die Königin wohnen sollte, wurde von Haus zu Haus, aus den obersten Stockwerken, Seil bei Seil gespannt, die mit unzähligen Lampen behangen werden sollten – eine bunte Strahlendecke hoch über dem Gewühl der Menschen. Hier in der Nähe, in dem wohl erhaltenen maurischen Stadtviertel, wo Verkaufsläden und Straßenpflasterung unverändert in ihrer alten Gestalt vorhanden sind, streckt sich eine später angelegte lange, enge Straße hin, die von Kaufleuten bewohnt ist; hier hingen aus allen Fenstern lange blaue und rote Flore, eine Szenerie wie zu einem Schaltanz auf der Bühne. In all dieser leichten, lustigen Pracht waren große Glaskronleuchter mit Lichtern angebracht; diese ganze Straße sollte wie ein langer, glänzender Ballsaal strahlen.

Dicht an dem goldführenden Darrofluß, der mit seinem ausgetrockneten Bett für den Augenblick wie ein Rinnstein aussah, lag ein altes Gebäude in maurischem Stil; durch das pferdehufförmige Tor gelangt man in einen großen, mit Gras überwucherten Hofraum; ein dicker Wasserstrahl fiel plätschernd herab in das geborstene steinerne Bassin inmitten des Hofes, und dieser selbst wurde von einem einzigen Weinstock überschattet, der riesenhaft seine dicken Zweige über den ganzen großen Raum ausbreitete. Zwei Esel und etwa zehn Maultiere standen hier, alte Sättel und altes Geschirr lagen überall umher; diese Umgebung paßte ganz vorzüglich zu einer Darstellung von Don Quixotes Ritterweihe im Wirtshaus, welches er für ein Schloß ansah. Ein junges Mädchen in feuerfarbenem Rock und weißen Hemdsärmeln, Lindaraja kann nicht besser ausgesehen haben, saß am Rand des Bassins und wusch sich Gesicht und Schultern; das Mädchen hätte mit ihren schwarzen Augen einen Menschen in Brand stecken können, wenn er ein Mensch war. Eine schöne junge Spanierin in einem maurischen Hof, das schon genügte dem Sinnen eines ganzen Tags, aber es ließ einem keine Zeit dazu, dem nachzuhängen; ein herrliches Bild jagte das andere. Wieviel Neues war hier zu sehen; selbst die Vorfluren eines jeden kleinen Hauses zogen die Aufmerksamkeit auf sich. Der Fußboden hat in diesen Räumen überall eine zierliche Pflasterung von Figuren in allen wechselnden Gestalten des Kaleidoskops, oder sie stellte eine Vase, eine große Blume oder einen Doppeladler vor. Meine Sehnsucht war aber vorzugsweise auf die Alhambra gerichtet.

Am folgenden Morgen begaben Collin und ich uns dort hinauf.

Von dem ausgetrockneten Flußbett des Darro führt die Straße schräg hinan auf die Mauern Granadas zu. Ein altes Tor mit dem Wappen Karls des Fünften in Stein gehauen, führt in eine dreifache Pappelallee hinaus, denselben Weg noch, auf dem die Maurenkönige, die Zagrier und Abencerragen mit flatternden Fahnen und schmetternden Trompeten dahin zogen; jetzt war man damit beschäftigt, bunte Papierlaternen hier aufzuhängen; morgenländische Pracht sollte in die finstere, lange Allee hineinstrahlen, wenn die Königin die Alhambra besuchte.

Links von der Allee zieht sich ein kürzerer, aber jäherer Weg hin, der gleichfalls hinauf führt. Das Wasser rieselte, plätscherte, stürzte hier zwischen üppigem Grün dahin; zarte Zypressen und dünne, schlanke Pappeln erhoben sich in die blaue Luft vor den alten, roten Mauern der Alhambra. An einem großen, künstlich ausgehauenen Marmorbassin macht der Weg eine Biegung, und man befindet sich in einer langen Pappelallee, dicht vor dem Tor der Richter, über dessen pferdehufgeformten Bogen eine offene Hand mit aufgehobenem Finger, und innerhalb, auf der entgegengesetzten Seite, ein Schlüssel ausgehauen sind. Die Worte des Baumeisters mit Bezug auf diese beiden Hieroglyphen sind bekannt: »Die Mauern der Alhambra sollen so lange stehen, bis die Hand den Schlüssel ergreift.« Zwei Soldaten bewachen das Tor, und durch dieses gelangt man, einen schrägen Gang hinan, zwischen alten Mauern hindurch, auf eine weite Terrasse, von welcher aus sich nach jeder Seite hin eine herrliche Aussicht über einen Teil der Stadt und über die Campagna eröffnet. Stellen wir uns zwischen die zwei tiefen Brunnen hier oben und kehren den Ruinen von Türmen und Mauern, welche die Wein- und Gemüsegärten umschließen, den Rücken zu, so liegt gerade vor uns die ganze Alhambrahöhe. Die Mauren ließen diese Brunnen graben; das klarste, eiskalte Wasser wird hier aus schwindelnder Tiefe gehoben; es wird in großen, tönernen Gefäßen von Maultieren nach Granada hinunter getragen; hier oben an dem Brunnen selbst saßen zwei alte Frauen und verkauften das Wasser gläserweise. Wir trafen auch viele Fremde in der Alhambra; eine große Menge Arbeiter waren gleichfalls hier beschäftigt, sie schleppten sich mit Bündeln von blühenden Myrtenzweigen, mit bunten Laternen und gemalten papiernen Wappenschildern, alles zu einer Ausschmückung, die sich recht störend und polterig unter den ernsten Ruinen ausnahm. Der ganze erinnerungsreiche Boden dehnt sich hier wie eine Akropolis aus. Uns zunächst und das Ganze beherrschend, steht Karls des Fünften unvollendetes Schloß, ein Viereck von mächtigen Quadern. Sein Wille ging dahin, daß dieses Schloß an Pracht und Größe alles übertreffen sollte, was die Mauren hier oben gebaut hatten, und um Platz zu gewinnen, wurde deshalb ein Teil der Alhambra niedergerissen, allein das schöne Werk steht unvollendet da, zwar in schönem Stil, aber ein Koloß ohne Dach, mit fensterlosen Rahmen, durchsaust vom Wind. Zur Festlichkeit der bevorstehenden Tage hatte man auch diese Mauern mit unzähligen bunten Laternen behangen.

Hinter dem Schloß liegt die Kirche Santa Maria de la Alhambra, und hinter dieser wiederum eine kleine Stadt mit ärmlichen Häusern und großen Weingärten; in diesen Gärten stößt man oft unter dem knorrigen Weinstock auf Überreste irgendeines reichen Mosaikfußbodens, auf umgestürzte wunderschöne ausgehauene maurische Gesimse und Bogen. Nach einer Wanderung hier gelangt man zurück auf die große Terrasse, von welcher aus man über Zypressen und Pappeln in den tief unter der Felsenhöhe fließenden Darro hinabschaut. Aber wo ist doch, so fragt man sich, die eigentliche Alhambra mit dem Löwengarten, mit dem Gesandten-Saal und dem zauberischen Garten Lindarajas?

Auf der Terrasse bei dem unvollendeten Schloß Karls des Fünften erblickt man gegen die Mauer hin ein paar kleine tiefliegende Gärten mit zwei, drei niedrigen Häusern, hinter diesen und innerhalb der Mauern der verfallenen Türme, unter dem prunklosen Schatz ist der Zauber zu suchen.

Von einem der kleinen Häuser aus, durch eine kleine gewöhnliche Tür gelangt man in die reichen Höfe und Säle der Maurenkönige. Ich hatte einige Schwierigkeiten, die Erlaubnis zum Eintritt zu erlangen; man war drinnen emsig beschäftigt mit der Ausschmückung zu Ehren Ihrer Majestät der Königin. Ein paar freundliche Worte und einige Peseten verschafften mir indes Zutritt.

Wunderbar schön, aber überraschend klein, war es hier. Ich fand nicht die Größe und Ausdehnung, die ich mir gedacht hatte; jedoch, indem ich durch diese Bogen, diese Höfe, diese Säle wanderte, war es, als erweiterten sie sich, ich ging wie in einem versteinerten Spitzen-Bazar der Phantasie, wo das Wasser in klaren Strahlen sprang, wo es in ausgehauenen Rinnen des marmornen Fußbodens rieselte und die großen marmornen Bassins füllte, in welchen die Goldfische schwammen. Der untere Teil der Wände, die Brüstung, besteht aus bunten Porzellankacheln, die Wände selbst sind von einem unpolierten, weißgelben Porzellan von marmornem Aussehen überzogen, und dieser ist so künstlich durchbrochen, als wäre er ein Spitzenschleier über roten, grünen und goldenen Grund ausgebreitet. Schnörkel und Inschriften, schlängeln sich arabeskenartig, das Auge verwirrend, in und aus einander, und klären sich doch, genau besehen, in bestimmte regelrechte Formen. Diese Wände schlängeln Verse zu Ehren Gottes und des Propheten Mahomeds aus; diese Wände reden laut von den Großtaten der Maurenkönige, von ritterlicher Tapferkeit und von der Gewalt der Schönheit. Die Alhambra ist ein altes Legendenbuch, voll phantastisch geschlängelter Bilderschrift auf Gold und Farben; jedes Zimmer, jeder Hof ist ein anderes Blatt, dieselbe Geschichte, dieselbe Sprache, und doch immer ein neues Kapitel.

Sala de los Embajadores, in welchem die Maurenkönige die fremden Gesandten empfingen, steht noch größtenteils in seiner alten Herrlichkeit da; aber wie ist diese in Worten zu geben? Was hilft es zu erzählen, daß die Brüstung von grünen Kacheln ist, daß die Wände zu ihrer ganzen Höhe mit einem Schleier bedeckt erscheinen, der über Goldbrokat und Purpur hingeworfen ist, und daß dieser Schleier eine ausgehauene Steinmasse, eine Filigranarbeit ist, in welcher die pferdehufförmigen Fensterbogen mit schwebenden Säulen, Licht verbreiten; über die Fensterrahmen ausgehauene, rosettenförmige Öffnungen lassen noch mehr Tageslicht herein, so daß die prächtig geschnitzte hölzerne Zimmerdecke recht hervortritt. Nicht das Wort, sondern die Photographie vermag das Bild wiederzugeben, und doch nicht, denn man ist vor einem solchen Bild an einen bestimmten Fleck gebunden, aber hier muß man sich immer bewegen, die ganze Schönheit recht sammeln und genießen, muß an das offene Fenster treten, in das enge, wildromantische Tal hinabblicken, durch welches der Darro strömt, sich darauf umkehren und hinaus in die offene Vorhalle, in die luftigen, leichten Bogen schauen, deren Verzierungen versteinerte Schlingpflanzen zu sein scheinen, die gleichsam wie durch eine Laterna magica hingeworfene Inschriften umschließen.

Der Löwenhof prunkt in solcher Herrlichkeit. Brüsseler Spitzen von Porzellan gewebt, Tüllstickerei von Gestein, unterstützt von schlanken, marmornen Säulen, bilden hier Scheidewand, Bogen, Kioske und Alkoven. Die Löwen dagegen sind schlecht ausgeführt; plump und schwerfällig liegen sie inmitten des Hofes um den Springbrunnen. Man arbeitete auch hier, wie sie es nannten, an der Ausschmückung der an sich am schönsten geschmückten großen Halle. Über die Wände hing man schwere Teppiche von Tuch und Samt mit goldenen Borten und Quasten, diese verbargen zu viel von der eigentlichen Herrlichkeit, nur die Decke war frei zu sehen und zu bewundern in ihrer ungestörten alten Pracht; sie hob sich in Gold und Schnitzwerk. Man schaute wie in den Kelch einer sonderbaren, wunderbar geformten Blume hinein.

Gerade gegenüber, auf der anderen Seite des Löwenhofes, tritt man in den Saal der Abencerragen. Derselbe war noch vom Ausputz verschont geblieben und stand in seiner ursprünglichen Schönheit aus der Zeit der Mauren da. In der Mitte befindet sich das große marmorne Bassin, noch gefärbt mit dem unschuldigen Blut der Abencerragen; dasselbe ist in das Gestein hineingedrungen und klagt noch durch Generationen den unglücklichen Boabdil an. Mit diesem Saal verknüpft sich, wie man sagt, der einzige Gespensterglaube, der in Spanien herrscht; hier jammert es die Nächte, hier tönen seltsames Geschrei und Wehklagen verdammter Geister.

Wir wandern durch ein ganzes Labyrinth von Galerien, Kiosken und Zimmern; wir steigen hinab in kleine Höfe, hinein in herrliche Badezimmer, an deren Eingang Nymphen und greinende Satyrn von Marmor stehen. Das Licht fällt gedämpft durch wie Sterne geformte Öffnungen, große, marmorne Bassins laden zum Baden ein: Noch sieht man in den Mauern die eisernen Röhren, die das kalte und warme Wasser hier herableiteten. Man steigt einige Stufen hinauf, gelangt über Galerien, deren Bögen von dünnen, marmornen Säulen getragen werden, blickt in kleine Blumengärten und in Höfe mit künstlichen Bildhauereien hinab und erreicht eine Art Pavillon el Mirador del Lindaraja, der zu dem Anmutigsten, Elegantesten und Geschmackvollsten gehört, das man sehen kann. El Mirador ist ein schwebender Erker, eine Wunder-Schönheits-Blume in diesem ganzen wunderbaren Bouquet der Architektur. Sie hängt hinaus über das sich aufwärtsschlängelnde Grün der Felsenschlucht, hinaus über Pappeln und Zypressen, und man hat von hier den Anblick eines Teils der Stadt, der nahen Weingärten und Berge. Unser Aufenthalt hier war nur von kurzer Dauer; die Arbeiter traten auch hier herein, um auszuschmücken und auszuputzen. All dieser Ausputz war eine gänzliche Verstümmelung. Es könnte wohl erlaubt sein, in dem Myrtenhof Blumen in Töpfen hinzustellen, weil durch diese ein dichteres Grün zwischen den großen, marmornen Bassins erzielt wurde, allein man schmückte auch mit papiernen Palmen aus, und das in einem Land, wo Palmen wachsen. Mir war es, als sähe ich eine schöne antike Statue mit Fastnachts-Flitter ausstaffiert.

Einen architektonischen Traum hat Hackländer bezeichnenderweise die Alhambra genannt; der Traum war jetzt eine vollbrachte Tatsache, die ich nimmer vergesse; erfüllt und überwältigt gelangte ich nach Granada zurück.

Von Herrn Schierbeck in Barcelona hatte ich einen Empfehlungsbrief an seinen spanischen Schwager Don José Larramendi empfangen; die Adresse trug seinen Namen und Titel: *Teniente coronel de Regimiento Córdoba*. Indem ich nach ihm frug und suchte, erhielt ich wieder einen neuen Beleg für die Höflichkeit und Dienstwilligkeit der Spanier gegen Fremde. In der Fonda de la Alameda, wo wir wohnten, waren mehrere hohe Militärs einquartiert, unter diesen ein General; vor der Tür desselben saß stets ein Soldat; diesen frug ich nach dem Regiment Córdoba und dem Obersten Larramendi. Der Soldat begleitete mich sofort auf die Straße hinaus und durch mehrere andere Straßen und Gassen, immer fragend, aber vergeblich; darauf führte er mich in ein militärisches Büro, und hier gab man uns nun die Wohnung des Obersten genau an; der Soldat führte mich daraufhin zu derselben. Ich wollte ihm jetzt seine Mühe bezahlen, allein er sah mich mit großen, verwunderten Augen an, schüttelte den Kopf und war nicht zu überreden, irgendwelche Bezahlung für seine Dienstwilligkeit anzunehmen; meinen Händedruck und später meinen täglichen Gruß, wenn ich an ihm im Korridor vorüber ging, nahm er entgegen.

Durch einen kleinen Hofraum mit einem sprudelnden Wasserquell zwischen Lorbeerhecken und Granatbäumen, gelangte ich in die Zimmer, wo Larramendi, seine Frau und Schwiegermutter wohnten, umgeben von einer großen Kinderschar. Man empfing mich wie einen lang erwarteten lieben Freund. Wenige Menschen haben einen so ausdauernden Eifer, uns gefällig zu sein, an den Tag gelegt, wie dieser lebhafte, liebenswürdige Mann gegen Collin und mich während unseres Aufenthaltes in Granada bewährte; kein Tag verstrich, daß er uns nicht besuchte und nicht irgendeinen wohlüberlegten Vorschlag zur besten Nutzung des Tages vorbrachte; oft sandte er uns seinen Diener, weil dieser besser als die fremden Diener des Hotels unsere Gänge in der Stadt ausrichten konnte, wenn wir welche hatten. Ich weiß, daß er oft bis tief in die Nacht arbeitete, um am Tage seine Geschäfte beendet zu haben und mit uns länger zusammen sein zu können. Er war gut, besonnen, jugendlich frischen Herzens und Gemüts; das Zusammenleben mit ihm bildete einen Teil der angenehmen Zeit, die wir in Granada verbrachten. Er sprach ein wenig Französisch. Collin hatte schon großen Anlauf im

Spanischen gemacht, und wo mein Glossarium nicht ausreichte, mußten Erfindung und Mimik aushelfen. In seiner Begleitung erhielten wir Zutritt zu manchem festlich geschmückten Ort, wo man uns als Fremde sonst nicht eingelassen hätte.

Wir besuchten mit ihm die großartige Kaserne des Regiments Córdoba, die dicht an der Stadt liegt zwischen dem reichen, verlassenen Kloster Cartuja und dem Zigeunerviertel. Der weite Platz hier, der bis an die Stadtmauern geht, war noch vor nicht langen Zeiten abends und vollends des Nachts gefahrvoll zu passieren, Überfälle und Mord fanden damals häufig hier statt; jetzt herrschte überall Sicherheit in und um Granada, und für den Augenblick sah es festlich und geputzt aus; Flaggen wehten, ein prächtiges Zelt mit den spanischen Farben, rot und gelb, war errichtet; es bildete drei große Abteilungen, in welchen der Fußboden mit rotem Samt belegt war – hier sollte die Königin von der hohen Obrigkeit der Stadt bei ihrer Ankunft empfangen werden.

Der Platz war mit Bürgern, Bauern, Soldaten und Zigeunern angefüllt, überall war Leben und Bewegung. Maultiere schrieen, Hunde bellten, ein Bänkelsänger stimmte seinen schnarrenden Gesang an; ein blinder Improvisator deklamierte, und sein Knabe bot gedruckte Lieder an. Ich gab dem Blinden einen Reale; Larramendi sagte ihm, ich sei ein Ausländer weit von hier, jenseits Frankreich her, und nun improvisierte der Blinde ein Gedicht an mich; ich verstand es natürlich nicht, aber der ganze Kreis vom Volk ringsum, jung und alt, halbnackte Knaben und geputzte Bauern applaudierten ihm aufs Kräftigste.

Die Sonnenstrahlen brannten ganz infernalisch, es war ein Labsal, in die kühle Wachstube der Offiziere zu treten. Frisches Quellwasser aus einem Brunnen der Alhambra setzte Tau an der Karaffe an, die langen, stengeligen Zukkerbrote, Zugarillos, verschwanden, wie bei der Kunst eines Taschenspielers, wenn sie das Wasser in den Gläsern berührten, und teilten demselben Wohlgeschmack mit; Cigarren wurden umhergereicht, es war recht kameradschaftlich.

Im Hof wimmelte es von Soldaten, sie liefen die Treppe auf und ab, sie sprangen umher in voller Montur und in halbem Anzug. Wir besuchten den Schlafsaal, der groß und luftig war und eine prächtig geschnitzte Decke in maurischem Stil hatte, den Equipierungssaal mit Bekleidungsstücken vom Hemd bis zu den Taschentüchern; die Küche strahlte mit blankpolierten Gefäßen. In der Krankenstube war die Luft frisch und gut. Wir traten in die Marketenderei, eigentlich um schöne Augen zu sehen, und die fanden wir auch hier. Die Tochter, ein sechzehnjähriges Mädchen, war eine wirkliche Schönheit, Haar und Augen funkelnd schwarz, die Zähne frisch und weiß. Sie war wie eine wunderschöne, eben entfaltete Blume anzuschauen. Die Großmutter hatte ein höchst charakteristisches Gesicht; sie wollte uns festlich empfangen, führte uns deshalb von dem Ladentisch, wo die Soldaten herantraten und ihr Gläschen Anisette tranken, in das Zimmer nebenan; dort sollte es feiner sein. Auf dem Fußboden daselbst lagen mehrere Bündel Stockfisch und ganze Schichten von kranzförmigen Broten, an der Wand hingen kolossale Zwiebeln und über diesen ein Weihwassergefäß und ein großes hölzernes Kreuz. Das junge Mädchen brachte uns schwellende Trauben; wie schön, wie schlank, wie schwebend war es! Die Augen sprachen, der Mund brauchte nichts zu sagen; die Augen genügten, ein ganzes Gedicht mit Lust und Feuer zu durchströmen, daß man sich an demselben verbrennen könne.

Unten auf dem Platz und in den Straßen wogte das Getümmel. Die Bauern in Jacken und Hosen von violettem oder blauem Samt, mit Ledergamaschen, die zierlich um die Waden schlossen; die Hosen waren unterm Knie aufgeschlitzt, wodurch der Gang freier ward; die Frauen trugen die schreiendsten Farben zur Schau. Alles in den Straßen, in den offenen Läden und Höfen war geputzt und bunt. Hier waren schöne Augen! Der liebe Gott hat es an solchen nicht mangeln lassen, und diese Augen waren nicht allein die vom Land Hereingekommenen, sie waren auch aus der Stadt, aus den verschiedensten Stockwerken der Häuser.

Im Norden gibt es Herbstnächte, in welchen der ganze Himmel mit Sternschnuppen glänzt, hier glänzten sie am Tag; ich mußte einige dieser Blinkfeuer aufs Papier in Vers und Prosa bringen, aber ich wußte, daß ich zu Hause kein Papier hatte, und trat deshalb mit Oberst Larramendi in den Laden eines Papierhändlers ein; der Oberst stellte meinen Reisegenossen und mich dem Papierhändler als Fremde aus dem Land Dinamarca vor; wir sprachen von Zamoras Aufenthalte dort, von andalusischen Augen, und als ich bezahlen wollte, hieß es: Das Papier sei bezahlt! Larramendi hatte dem Händler ein Zeichen gegeben, wie die Spanier es in den Cafés tun, um anzudeuten, daß der Fremde ihr Gast sei; ich wußte, daß man mir nicht zu bezahlen erlaubte; als ich aber etwa acht Tage später allein in denselben Laden trat, um wieder Papier zu kaufen, hieß es abermals, als ich bezahlen wollte: »Das ist bezahlt!« – »Nein«, sagte ich, »das ist nicht möglich! Heute bin ich allein, niemand ist mit mir!« – »O ja, ich bin mit!« sagte der Papierhändler, »mein Haus ist das Ihrige!« – Ich betrat natürlicherweise nie wieder sein Haus, aber ich habe mich nicht des Erzählens dieses Hergangs enthalten können, weil er die spanische Höflichkeit und Zuvorkommenheit charakterisiert.

Granada 123

Abends war Regimentsmusik auf verschiedenen Plätzen und gerade unter unserem Balkon, weil einer der Generale im Hotel wohnte. Man spielte von *La Traviata, un ballo in maschera* und von anderen Verdischen Galoppopernmelodien. Es war das Musikcorps des Regiments Córdoba, welches spielte. Oberst Larramendi besuchte uns; der Platz unten war mit Menschen angefüllt, die Luft warm und mild, ein frischer Luftzug machte sich bemerkbar von dem schneebedeckten Gebirge her.

Später am Abend saß ich hier allein; die historischen Erinnerungen Granadas tauchten in mir auf; wie schön war es hier! Hier sprudelte noch das lebendige Leben; ich empfand eine wahre Freude, hier zu sein. Drei Wochen hatten wir für den hiesigen Aufenthalt bestimmt, einundzwanzig leuchtende, herrliche Lebenstage; ich wollte sie recht genießen, recht dankbar diese Gunst eines gnädigen Gottes genießen, und doch – die Erinnerungen aus Granada schließen mehr Bitterkeit als Süßigkeit in sich; Gedankenlosigkeit, nicht gerade böser Wille, das Übermütige im Menschen trübt uns oft die reine, klare Quelle, aus der wir schöpfen sollen – aber *dieser* Abend in Granada und die Erinnerung an die verstrichenen Reisetage boten nur Schönheit und Freude. Ich befand mich in der alten Stadt der Mauren, ich hatte die Alhambra gesehen, war selbst von andalusischen Augen bestrahlt worden; ein Bouquet nach dem anderen von der Herrlichkeit Spaniens war mir auf meiner Fahrt zugeworfen worden.

Es war am Donnerstag, den zehnten Oktober, an welchem Tag die Königin ihren Einzug zum ersten Mal in Granada hielt. Vom frühen Morgen an wogte die Menschenmenge durch die Gassen; alles war geschmückt. Über alle Balkons hinaus hingen bunte, goldgestickte Teppiche oder wenigstens ein weißes Bettuch, geschmückt mit einer roten

Borte. Flaggen und Fahnen wehten; Lampen, Ballons und Blumengirlanden hingen dicht an einander über die breite Straße und bildeten zusammen ein ganzes Sonnenzelt. In der langen Straße hinter den alten maurischen Boutiquen wehten vom obersten bis untersten Stockwerk herab lange, rote und weiße Flore, als seien sie die Schleier der Luftgeister in einem Sylphenballett; große Glaskronleuchter und über jedem eine schwebende goldene Krone waren hier aufgehangen, alles arrangiert wie von glückseligen Kindern. Die Balkons waren mit Menschen angefüllt, von denen die Mehrzahl Damen waren – ein Reichtum spanischer Schönheit und Anmut. Und welcher Farbenwechsel der Anzüge, namentlich unten auf der Straße; die Bauern der Campagna und aus den Bergen zeigten sich in einer Pracht, die zum Malen war: Hier waren Gruppen, hier waren Motive zu Zeichnungen; da ritt ein Bauer auf seinem Esel daher, vor ihm hing ein Querkorb, und auf jeder Seite desselben saß ein schönes kleines Mädchen, gewiß seine Kinder; sie waren heute mit nach Granada gekommen, um die Königin und all die Herrlichkeit zu sehen; Verwunderung und Freude strahlten aus ihren Augen.

Erst um vier Uhr nachmittags traf Ihre Majestät ein. Man erzählte sich, sie sei eine halbe Stunde früher bei dem Empfangszelt angelangt als die Autoritäten, die sie begrüßen und bewillkommnen sollten, und sie habe auf dieselben warten müssen.

Welcher Jubel! Alle Kirchenglocken läuteten; große Scharen von Zigeunern mit Kastagnetten und wunderlichen Saiteninstrumenten tanzten durch die Straßen – ein lärmender, bacchantischer Zug. Die schwarzhaarigen, braunen Gestalten waren in sonderbar wilder Weise ausstaffiert, ich mußte unwillkürlich an Kinder denken, wenn sie Komödie spielen und sich nun samt und sonders aus der Garderobe mit alten Kleidern behängen. Die Zigeuner hatten auch alles hervorgesucht, was irgend glänzte und glitzerte: seidene Bänder, seidene Taschentücher, Blumen und Gold hingen ihnen in den Haaren; sie brausten durch Straßen und über Plätze dahin:

»Hin zum Tore Bivarrambla!«

Von den Balkons und den Gartenmauern herab applaudierten die Zuschauer. Das Gedränge nahm zu, ringsum spielten die Musikchöre, die Fanfaren ertönten: »Viva la reina!«*; Rosen wurden entblättert, die ganze Rose würde zu schwer im Falle gewesen sein; die einzelnen Blätter schwebten hinab und umwogten die Königin, die in einem von schönen, weißen, andalusischen Pferden gezogenen Wagen saß.

Die Königin sah gut und fröhlich aus; ihr Antlitz hatte etwas Offenes, das Vertrauen und Hingebung hervorrief; der Jubel, der sie umwogte, schien ein herzlicher zu sein. Ihr zur Seite saß der König; beiden gegenüber die junge Infantin und deren kleiner Bruder Alfons, Prinz von Asturien. Der Zug bewegte sich nach dem Dom, dem ersten Besuch der Königin. Die Räucherung strömte durch das offene Kirchentor heraus, das von Menschen umkreist war; sie hingen an den Ausbauten der Mauer, an dem Fundament der in Stein gemeißelten Heiligenbilder. Von der Kirche begab

---

* Isabella die Zweite, am 10. Oktober 1830 geboren, ist eine Tochter Ferdinand des Siebenten und dessen vierter Gemahlin Maria Cristina. Nur drei Jahre alt bestieg sie den Thron unter der Regentschaft der Mutter. Der Bruder des verstorbenen Königs, Don Carlos, erhob Ansprüche auf den Thron. Blutige Bürgerkriege brachen aus. Maria Cristina schloß eine morganatische Ehe mit Don Fernando Munoz, Offizier in der Leibgarde, später zum Herzog von Rianzares erhoben; diese Verbindung raubte, infolge der spanischen Gesetze, der Mutter die Vormundschaft, und B. Espartero übernahm dieselbe; im Jahre 1843 wurde Espartero gestürzt und Isabella die Zweite für mündig erklärt; sie hat sich 1846 mit ihrem Kusin, Franz von Assisi, vermählt, der den Königstitel empfangen hat.

sich die Königin unter donnerndem Jubelruf der Menge nach ihrer festlich eingerichteten Wohnung; Taschentücher flatterten, Rosenblätter fielen. Der sonnenhelle Tag ging über in Abendglanz, und nun war Granada die Stadt der Märchen, man befand sich in der Feenwelt von Tausendundeiner Nacht. Hoch über der Straße hingen bunte, flammende Lampen wie eine Wolke von strahlenden Kolibris.

Von hier, durch den errichteten Triumphbogen trat man in die neue Alameda, die sich längs des Flusses Darro nach der Stadtmauer erstreckt; große bunte Ballons hingen hier reihenweise, Girlande an Girlande, jedes Haus zeigte eine neue Erfindungsgabe im Illuminieren; unser Hotel war nur spärlich erleuchtet, aber desto prächtiger strahlte die in der Nähe liegende große Kaserne hervor, dort waren Lampenreihen an allen Absätzen, allen Ecken und Winkeln, sie gaben die Form des ganzen sonderbaren Gebäudes in Feuerkonturen wieder, es war, als sei hier der Abfall jedes erdenklichen Baustils verwendet worden. Hier waren schwere Mauern, wie aus einem alten, gotischen Kastell, Säulen, spiralförmige, wie sie im Tempel des Königs Salomo standen, und in den Nischen Rokokostatuen, Grenadiere mit Bischofsmützen auf den Köpfen, ein Stück barocker als das andere.

Ein unübersehbares Menschengewimmel bewegte sich hin und her, alle Bänke waren besetzt, die Leute saßen auf Stühlen längs der Häuser; aber weiter hinaus, wo die neue Alameda endet, war auch die Grenze der Illumination und der Spaziergänger; hier beginnt die eigentliche alte Alameda, die sich, einen Winkel bildend, längs der Stadtmauern Granadas erstreckt. Ich kenne keinen so großartigen Spaziergang wie diesen, echt südländisch, paradiesisch während der heißen Sommerzeit. Hier war es, wie bereits erwähnt, ganz öde, kein Mensch, keine einzige Lampe war zu sehen.

Uralte, merkwürdig hohe Bäume stehen hier in Reihen, schlängeln ihre dicken, blättervollen Zweige ineinander und bilden ein für das Sonnenlicht undurchdringliches Laubdach, welches sich hoch in die Luft erhebt. Lorbeergebüsch, Oleander und dicht belaubte Hecken schützen an den Seiten gegen die sengende Sonne, der Fluß Xenil strömt dicht vorüber, um sich bald mit dem Darro zu vereinigen; hiervon singen die Kinder ein Lied:

Darro tat uns das Gelübde,
Daß, vermählet mit Xenil,
Er als Morgengabe bringet:
Plaza Nueva und Zacatin.

Klares Wasser strömt in steinernen Rinnen zu beiden Seiten der Allee, und in dieser befinden sich zwei gigantische Springbrunnen mit steinernen Figuren, die eine wilde Phantasie geformt hat, nur in Arabesken habe ich dergleichen gesehen: ein Zwischending von Pflanzen und von menschlichen Mißgeburten; in ihrer Abscheulichkeit üben sie eine Art Gewalt über einen aus, man vermag es kaum, sich von diesen barocken, eigentümlichen Hexengestalten abzuwenden, diese Springbrunnen stehen recht bezeichnend als Zierat längst entschwundener Zeiten da, noch immer lebend durch ihre rieselnden Wasserstrahlen. Das bißchen Sonnenlicht, das am Tage hier hereinfällt, ist wie ein Lächeln aus jenen Zeiten; die Finsternis des Abends ist unverändert dieselbe geblieben. Keine Gasflamme leuchtet hier mit ihrem Strahl der neuen Zeit. Aller Glanz des Festes für Isabella die Zweite brach sich an dem Schatten dieses Heiligtums.

»Jetzt ist es überall in Spanien ganz sicher!« hatte man gesagt. »Doch«, fügte dieser und jener hinzu, »soll man nicht gerade nach Sonnenuntergang allein in der alten Alameda in Granada gehen«; allein gerade hier war es so wunderbar verlockend, so über das Alltagsleben weit erhebend. Und gegenwärtig, wo die neue Alameda, dicht nebenan, durch die Festlichkeiten von Menschen erfüllt war, wo alle fröhlich und voller Freude waren, wer sollte jetzt eine böse Tat verüben wollen? Es war zu verführerisch, aus dem summenden Gedränge heraus zu kommen, zu lockend, in die fast stockfinstere, stille, große Allee einzutreten, wo nur das rieselnde Wasser von Leben und Bewegung sprach.

Ich wanderte einige Schritte hinein, den Arm vor mir ausstreckend, damit ich nicht irgendwo anstoßen sollte. Weit unten in der Allee bemerkte ich einen leuchtenden Punkt, der sich bewegte. Es kam jemand näher, ein Licht in der Hand, die Luft war ganz still, hier war keine Laterne nötig, man konnte dreist das flammende offene Licht tragen, es würde nicht ausgehen. Es war ein junges Mädchen, ein Kind, das mir entgegenkam. Hier unter der Sonne Spaniens konnte es eine junge, schöne Braut heißen. Es erschrak bei der Begegnung, das arme Kind! Es hatte niemand hier in der finsteren entlegenen Alameda zu sehen erwartet, es kam von einer Freundin, deren Mutter es begleitete; sie wollten sich nach einem der entfernteren Punkte der erleuchteten Promenade begeben: Das junge Mädchen war sein eigener Kerzenträger, trug selbst das Licht, das in ihr schönes Antlitz hineinstrahlte. Es blieb stehen, zitterte, so schien es mir, stand da, einer Gazelle gleich, die im Ansprung ist.

»Denkt nichts Böses von mir!« sagte die Jungfrau. »Ich denke nur alles Gute!« antwortete ich und sprach, wie ich eben sprechen konnte, aber freilich ein so schlechtes Spanisch, daß bald der liebe Humor, der, wie Cervantes uns gelehrt hat, in diesem Land zu Hause ist, ihr wieder Mut einflößte. »Ihr seid kein Spanier?« frug sie mich. Ich erzählte, daß ich aus dem hohen Norden, aus Dänemark sei, wo einst die Spanier gewesen, und daß in meinem Heimatland wir sie lieb hätten. »Ich war damals ein Kind«, sagte ich, »ein spanischer Soldat hob mich auf seinen Arm, küßte mich und drückte ein Bild der Madonna auf meine Lippen; das ist meine früheste Erinnerung, ich war damals drei Jahre alt!« Die Schöne verstand, was ich erzählte; sie lächelte und ergriff meine Hand; die ihrige war so fein, der Händedruck war wie ein Kuß, ein Kinderkuß.

Von diesem Abend an will ich ritterlich die Spanierin verteidigen. Aber wo blieb sie? Erzähle mir weiter! Es war meine Muse, der ich begegnete, die Gitana mit den meeresblauen Augen. – Finster, stockfinster war es, als sie verschwand [...] in all der reichen Strahlenpracht. Die Raketen knallten und leuchteten, der Mond selbst trat wie im Wandsbeker Boten hervor und leuchtete bei der Illumination, indem er die Schneekuppen der Sierra Nevada beschien. Der Festglanz, wie er an diesem Tag, diesem Abend und dieser Nacht gewesen, zog sich durch volle sechs Tage und Nächte, die ganze Zeit hindurch, während der die Königin Granada mit ihrer Anwesenheit beehrte. Hier war ein Reichtum von Einzelheiten, so überwältigend viele, daß sie nicht aufzuzählen, nicht mitzuteilen sind; ich trieb mich umher bei Tag und Nacht, wohin mich die Füße trugen. Das Abenteuerliche wurde alltäglich. Auf den öffentlichen Plätzen waren Triumphbögen errichtet, meistens in maurischem Stil; am schönsten und reichsten war der große Platz » – nah am Tore Bivarrambla« geschmückt, wo in alten Zeiten die Turniere stattfanden; auch jetzt, wie bei jenen beschriebenen und besungenen Festen, prangten alle Balkons mit bunten Teppichen und schönen Frauen, und wo der Kampfplatz selbst gewesen war, erhoben sich jetzt kleine Gärten; die Wasserstrahlen sprangen aus künstlichen Lilien und Tulpen.

Auf der Plaza Nueva, wo die Straße drüben über dem Darro endigt, war eine ganze Ausstellung von bemalten, in Blech ausgeschnitzten Figuren, die Mauren und Spanier im Kampfe vorstellten; sie waren auf kleinen bemoosten Terrassen aufgestellt und schossen aufeinander, die Schüsse waren Wasserstrahlen; abgeschnittene Myrtenzweige, ringsum eingesteckt, vertraten die Stelle großer Bäume. Hier traf man stets ein Gewimmel von Kindern und fröhlichen Bauersleuten an, schöne Gestalten, malerische Gruppen; doch begegnete einem auch zuweilen ein das Auge beleidigender Anblick; ich sah hier eine Gestalt – dieselbe war einarmig. Das mußte zur Schau getragen werden, und deshalb war der Hemdärmel abgerissen; ganz oben an der Schulter, wo der Arm beginnt, guckte ein kleines Stückchen Fleisch hervor, das einem Finger ähnlich sah; dieses hatte nur ein Glied, das immerfort bewegt wurde, um Aufmerksamkeit zu erregen. Am Eingang des Domes lagen zwei Albinos, Vater und Sohn, Bettler; es schien, als schliefen sie, als schliefen sie immer, selbst während die Luft von Glockenklang und Vivatrufen ertönte. Dann und wann, es glich einem Nachtwandeln, erhob sich der Vater, blinzelte mit den roten Augen zwischen den weißen Augenwimpern und streckte die Hand nach einer Gabe aus – hier vor der Kirche mußten ja die Menschen zu guten Taten gestimmt sein. Die zwei armen, wehrlosen Fledermäuse in Menschengestalt! Die weißen Mäuse und die weißen Kaninchen waren ihre lichtscheuen Genossen; der Tag war ihre Qual, die Nacht ihr Lebetag; aber jetzt war die Nacht blendend wie der Tag, ein solches Lichtmeer durchstrahlte die alte Stadt der Mauren. Anders wohl, aber nicht prächtiger, hatten die Festlichkeiten gelautet und die Herrlichkeit geleuchtet, als Zagrier und Abencerragen in goldenen Rüstungen mit flatternden Fahnen und prunkenden Inschriften zum Kampf und Ritterspiel ausritten; der Halbmond blitzte, und die schönen Töchter des Morgenlandes schauten ihnen von den mit Seide ausgeschmückten Söllern nach. Ich war Zeuge des prachtvollsten Festes der Gegenwart Granadas, das Fest brannte sich mit der Farbenpracht und dem Sonnenglanz des Orients in meine Erinnerungen ein; Gesang, Kastagnetten und Instrumente mischten ihren Klang mit den läutenden Kirchenglocken, ein solches Fest geht nicht zu einem Ohr hinein, zum anderen hinaus. Das Schöne, das Herrliche bleibt in der Erinnerung.

Granada ist mir, wie Rom, eine der interessantesten Städte der Welt gewesen, ein Ort, wo ich glaubte festwachsen zu können; und doch befielen mich an beiden Orten Gemütsstimmungen, welche die Glücklichen, weniger Benervten, krankhaft nennen. [...]

Bauern und Soldaten saßen an Tischen mit Xeres- und Málagawein in großen Biergläsern vor sich, und auch Biskuit und Trauben lagen vor ihnen. Das Feuerwerk leuchtete von der Alhambra her, die Villen oben am Abhange des Berges strahlten in angebrannten Lampenreihen. Überall, wo man hingelangte, war Gedränge, Fröhlichkeit und gute Laune; sie sprudelte, atmete rings um mich her.

Noch hatte ich in Spanien weder spanische Komödie noch spanisches Ballett gesehen; es war nicht die Jahreszeit dazu; aber hier in Granada bei der festlichen Zusammenkunft von Menschen hatte man das Theater geöffnet. Es lag dicht an der Fonda de la Alameda und war im Innern aufgemalt und mit rot- und grünseidenen Festons ausgeputzt worden; auf der Bühne dagegen sah ich die häßlichsten, abgenutztesten alten »spanischen Wände«, die mir je zu Gesicht gekommen sind. An diesem Abend wurden ein Vaudeville und ein Ballett gegeben.

In einem fremden Land, wo uns niemand kennt oder nicht kennen mag, genießt man das Wohlbefinden, ganz unbeirrt sich selbst zu gehören; man ist nicht von Tausenden von Rücksichten, bewußt oder unbewußt, umnebelt, man braucht keine Furcht zu hegen, daß die Ansicht, die man etwa äußert, ausgetrommelt wird, und, gleich einem Peitschenknall auf den Alpen, eine Lawine von Kränkung zur Folge hat; man fühlt gleich heraus, ob man sich in einem Kreis verliebter Löwen oder in einem Kreis kleiner Zeuse vom Olymp der Kritik befindet; man darf die Mittelmäßigkeit verlassen, ohne daß der Kreis es bemerkt oder gar ein Ärgernis daran nimmt; man sieht den Fehler bei demjenigen, der in erster Reihe szenischer Koryphäen steht, und darf die Freude genießen, dem Talent zu applaudieren, das noch nicht in Nummer gerückt ist.

Mit diesem sicheren Gefühl betrat ich das Theater, mit diesem sicheren Gefühl saß ich da und hörte die dürftige Orchestermusik ableiern; ich resignierte bei den Bretterbuden-Dekorationen, resignierte sogar bei der Komödie, die aufgeführt wurde, dieselbe stiefelte dermaßen privatim über die Bühne, daß ich sogleich begriff, sie habe nichts mit der Kunst zu schaffen; meine ganze Erwartung sammelte sich nun in einem Brennpunkt: in dem des Balletts, ein solches hatte ich in Spanien noch nicht kennengelernt; auf keiner der Bühnen hatte ich spanische Tänze im spanischen Land gesehen. Nur auf offener Straße und im Vorzimmer hatte ich in Murcia und Cartagena den Pulsschlag der Kastagnetten, der vom Volk selbst ausgeht, hatte Bolero und Seguidilla, diese graziösen sich bis zur Leidenschaft steigernden Tänze gesehen – was würde nun nicht erst die Bühne mir bieten?

Das Ballett begann, es endigte – ich blieb bis zu Ende. Ein fürchterlich langer Bursche, der wie ein linkischer Handwerksgeselle aussah, trat hervor in einen Mantel gehüllt, die Gitarre in der Hand; er tat einen Griff in die Saiten; die Geliebte zeigte sich mit dem Fächer in der Hand am Fenster; bald stieg sie hinab auf die Straße; allein es wurde den beiden keine Zeit gelassen, ihre Liebe auszutanzen; der Vater der Jungfrau trat aus dem Haus heraus, der Liebhaber warf seinen Mantel über sie, und sie lief davon; und damit sie einen Vorsprung bekäme, stellte er sich mit seiner Cigarre dem Alten in den Weg, bat sich die Erlaubnis aus, dieselbe an dessen Cigarre anzünden zu dürfen, was nicht zurückgewiesen werden konnte; sie machten beide Flickflack mit den Beinen, es wurde sehr schwierig, die Cigarre anzubrennen, und als sie endlich brannte, war die Jungfrau weit weg, und beide Herren rannten ihr nach. – Changement! Die Bühne verändert sich in eine Art von Volksgarten, wo eine ganze Menge Jungfrauen versammelt ist; diese tanzen mit Kastagnetten, aber es war, als hätten sie das noch nicht recht gelernt, als wären sie noch nie in Spanien gewesen. Es war eine Sammlung von häßlichen Frauenzimmern; es kann nicht leicht gewesen sein, in Andalusien so viele ausfindig zu machen. Nun traf das Liebespaar ein: Die Jungfrauen baten es sofort, den Tanz zu tanzen, den – ihr wißt schon welchen! – und sie tanzten ihm zu noch größerer Sicherheit einige Pas vor, was so viel heißen sollte, als »der ist es!« Der Tanz begann, aber nun kam der alte Papa auch wieder herbei, und der geriet in gute Hände; jede zweite Jungfrau ergriff ihn und drehte ihn im wirbelnden Kreise herum, jede dritte Jungfrau schenkte ihm einen Schnaps ein, den er austrank, worauf er allmählich lustig und gemütlich wurde; die Liebenden knieten nieder, er segnete sie, und die ganze Gesellschaft tanzte die Madrilena. Das war das Ballett.

Ich stürzte hinaus ins Freie, in die illuminierte Stadt, über welche der Mond dahinsegelte; ich hatte vom Theater in Granada genug, ich hatte dort die Kunst gesehen. Am folgenden Morgen sollte ich die Ausstellung der Kunstakademie besuchen.

Oberst Larramendi führte uns in die Kunstakademie ein; dort war eine Ausstellung zuerst von der Hand der Natur des ganzen Königreichs Granada: kolossale Birnen, Melonen, Zwiebeln, Kürbisse, alle ausgezeichnet, was man nicht von allen Gegenständen aus den Händen der Kunst sagen konnte. Spanien hat Namen wie Murillo, Velasquez aufzuzählen; es schreibt noch neue Namen von Bedeutung in die Jahrbücher der Kunst ein; hier, wie in anderen Ländern, wimmelt es von Künstlern; alle wollen ihr Licht auf den Hochaltar der Kunst bringen, und es gibt viele Lichter. [...] Die Bilder, die mich am meisten ansprachen und erfreuten, waren von einem jungen Spanier, namens Martin, den ich, ehe ich die Ausstellung verließ, kennenlernte. Die Akademie hatte ihm eine Prämie für ein biblisches Bild zuerkannt, ich hätte sie ihm für seine Genrestücke gegeben.

Die Königin fuhr an diesem Tag zu der Alhambra hinauf, nach der prächtigen Villa des Bankiers Calderon. Wir sollten den ganzen Zug von einem Garten an der nahe dem Tor gelegenen Straße aus ansehen, Oberst Larramendi führte uns dorthin, eine ältere Baronin mit ihrer Tochter bewohnte das Haus. Hier waren viele Gäste, der Mehrzahl nach Damen, wir saßen auf der Terrasse an der Gartenmauer im Schatten großer Bäume, die voll von Quitten und Granatäpfeln hingen. Die Damen zerpflückten Rosen und ließen die feinen Blätter auf die Königin herabschweben, als sie an der Terrasse vorüberfuhr. Das junge Dienstmädchen des Hauses, wie die anderen in schwarze Seide gekleidet, ließ auch Rosenblätter hinabfliegen; wie schön, wie schlank, wie schwebend war es! Meerblaue Augen, lange schwarze Wimpern wie Seidenfransen, blendend weiße

Zähne und ein unbeschreibliches Lächeln um die Lippen. Es bemerkte es gar wohl, daß ich seine Schönheit bewunderte, es brach eine duftende Blume ab und gab sie mir und schwebte dahin wie eine Schwalbe im Fluge, und die läßt man fliegen!

Noch einige Male sah ich die Königin von meinem eigenen Balkon aus; sie und ihr Gemahl und ihre Kinder fuhren in die Campagna zu dem Lorbeerbaum hinaus, unter welchem sich Isabella die Erste, während der Kämpfe mit den Mauren, als sie nahe daran war, gefangengenommen zu werden, verborgen hielt. Den Baum und das kleine Besitztum, wo derselbe steht, hatte nun die regierende Königin gekauft. Der Weg zu ihm hinaus führte über den Zenil und den Darro, gerade über der Stelle, wo diese beiden Flüsse sich vereinigen. Das Wasser im Flußbett des Darro war augenblicklich nicht breiter als ein gewöhnliches Rinnsal, man konnte mit leichter Mühe über ihn wegschreiten, der Zenil sah aus wie ein seichter Bach; so gering erschienen derzeit diese beiden Flüsse, die in Geschichte und Dichtung so große Namen tragen; nach einem Regenguß, wie den, welchen wir in Barcelona erlebten, mögen sie aber wohl ihre großen Namen behaupten können.

Nach einem sechstägigen, festlichen Aufenthalt verließ die Königin Granada, um Málaga zu besuchen.

Collin und ich zogen nach der Alhambra hinauf; in der Fonda de los siete suelos, die dicht an den Mauern der Alhambra liegt, gerade an dem zugemauerten Tor, durch welches der Mauren-König Boabdil hinaustritt, als sein Schicksal wollte, daß er von Ferdinand und Isabella sich besiegt und samt seinem Volk aus dem Land hinausgejagt sehen sollte, in welchem sie Jahrhunderte hindurch die Herren gewesen waren.

Unten in Granada empfand man noch den warmen Sommertag, aber hier oben in »siete suelos« war es gar kühl, nur selten fielen die Sonnenstrahlen durch das Laubwerk hindurch in die Zimmer; man wohnte unter schattigen Bäumen, am plätschernden Quell und rieselndem Gewässer; hier muß es paradiesisch sein während der glühenden Sommerzeit, jetzt war es mir nicht warm genug. – Im Garten unter dem Weinlaub wurde der Mittagstisch gedeckt; der Aufwärter lief umher in aufgekrempelten Hemdsärmeln, luftig gekleidet für afrikanische Hitze, ich zog meinen Winterrock an, wenn ich hier zu Tische ging. Das Wasser war herrlich frisch und kalt, es mundete uns besser als der immer hitzige, spanische Wein, allein das kalte Wasser hier oben ist geschmolzener Schnee von der Sierra Nevada, und bei allem Wohlgeschmack nicht gerade das gesündeste. Ehe ich darüber nachgedacht hatte, fühlte ich mich krank. Collin kehrte in sengendem Sonnenschein zurück, der Kopf schmerzte ihm zum Zerspringen, er war noch kränker als ich, legte sich sofort zu Bett und verlangte nach einem Arzt. Aber wo einen solchen auffinden? Ich lief nach Granada hinunter, Oberst Larramendi fand einen Arzt des Regiments Cardoba auf, und dieser versprach, baldigst zu uns zu kommen. Ich war in dem Grade nervös und entkräftet, als ich wieder zur Alhambra hinaufstieg, daß ich beinahe umgesunken wäre. Der Arzt fand uns beide leidend; Collin hatte ein starkes Fieber. Es folgte eine peinliche lange Nacht.

Auf einer Reise darf man nicht erkranken, und tut man es dennoch, ist es eine Sache von ernster Bedeutung; aber in ernster Stunde lernen Freunde sich schätzen, man vergißt sein eigenes Ich, und es leuchten Pfingstflammen über all das Gute und Vortreffliche, das uns bei unseren Lieben schon alltäglich geworden ist. Man fühlt, daß die Sympathie Wurzeln zu einem Baum geschlagen hat, von dem man gar gern glauben möchte, daß er bis in die Ewigkeit hineinwachsen wird.

Am folgenden Tag befanden wir uns schon besser, und am nächstfolgenden konnten wir unsere kleinen Ausflüge wieder beginnen; die meinigen gingen, später sogar täglich, nach dem naheliegenden Generalife, der Sommerresidenz der Maurenkönige, dem schattigen von Gewässern durchrieselten Garten der Sultane.

Nur wenige Schritte vom Hotel liegt außerhalb der alten Mauern der Alhambra eine kleine Venta; ein Weinstock breitet hier sein Laubdach aus, unter welchem Bauern und Städter oft ihre Weinflasche leeren, durch einen kleinen Bach mit kristallklarem Wasser ist sie von dem vorüberführenden Weg abgegrenzt, über den Bach führt weder eine Brücke noch ein Steg, man schreitet über ein paar große hingeworfene Steine. Hinter dem Haus zieht sich ein breiter Fahrweg in einen weiten Wein- und Gemüsegarten hinein, der mit Orangen und Granatbäumen, mit Pappeln und Erlen prangt. Tief in diesem Garten liegt eine freundliche, leuchtend weiße Villa; eine Allee von alten Zypressen und Weinstöcken führt zu derselben, es ist Generalife, die Sommerresidenz der Maurenkönige, der Lieblingsaufenthalt der Sultane. Noch blühen hier die kleinen terrassenförmig angelegten Gärten mit schönen, stark duftenden Blumen, durchrieselt von klaren Bergflüssen. Der Ort gehört einer reichen italienischen Familie, die hierher niemals kommt, aber für dessen Instandhaltung Sorge trägt.

Einige Schläge mit dem eisernen Hammer, und das Tor öffnet sich. Wir traten in einen kleinen länglichen Garten, in welchem die blühenden Myrtenhecken beschnitten sind und da stehen wie die früher beliebten, jetzt aber altmodischen Buchsbaumeinfriedungen; das Wasser, klar und durchsichtig, rieselt, stürzt und braust dahin durch ein langes marmornes Bassin. Zur Rechten prangen gemauerte Wände mit Schlingpflanzen in reicher Fülle, Terrassen, auf welchen die schönsten dunkelroten Rosen wuchern, uralte Zypressen erheben ihre dunkelgrünen Säulen. Zur Linken führt ein in maurischem Stil gebauter Bogengang nach den durch Korridore und Bögen verbundenen Pavillons. Ringsum prangen phantastische Arabesken von Zieraten und Versen, in die harte porzellanene Wand eingehauen und eingegraben. Wir befinden uns in einer zweiten Alhambra, kleiner, was Reichtum und Umfang anbelangt als die große königliche gegenüber, aber mehr von Leben durchatmet. Reihen von Portraits, unter anderen auch Boabdils und Ferdinands und Isabellas Portraits, blicken von den Wänden zu uns herab. Der Garten selbst blüht wie zu Zeiten der Sultane, mächtige Zypressen, die einst jenen vornehmen Schönen Schatten verliehen, wachsen hier noch kräftig. Man steigt von Terrasse zu Terrasse, der Aufgang besteht abwechselnd aus marmornen Treppenstufen und schrägen aufwärts führenden Pfaden, die mit kleinen, bunten Steinen belegt sind. Oben, jenseits der Gartenmauer, erblickt man nur den nackten steinigen Boden; der Berg führt sanft aufwärts, sein Kamm trägt die Ruine eines alten maurischen Forts. Einst dehnten sich blühende Gärten hier aus, jetzt treibt nur der disteldornige Kaktus hier Blüten. Unten in der Tiefe fließt der Darro, von dem jenseitigen Ufer desselben erhebt sich der Boden sanft aufwärts mit den Ruinen eines Klosters und mit ärmlichen Häusern zwischen umfangreichen, weiten Weingärten; hier befanden sich einst prächtige aus Marmor erbaute Bäder; der Gärtner stößt dann und wann auf köstliche Fußböden von Mosaik; wild wachsende Lorbeerhecken breiten ihre ruhmgrünenden Zweige über verborgene Denkmäler aus.

Generalife zog mich öfter an als die Alhambra selbst. Hier war ein Rosenduft wie in Dichtungen aus jener alten

Zeit; die klaren Gewässer stürzten noch mit demselben Murmeln und Gebrause dahin; die uralten Zypressen, stumme Zeugen dessen, was die Sagen und Lieder berichten, standen frisch bezweigt in der Luft, die ich einatmete, ich lebte mich hier dermaßen in die entschwundenen Zeiten zurück, daß es mich kaum überrascht haben würde, wenn Gestalten aus den Tagen der Mauren in raschelndem Damast und in funkelndem Brokat an mir vorübergeschritten wären.

Die Dichter und Geschichtsschreiber preisen die Abencerragen als die schönsten und ritterlichsten Männer Granadas, ihr Edelmut und ihre Menschenliebe werden hervorgehoben, und es wird erzählt, daß alle Frauen des Landes, die des ärmsten Hauses gleichwie die mächtigste Sultanin der Alhambra, die größte Sympathie für dieses Geschlecht hegten, was bei den ebenso mächtigen Zagriern einen Neid erweckte, der bald in tödliche Feindschaft überging. Als nun unten in Granada, auf Geheiß des Maurenkönigs ein Turnier, aber mit stumpfen Waffen abgehalten werden sollte, stellte sich das Geschlecht der Zagri verräterischerweise mit scharfen Waffen bei demselben ein und führte diese gegen die Abencerragen, weshalb die letzteren dann auch zu scharfen Waffen griffen, und erst dem König, der mit seinen Hofleuten erschreckt und überrascht auf den Kampfplatz hinabsprang, gelang es, die Streitenden durch seinen königlichen Machtspruch zu trennen. Der Haß steigerte sich im Verlauf der Jahrzehnte.

Da traten einmal, so berichten die Geschichtsschreiber, vier Ritter aus dem Geschlecht der Zagri vor den König Boabdil hin und erzählten, daß sie in später Abendstunde in den Garten der Generalife getreten und dort Zeuge gewesen wären, daß einer der stolzen Abencerragen Hand in Hand mit der schönsten Sultanin gesessen, daß sie sie küssen gesehen und gehört hätten. Boabdil ließ in wildem

Aufbrausen sämtliche Abencerragen nach der Alhambra hinaufkommen; sie traten einzeln in den Saal, der noch ihren Namen trägt; ein jeder wurde niedergesäbelt und sein Kopf in die große marmorne Wanne geworfen, von welcher aus das Blut bald die Kanäle der Alhambra färbte. Einer der Pagen, der Zeuge der Ermordung seines Herrn gewesen war, entkam vom Schloß und gelangte auf die Straße hinab, wo ihm eine neu angelangte Schar der zum König beschiedenen Abencerragen begegnete, die er nun warnte und die hierauf eiligst zurückkehrte.

Ein ritterlicher Kampf, ein Gottesurteil sollte in der Sache entscheiden, für oder gegen die schöne unglückliche Sultanin. In schwarzem Gewande stand sie auf dem offenen Marktplatz. Die vier angeklagten Zagrier traten dort wohl bewaffnet auf, um im Kampf durch Gottes Urteil die Wahrheit ihrer Aussage zu behaupten. Gott entsendete Streiter für sie, heißt es, die im Kampf die Ehre der Sultanin behaupteten und retteten, indem sie die vier Zagrier töteten.

Ihr stummen, hohen Zypressen im Garten Generalifes, was könntet ihr alles erzählen! Was habt ihr alles gesehen! Boabdils Fall, den Untergang der Mauren. Zu euch reichte das Wehgeschrei, als Alhama fiel.

»Durch die Stadt Granada ziehet
Traurig hin der Maurenkönig,
Dorther von Elwiras Pforte,
Bis zum Tor der Bivarrambla,
   Weh' um mein Alhama!«

»Briefe waren ihm gekommen
Sein Alhama sei verloren;
Warf die Briefe auf den Boden,
Tötet, ihn, der sie ihm brachte.
   Weh' um mein Alhama!«

»Stieg hinab von seinem Maultier
Stieg dann auf sein Roß und ritte
Zur Alhambra, ließ trompeten,
Ließ die Silberzinken tönen.
  Weh' um mein Alhama!«

Und die Mauren versammelten sich, und er verkündete ihnen seinen Verlust; der Oberpriester verkündete ihm sein Schicksal.

»Recht geschieht's Dir, König,
Du verdientest ärger Schicksal.«

Und er nennt die Abencerragen und die Fremden in Córdoba. Das Lied schließt:

»Drum wie jetzo Dein Alhama
Wirst Du bald Dein Reich verlieren:« –
  »Weh' um mein Alhama!«

Ihr hohen Zypressen im Garten von Generalife, ihr hörtet es, ihr sahet die Fahne der Christen zum ersten Mal vom höchsten Turm der Alhambra wehen. Ihr hohen Zypressen werdet wachsen in meinem stillen Sinn, wenn ich wieder im heimatlichen Norden unter den Buchen wandle oder in der einsamen Stube vor der Kaminflamme sitze, und das, was jetzt Augenblick heißt, alte Erinnerung geworden ist.

Im Garten von Generalife empfand ich die erste Berührung des Winters: einen Windstoß, einen Kuß, der im Nu die Laubhölzer ihre gelben Blätter abzuwerfen zwang. Ich hatte mich aus meinem Zimmer in »de los siete suelos« in den Sonnenschein hinausbegeben, der stark genug war, mich augenblicklich zu erwärmen, wenn ich erfroren aus der im Schatten versteckten Fonda kam. Ich hatte nur einige hundert Schritte durch die Alleen zu wandern, und ich stand an dem Felsenrand, der Granada gegenüberlag. Hier brannte die Sonne und durchsengte die staubigen Kakteen, die mit ihren schweren Blättern über die Abhänge hinauslagen. Hier lag eine elende Baracke, in welcher eine Zigeunerfamilie hauste, die braunen Kinder liefen fast immer nackt umher, das verfilzte, schwarze Haar über die Schultern herabhängend; sie waren zeitlebens vom Sommersonnenschein durchglüht, sie froren nicht. Tief unten lagen die Straßen Granadas, ich sah die sonnenbestrahlte Alameda, die ganze üppige Campagna, die reiche Vega; das junge Getreide auf dem Feld stand so frisch und grün, als sei der Frühling da und habe während der letzten Sommertage plötzlich den Winter übersprungen und beginne nun schon dort unten zu walten. Ich schaute bis in das Gebirge hinein, hinter welchem Málaga liegt, den Weg, den ich jetzt bald reisen sollte; die Sierra Nevada hob ihre grüne Terrasse hoch über Gebüsch und Obstgärten empor, noch höher gestaltete sich der Berg in wilde Formen, und ganz oben prangte er mit ewigem Schnee und Gletschern. Mein Auge folgte dem Darro und Xenil, die hier vereinigt sich durch das fruchtbare Tal schlängelten. Plötzlich erhob sich dort unten ein Rauch, derselbe breitete sich immer mehr aus, ähnlich dem Rauch eines Heide- oder Waldbrandes; an drei verschiedenen Orten, in weiter Ferne zeigte er sich; es war aber weder Rauch noch Feuer, es war der Staub der Landstraße, der von einem Sturmwind gehoben und fortgetrieben wurde. Ringsum, wo ich stand, herrschte noch Stille, der Wind war noch nicht bis hierher gelangt, aber wenige Augenblicke später, wo ich von hier aus in den Garten von Generalife eintrat, jagten plötzlich einige Wolken an der Sonne vorüber, ein Windstoß brauste in der Luft, das Laub fiel, es war, als schüttele eine Riesenhand die Bäume des Gartens. Es wurde kalt, im Nu war ich wie nach Hause in den Norden versetzt, ich staunte und verließ eiligst den Garten, als hätte ich dem Herbst entlaufen können. Aus dem Süden kam der eisige Wind und auch die Wolken dahergeflogen, und dabei schien die Sonne.

Der Norden hatte einen Schneeball in die Sandwüste Afrikas hinüber geworfen, der wurde wieder zurückgeworfen, deshalb der eisige Wind, der durch keinen Sonnenkuß gemildert war. Anders konnte ich es mir gar nicht erklären.

Wollte ich wieder in den Sommer hinein, wieder recht durchwärmt werden, so brauchte ich nur in die Straßen Granadas hinabzusteigen; dort war die Luft warm, die Sonnenstrahlen wurden sengend von den weißen Häusern und Mauern zurückgeworfen, dieselbe glühende Luft herrschte in der Campagna; um nun eine solche Erwärmung zu genießen, um wieder das Gefühl zu haben, daß ich in dem sonnenheißen Spanien sei, begab ich mich in die Stadt hinab, und wanderte aus dem Tor nach Cartuja, dem wegen seines Reichtums, seiner Pracht und seines großen Gartens berühmten Karthäuserkloster, hinaus. Alle Fremde, ja die Bewohner von Granada selbst sagen: »Haben Sie Cartuja nicht gesehen, so haben Sie nicht die größte Herrlichkeit gesehen, die Granada aufzuweisen hat; nirgends in der Welt ist eine solche Herrlichkeit zu schauen; man darf nicht abreisen, ohne Cartuja gesehen zu haben.«

Der Weg nach dem Kloster war staubig und weit, die Sonnenstrahlen sengten, ich bekam ein wenig zu viel von der spanischen Sonne. Im Kloster war nur ein einziger geistlicher Herr, derselbe führte uns umher; die Mönche des Klosters waren alle vertrieben. An Gold und Marmor war hier Überfluß; es schien mir aber, daß ich in Italien, namentlich in Rom, ebensoviel gesehen hatte, und daß es dort in geschmackvollerer Form erscheine. Von all der Herrlichkeit in Cartuja ist mir nur die lebhafte Erinnerung an ein gemaltes Kreuz an einer der weißen Wände der Hallen geblieben; es ist unmöglich zu sehen, daß dasselbe gemalt ist, ich mußte den Worten des geistlichen Herrn Glauben schenken, meinen Augen konnte ich nicht trauen, denn sie sagten mir: Es ist ein wirkliches, dort hingehängtes Kreuz. Die Kirchtür ist von Elfenbein, Perlmutter und Palisanderholz, das ist die Herrlichkeit, die man so sehr rühmt und derentwegen Cartuja an Pracht und Erhabenheit mit der Alhambra und Generalife verglichen wird.

Der Weg nach meiner Wohnung führte mich durch das Zigeunerviertel, eine Barackenstadt in einer Kakteenwüste; die schweren graugrünen Blätter mit ihren spitzen Stacheln bildeten ein undurchdringliches Dornengestrüpp, die rote Frucht glühte hervor unter dem stachligen Rand der Blätter. Wie oft mag hier das Messer zum Morde geschliffen worden sein, wo das Kind in Sünde geboren und in Missetat aufgewachsen ist! Aber wie oft mögen auch hier die Sonnenstrahlen und die Liebe Gottes seinen Geschöpfen geleuchtet, edle Züge sich offenbart haben, wert besungen zu werden in Freude und zu seiner Verherrlichung. Der Mensch ist als Gottes Ebenbild geschaffen und ist als solches auch unter den Parias zu finden. Du reizendes Kind mit den meerblauen seelenvollen Augen, das ich sah, dessen Stimme ich vernahm – soll ich dir hier begegnen zwischen den hingeworfenen elenden Baracken? Du Muse des Gesanges aus dem Lande der Märchen! – Vor einem der Häuser saß eine alte schwarzbraune Gitana im bunten Rock und mit großen silbernen Ringen in den Ohren; das graugesprenkelte Haar fiel über die fast schwarzen

Schultern herab; in der Hand hielt sie ein langes Bambusrohr, es war ihr Fühlhorn – sie war blind. An unserem Gang hörte sie, daß wir nicht ihres Stammes seien; sie streckte die Hand aus, ich legte eine Peseta hinein; sie stammelte einige Worte hervor, die ich nicht verstand; einige halbnackte, sonnengebräunte Kinder liefen mit bloßen Füßen ganz nahe an die stachligen Kakteen und schnitten mit einem langen Messer die roten Früchte ab; schwarze Augen funkelten aus einigen der Baracken heraus, aber die Muse des Gesanges kam nicht zum Vorschein, und ohne sie soll der Dichter nicht singen. Deshalb steht hier auch kein Gedicht aus der Zigeunerstadt.

Die Sonne ging unter, als ich mich dem Darro näherte, an welchem die mit Bäumen und Hecken bewachsene, jähe Felsenhöhe emporsteigt, die die Alhambra trägt. Hier herrschten Ruhe, Stille – alles war ernst träumend.

> Wie eine zerbrochne Äolsharfe,
> Hängend noch jetzt an des Darro Felswand,
> Seh' ich dich, Alhambra, geschmückt mit Bildern,
> Reich geschnitzt; doch deine größte Schönheit
> In der Erinn'rung, liegt in deinen Klängen,
> Deiner zersprung'nen Saiten holden Tönen.
> Liebestöne, weich in voller Süße,
> Schwellend an zum stürmischen Schirokko.
> Es zerbrach die Harfe, ihre Reste hängen
> Einsam zwischen trauernden Zypressen,
> Kostbar, reich verziert – das ist Alhambra!

Zwischen den hohen Mauern der Alhambra und dem Garten von Generalife, nicht weit von der Fonda de los siete suelos, dicht an der kleinen Venta vorüber, führt ein Fahrweg zur Stadt hinab, aber so steil, daß er kaum von Wagen befahren werden kann; ein Bogen der alten Wasserleitung, die von Generalife in die Alhambra hineingeführt ist, bildet gleichsam ein Portal über diesen Weg. Feigenbäume und blühende Reben strecken sich zu beiden Seiten in Fülle über die verfallenen Mauern. Das klare, durchsichtige Wasser aus dem Garten Generalifes rieselt über das Gestein dahin; in das Gemäuer und den Abhang hinein erstrecken sich eine Menge tiefe Höhlen; vor einer derselben sah ich öfters ein altes Ehepaar sitzen – vielleicht wohnten diese Leute sogar hier; eines Tages kochte die Frau Essen an einem kleinen Feuer, das sie angezündet hatte, später sah ich beide eine Cigarre rauchen, das heißt, sie wechselten ab im Rauchen derselben Cigarre, erst der Mann, dann die Frau; es lag etwas echt ehelich Treues hierin; man hätte unter eine Zeichnung dieses Bildes schreiben können: »Häusliches Glück und doch nur eine Cigarre«, nicht davon zu reden, daß sie gar kein Haus zu ihrem häuslichen Glück hatten.

Auf jähem Abhang schlängelt sich der Weg dahin zwischen einer Mauer der Alhambra und einer Felswand; er ist wie geknetet von Lehm, Kalk und unendlich kleinen Steinen; einzelne Partien sind mit Kakteen überwachsen, man sieht an solchen Stellen gleichsam einen Blattfall von gigantischen Kakteenpflanzen. Dieser Weg ist einer der romantischsten Hohlwege, die man sich denken kann; bei jeder Biegung, mag man vorwärts schauen oder zurückblicken, zeigt sich ein neues Bild; jähe, drohende Felsen, rote Mauern und hervorspringende Türme, einer derselben ist bezaubernd schön durch seinen schlanken, schwebenden Bau, seinen echt maurischen Stil, ich vermochte kaum das Auge von ihm abzuwenden, es war mir, als müsse sich hier durchaus eine der schönen Sultaninnen zeigen, wo man, ungestört von allem Neuen der Gegenwart, zurück glitt in jene uns durch die Dichtung verherrlichte, so romantische Zeit.

Der Weg heißt die Straße der Toten, weil hier bei Abend die Toten von der Alhambra zur Bestattung nach Granada hinabgeführt werden; ich wanderte sie öfters, eine Brücke führt hier über den Darro; dicht neben derselben an der Straße liegt ein altes maurisches Badehaus, jetzt in eine Wohnung und ein Lager für die Papierfabrik umgewandelt, welcher unser Landsmann Herr Wisby vorsteht. Das Haus trägt übrigens nicht das sonstige maurische Gepräge, hat nicht die leichten Säulen, die pferdehufförmigen Fenster, es ist in schwerfälligem Stil erbaut mit einer Menge Rokoko-Verzierungen. Ein von Säulen getragener Bogengang umschließt im Viereck einen Garten, in welchem Rosen, Oleander und Granatbäume wild wachsen; das Wasser plätschert und rieselt darin wie überall in Granada.

Salvator Rosa, wenn er hier gelebt hätte, würde gewiß die Straße der Toten zum Hintergrund irgendeiner Räuberszene benutzt haben. Es war nervenerregend, hier nach Sonnenuntergang zu wandern; die hohen Kakteen erhoben ihre schweren Blätter gleich Köpfen, die hervorlugten; die Finsternis brütete in den tiefen Mauerritzen und Erdhöhlen, und begegneten einem nun ein paar bewaffnete Bauern oder man sah vermummte Gestalten einen Toten im offenen Sarge dahintragen, so war die geschraubte Phantasie eines Don Quixote gar nicht erforderlich, um sich in die Ritter- und Räuberzeit einzuleben.

Es war hier einladend zum Überfall, und wir bekamen denn auch eine kleine Vorstellung eines solchen hier oben, die wir in aller Bequemlichkeit von unserem Balkon aus sahen.

Einige junge Burschen hatten ein wenig zu viel in der weinspendenden Venta am Garten von Generalife getrunken; Mädchen waren auch dabei und waren vielleicht die Ursache zum Streit.

Collin und ich saßen in unseren Zimmern, als wir aus weiter Ferne ein durchdringendes schneidendes Geheul vernahmen; ich wähnte, es seien Tiere, die so schrieen; es wiederholte sich; es kam näher heran, und bald hörten wir, daß es Frauen waren, die dieses Angstgeschrei ausstießen. Drüben beim Nachbar verschloß man Tor und Tür, so auch bei uns. Wir traten auf den Balkon hinaus; in der Allee war es stockfinster, nur von unserer Fonda fiel der Lichtschein über den Weg dahin nach der weißen Mauer gegenüber. Ein Mensch schrie laut: Hilfe! Hilfe! Er mordet mich! Und in wilder Flucht stürzte einer vorüber, verfolgt von zwei anderen. Wir sahen ihre Messer blitzen. Die Frauenzimmer flüchteten in das finstere Gestrüpp hinein. Tiefe, heisere Männerstimmen fluchten, schimpften, es gab ein Lärmen, ein Prügeln, man hörte jeden Schlag, der ausgeteilt wurde, es war, als klopften sie mit großen Knütteln Sofakissen aus. Die Schläge waren dermaßen schwer, daß ein einziger genügt hätte, mein Rückgrat zu zermalmen; es war unheimlich, entsetzlich!

Am folgenden Morgen lag der Wahlplatz in gewohnter Schönheit und Ruhe da; die Sonnenstrahlen spielten durch die Zweige der Bäume, der Springbrunnen plätscherte, das klare Wasser in den Straßengräben strömte vorüber und trug frisch abgebrochene Rosen. Es klangen Kastagnetten, ein hübscher junger Bursche in Samt gekleidet, mit wohlgekämmtem Haar, tanzte mitten auf dem staubigen Weg mit einem kaum zwölfjährigen Mädchen, ärmlich aber reinlich gekleidet, es trug ein kornblumblaues Kleid und eine rosenrote Schürze, eine gelbe Georgine wiegte sich im schwarzen Haar; der Tanz war graziös und zuletzt leidenschaftlich; Beifall und Geld wurden ihnen von den Balkons zugeworfen. – Auch ein Schwarm festlich gekleideter Zigeuner, gewiß eine ganze Familie, zog vorüber, die Frauen in schreiende Farben gekleidet, feuerrote Blumen in dem glänzend schwarzen Haar; selbst die ganz kleinen Kinder, die getragen wurden, hatten jedes eine Blume im Haar stecken; sie wollten nach der Alhambra hinauf.

Als ich mich etwas später dort hinauf begab, um noch einmal ihre Herrlichkeit zu schauen, mußte ich mit vielen anderen Fremden eine gute Weile warten, bis man uns einließ. Der Löwenhof und der Saal der »beiden Schwestern« wurden im Auftrag Ihrer Majestät der Königin von einem berühmten englischen Photographen aufgenommen; dieser befand sich gerade in voller Arbeit, niemand durfte eingelassen werden, das hätte das Bild gestört. Durch den offenen Bogen fuhren wir hinein; die ganze Zigeunerfamilie, die kürzlich an unserem Balkon vorüberzog, war hier hinauf beschieden worden, um Figuren in lebenden Bildern abzugeben. Sie standen und lagen in Gruppen im Hof umher; einige der kleinsten Kinder waren ganz nackt; zwei junge Mädchen mit Georginen im Haar standen in tanzender Stellung da, die Kastagnetten in der Hand; ein alter, fabelhaft häßlicher Zigeuner mit langem grauen Haar lehnte an einer der schlanken marmornen Säulen und spielte Zamboba, eine Art großen Brummeisens; eine fette noch ganz hübsche Frau, im aufgeschürzten bunten Rock, schlug das Tamburin. Das Bild war in einem solchen Nu fertig, daß ich viel längere Zeit auf meine kurze Beschreibung verwendet habe. Vielleicht sehe ich es einmal wieder, aber es war gewiß das letzte Mal, daß ich die Alhambra sah.

x. Von Granada nach Gibraltar

Am Dienstag abend, den einundzwanzigsten Oktober, verließen wir Granada. Oberst Larramendi und Herr Wisby, unsere zwei treuen Freunde in der alten Maurenstadt, standen uns zur Seite, auch meine kleinen Freunde, Larramendis Kinder, waren da, um zu rufen: »Adios! Vaja usted con Dios!«

Die Diligence war eine Art von Omnibus mit Sitzen zu beiden Seiten; diese füllten sich beide; den größten Raum nahm eine alte Großmutter nebst einer Krinoline ein, so groß, daß dieselbe uns allen im Wagen als Zelt genügt hätte; sie bekam so viele Küsse von den Leuten, die sie zur Diligence gebracht hatten, daß auch diese, auf die ganze Reisegesellschaft verteilt, genügt hätten. Drei junge, lebhafte Spanier befanden sich unter der Reisegesellschaft, sie strömten über von Volksliedern: ein ganzer goldführender Darro für einen Sammler von Volksmelodien. Schon in der unendlich langen Vorstadt begann der Gesang, alle mögliche Arten Lieder wurden gesungen, die Mehrzahl in Bauernmanier, in Spanien wie in Italien in schnarrendem Ton. Im Verlauf der ersten drei Stunden war das ganz interessant, später wurde es lästig, man gelangt zu keiner Ruhe. Auch dieses und jenes saftige Lied wurde gesungen, das begriff ich aus den Wörtern, die ich verstand, und aus dem lustigen Gelächter, in welches die jungen Leute bei jedem Vers einstimmten. Auf die alte Großmutter nahmen sie keine Rücksicht, sie schlief auch, oder tat, als schliefe sie. Unter solchem lustigen Singen fuhren wir über die Campagna dahin, wo hie und da ein Licht von den vielen Gehöften glänzte oder ein großes Feuer auf freiem Feld leuchtete.

Um Mitternacht erreichten wir Loja; hier trennten wir uns von unseren singenden Genossen und bekamen neue Reisegesellschaft, eine ganze Familie. Der Mann war hoch, dunkel und ernst, voll spanischer Grandezza, er sah sehr gelehrt aus und wurde Catedratico, d. h. Professor genannt, seine Frau war ein allerliebstes Kind, sie schien höchstens sechzehn Jahre alt zu sein, hatte große milde Augen und drei Kinder, die alle im Wagen waren und alles taten, was eben Kinder in einem Wagen tun können; sie wollten nur bei Licht schlafen und deshalb saß die junge Mama mit einer großen brennenden Wachskerze in der Hand da, und als sie schlafen wollte, mußte der Papa das Licht halten, und als auch er schlafen wollte, mußte das Dienstmädchen es halten, und als auch das Mädchen schlief und nahe daran war, Licht und Kind zu verlieren, blies ihr Nachbar ersteres aus, und wir saßen in schlafeinladender Finsternis; doch plötzlich stimmte das kleinste Kind ein lautes Schreien nach Licht an, darauf ein zweites, ein drittes; es gab ein allgemeines Erwachen, und das Leuchtfeuer wurde wieder angezündet.

Der Wagen schaukelte nicht wenig, es wurde viel Tabak geschmaucht, die junge Frau war seekrank; das waren die Begebenheiten der Nacht. Draußen war die Luft kalt und feucht; ein nasser Nebel lag über den Bergen, derselbe verteilte sich erst, als wir bei Tagesanbruch über die Bergeshöhen gelangten, und der Weg nach Málaga hinabführte. Ringsum war es einsam und öde, wir fuhren hart an tiefen Abgründen vorüber; unten in den engen Tälern brütete noch die Finsternis, während wir oben auf den Höhen jeden Gegenstand um uns her deutlich sahen. Die Schellen der Maultiere hatten in diesem unermeßlichen Schweigen einen außergewöhnlich hellen Klang. Es begegneten uns reitende Polizeisoldaten, immer zu zweien; an einer Stelle neben dem Weg hatten sie ein großes Feuer angezündet, sie waren von den Pferden gestiegen und wärmten sich.

Jetzt brach die Sonne hervor, das Meer breitete sich blank und blau vor uns aus, die weißen Flachdachhäuser Málagas, sein mächtiger Dom und die hochliegende maurische Zitadelle traten hervor gegen Luft und Meer. Nun erblickten wir das ausgetrocknete Flußbett des Guadalmedina; wir rollten in dasselbe hinab zwischen staubigen großen Kakteen, der Stadt entgegen. Es war ein heimisches Gefühl, hier wieder anzukommen. Alles sah uns so bekannt an, und im Hotel empfing man uns wie alte Freunde.

Ich saß wieder auf dem Balkon und schaute in die Alameda hinab; es sah aus, als wogte dasselbe Menschengewimmel dort unten und als lägen dieselben Schiffe im Hafen wie damals, als wir hier waren, aber dies war doch nicht der Fall; alle dänischen Schiffe waren abgesegelt.

Ich beeilte mich, Konsul Scholz und meine anderen Freunde zu besuchen. Der Empfang war überall herzlich. Ich wanderte wieder unter den Menschen auf der Alameda, längs der Meeresküste, wo die Brandung hoch empor spritzte, ich fuhr hinaus zu meinem Lieblingsort, dem protestantischen Kirchhof; meine Gedanken waren dort gewesen, als ich mich in der Fonda de los siete suelos krank fühlte.

»An dem spiegelhellen, schwellenden Meer
Dort grab' mir mein Grab!«

so sang ich einst im Norden unter den Buchenkronen, hier wiederholte ich es unter den säuselnden Palmen, hier wo die Myrten blühen und die Geranien des Hagestolzen hoch und voll emporschießen: »An dem spiegelhellen, schwellenden Meere!« Es sah dunkler aus als damals, als ich es zuletzt erblickte und zeigte, daß der Sturm es wohl in Bewegung zu bringen vermochte; es blies ein kräftiger Wind wie im heimatlichen Norden, Wolken zogen sich am Himmel zusammen, schwere Regentropfen fielen herab.

Tags darauf las ich in einer Zeitung Málagas: »Gestern begann der Winter.« Die kalte Jahreszeit hatte somit ihren Anfang genommen, kälter wurde sie aber auch nicht, es würde sonst keine Wahrheit in dem Vers sein:

Málaga, la hechieera,
La de eterna primavera.*

Schon vor einigen Wochen waren eine Menge brustkranker Engländer eingetroffen, das ist hier das Zeichen, daß der Winter beginnt, gerade wie bei uns in der Heimat die Ankunft des Storchs den Frühling verkündet.

Die Theater waren geöffnet; die italienische Oper hatte ihren Anfang mit Verdischer Musik genommen, mit »Rigoletto«, »La Traviata« und »un ballo in maschera«; man wollte nun den Versuch machen, eine deutsche Musik zur Aufführung zu bringen, nämlich Flotows »Martha«.

Soweit ich habe erfahren können, ist noch nicht eine einzige Oper von Mozart, nicht einmal sein unsterbliches Meisterwerk, sein »Don Giovanni« mit seinem echt spanischen Sujet über die Pyrenäen gelangt. Flotows »Martha« ist die erste Erscheinung deutscher Musik. Die französisch und italienisch klingenden Flotowschen Melodien sind als

* Bezauberndes Malaga mit dem ewigen Frühling.

leichte Jägertruppen der großen musikalischen Heeresmacht vorangegangen, die von den Königen der Töne, Mozart und Beethoven und den Generalen Carl Maria von Weber, Heinrich August Marschner u.a. angeführt werden. Ich wohnte der ersten Vorstellung von »Martha« bei; die Hauptpartie wurde von einer jungen polnischen Dame schön gesungen, der Tenor war aus Rußland, die anderen Sänger und Sängerinnen waren aus Italien. Die Dekorationen und die Szenerie waren erbärmlich, doch die Stimmen und der Vortrag sehr schön, aber keine Hand rührte sich während der ganzen Vorstellung; man erklärte mir weshalb: Die eigentlich regierende Primadonna hatte keine Partie in dieser Oper, allein sie war zugegen, sie saß in ihrer Loge über dem Orchester, und sie würde es ihrem Publikum nimmer verziehen haben, wenn andere als sie hier im Hause den Beifallssturm erhielten. Sie hatte aber trotzdem ein gutes Herz; in den Zwischenakten, erzählte man, begebe sie sich auf die Bühne und stattete den vom Publikum verlassenen Sängerinnen ihren Dank ab.

Das Haus hat vier Etagen, aber viele Menschen waren nicht darin; einige junge Mädchen saßen auf der ersten Bank im ersten Rang und sprachen sehr lebhaft mit einigen geputzten, aufmerksamen, jungen Herren; als ich mich nach ihrem Alter erkundigte, erfuhr ich, daß sie sämtlich noch Kinder waren; die Herren fünfzehn, die Damen elf Jahre alt, aber sie waren vollständig entwickelt; die jungen Damen bewegten ihre Fächer mit der gewöhnlichen Anmut und Zierlichkeit und warfen die Köpfe gar keck und kleidsam, niedliche kleine Mädchen! Eins von ihnen, erfuhr ich, war schon ein Jahr verheiratet und jetzt Mama.

Der Tag der Abreise kam heran. Das Dampfschiff »Paris«, das sich unterwegs von Lissabon durch Sturm verspätet hatte, traf am frühen Morgen ein und sollte nun abends die Rückfahrt antreten; wir kauften uns Plätze an Bord, ich ordnete meine Sachen zur Abreise. [...]

Die Sonne beschien noch das Fort, das alte Gibralfaro, als ich, in Begleitung unseres Konsuls, in dessen Boot zum Dampfschiff hinausruderte. Der Abend kam bald und plötzlich; ich zog es vor, bei Tageslicht an Bord zu gehen; Collin traf später am Abend ein, immer frühzeitig genug, weil das Schiff erst um Mitternacht abging; die Lichter in der Stadt blitzten zu uns heraus, der Leuchtturm war lange zu sehen, die See war ruhig.

In der Morgendämmerung trat ich auf das Verdeck, vor uns lag die afrikanische Küste mit ihren schwarzblauen Bergen, zur Rechten das spanische Küstenland mit seinem südlichsten Punkt, dem Felsen Gibraltar; dicht an demselben leuchteten weißgetünchte Häuser, eine ganze Stadt, die doch nicht so nahe lag, als es den Anschein hatte, es war die spanische Stadt Algeciras an der Westseite der Gibraltarbucht; wir sahen sie über die Landenge hinweg, die den Gibraltarfelsen mit dem spanischen Land verbindet. Gibraltar ist unleugbar einmal ein Felsen inmitten des Meeres gewesen, dieses hat jedoch im Verlauf der Zeit Sand zwischen Fels und Festland hinein getrieben und sie vereinigt, wodurch Gibraltar zur Südspitze Europas geworden ist.

Unser Fahrzeug glitt an dem schmalen Sandstreifen vorbei, unter den mächtigen Felsen hin; das Meer hat tiefe Höhlen in denselben gebohrt; von schreienden Seevögeln war hier die Hülle und Fülle. Hoch oben sind Tunnels und starke Befestigungen angelegt, Achtzigpfünder strekken ihre todbringenden Schlünde über das Meer hinaus.

Unser Fahrzeug schoß durch die Wellen, zwischen den lavierenden Schiffen, die sich bestens bemühten, den Wind aufzufangen, an den Festungswerken der südlichsten Spitze des Felsens dahin, steuerte darauf nordwärts in die Bucht hinein, und eine ganze Stadt mit Häusern, die terrassenförmig aufgestellt waren, entfaltete sich vor unseren Blicken. Es war indes noch nicht die Festungsstadt Gibraltar, sondern der außerhalb derselben liegende Teil, der von den Spaniern Europa, von den Engländern Süd, das heißt Südgibraltar genannt wird, nun folgten Gartenterrassen mit Villen und endlich hinter Bastionen und Festungsmauern die eigentliche Stadt, sich an den mit Kakteen überwachsenen Felsen hinan lehnend.

Ein Boot kam ans Dampfschiff heran; alle Papiere wurden mit eisernen Zangen abgenommen, besehen und alsdann mit den Händen wieder zurückgegeben; wir erhielten darauf die Erlaubnis, ans Land zu steigen, und am Landungsort selbst die fernere Erlaubnis, uns hier einige Tage aufhalten zu dürfen. Wir waren somit auf englischem Grund und Boden.

Ein buntes Gewimmel, eine ganze Musterkarte von Nationalitäten, strömte zum niedrigen Festungstor ein und aus; vor demselben standen rotröckige englische Soldaten mit blauen Augen und blonden Haaren. Vor dem Tor war Fleisch- und Gemüsemarkt, innerhalb ein großer Paradeplatz, über welchen man in die lange Hauptstraße der Stadt gelangte; hier wimmelte es von Beduinen in Burnussen, marokkanischen Juden in Kaftans, Pantoffeln und Turbanen, Matrosen aller Völker, Fremde aller Nationen; einzelne trugen einen langen grünen Schleier um den Hut, als Abwehr gegen die sengenden Sonnenstrahlen.

Im Hotel King arms hatte der dänische Konsul Zimmer für uns besorgt, der Lohndiener, der uns am Hafen empfing, wußte dies, und bald waren wir in gutem, englischem Komfort einquartiert. Auf den Treppen und in den Zimmern erblickte man Leute von allen Nationen und allen Sprachen. Bei Tisch wurde schnell Bekanntschaft gemacht, hier waren einige lebhafte, liebenswürdige, englische Seeoffiziere, zwei junge Franzosen, ein Deutscher und ein Russe, ferner zwei junge Spanier, die soeben von einer Krokodiljagd auf dem Nil zurückgekehrt waren.

Während wir noch bei Tisch saßen, trat Konsul Mathiasen ein und führte uns nun nach seinem gastlichen Hause, in welchem mir Gemälde, Bücher und Zeitungen Grüße aus der Heimat spendeten. Ein Brief von dem englischen Ministerresidenten in Tanger, Sir John Drummond Hay, lag schon einen ganzen Monat hier, meiner harrend; der Minister hatte die Freundlichkeit, mir und meinem Reisegenossen eine Wohnung in seinem Haus anzubieten für den Fall, daß wir die afrikanische Küste besuchen sollten.

Das Dampfschiff zwischen Gibraltar und Tanger ging nur einmal wöchentlich, es waren uns also noch einige Tage bis dahin vergönnt, und wir konnten somit unsere Ankunft melden; einem Fischer, der oft Briefe zwischen Gibraltar und Tanger besorgte, übergab ich mein Schreiben; nun galt es, die Tage zu benutzen, die wir auf dem Felsen Gibraltars blieben.

Konsul Mathiasen holte uns zu einem schönen Ausflug ab. Wir fuhren durch die drückenden mächtigen Festungswerke, auf schmalen, sich dahinschlängelnden Wegen, auf die flache Landenge, die den Felsen Gibraltar mit dem spanischen Hochland verbindet. Alles war ausgebrannt und dürr; hier und da stand eine Agave mit ihrem stumpfen, dicken Stengel, der Staub lag auf den schweren, säbellangen Blättern. Der Meerbusen von Algeciras streckte sich nach links, das offene Meer nach rechts. Auf dem Sandweg, auf welchem wir fuhren, war ein Feldlager aufgeschlagen; die Hälfte der englischen Besatzung hier liegt abwechselnd in der Stadt und vor der Stadt in Zelten, damit sie sich an das Feldleben gewöhnen.

Wir gelangten bald über ein kleines Stück ödes, neutrales Land, und bis an das erste kleine, spanische Städtchen, es war umzäunt von einer Art Planke; spanische Soldaten standen vor dem Tor.

Wir kehrten um, und vor uns, aus dem Meer und der Sandebene emporsteigend, hob sich senkrecht die mächtige Felswand; man sah deutlich die Schießscharten in den Terrassen, die weithin in das Gestein gesprengt sind. An der Landenge fanden Schießübungen statt, und zwar wurde scharf geschossen; wir mußten deshalb auf demselben Weg zurück, den wir bei der Ausfahrt gekommen waren. Durch die Festungswerke und über die Mauern dahin, gelangten wir südwärts wieder aus der Stadt nach der Alameda; hier trafen wir eine wahrhafte Gartenanlage an; bald lag Süd-Gibraltar vor uns unter der Festung; wir fuhren an freundlichen Landhäusern mit weißen Wänden und grünen Jalousien vorüber; in den Gärten prangten Bäume mit großen, roten Schirmblüten, hier war ein Reichtum von Grün und Schlingpflanzen. In einer Villa, die der Schwiegermutter unseres Konsuls gehörte, einer irischen Dame, genossen wir einige Erfrischungen und die wunderschönste Aussicht über die Algeciras-Bucht, nach der Stadt, nach den Bergen, nach Tarifa und der afrikanischen Küste hin. Noch großartiger entfaltete sich aber die ganze Gegend, als wir von dem südlichsten Punkt des Felsens, wo der Fahrweg nach Nordost ablenkt und bald ganz aufhört, zu Fuß so hoch es irgend möglich war, den ausgebrannten Felsen erstiegen, der von der Sonne und vom Meeresnebel verwittert ist. An Soldaten und Kanonen vorüber erreichten wir diese großartige Einöde; Gurken wachsen wild über Felsblöcke hin; tief unter uns sahen wir das dunkelblaue, fast schwarze Meer, das seine schaumweißen Wogen dahinwälzte; ein Fischer in seinem Boot lag dort unten, Seevögel flogen über ihn dahin in die tiefen Felsenhöhlen hinein. Viele Schiffe hatten hier Schutz gesucht und harrten nun des günstigen Windes, um die Meerenge zu passieren und in das atlantische Meer zu segeln. Unseren Augen eröffnete sich hier eine weite Fernsicht von den dunklen Bergen im Norden, über die Málaga-Bucht, über die ganze Küste und über das mittelländische Meer hin; im Süden erhob sich das afrikanische Hochland; nur sechs Meilen weit ist die Entfernung nach Ceuta, der spanischen Stadt auf der afrikanischen Küste; sie zeigte sich sehr deutlich bei der durchsichtigen klaren Luft, selbst die einzelnen Gebäude traten hervor; die Konturen der Berge springen gleichfalls bestimmt hervor, eine Höhe hinter der anderen.

Auch in Begleitung des Konsuls Mathiasen, der die Erlaubnis des Gouverneurs erhielt, sahen wir eines späten Tages die uneinnehmbaren Festungswerke, die sämtlich in die Felsenwände gesprengt sind. Über einen kleinen bebauten Platz, wo ein Teil der Besatzung mit ihren Familien wohnt, wurden wir, eskortiert von zwei Soldaten, in gefängnisartige Wölbungen hineingeführt; man verschloß und verriegelte sie hinter uns; bald tappten wir im Finstern umher, bald wanderten wir in offenen Gängen, die klare Luft über uns; der Fels selbst war eine Wand mit Schießscharten. Es war eine ermüdende Wanderung bis zum Flaggenhaus, am obersten Rand des Felsens, hinauf. Der Weg von dort abwärts führte an einer großen Felsenhöhle vorüber, deren seltsame Tropfsteinformationen in unermeßlicher Tiefe von großem Interesse sind; es geht die Sage, daß diese Höhle sich unter der ganzen Meerenge hin erstreckt und einen Ausgang auf der afrikanischen Küste hat; die Affen, glaubt man, haben durch diesen unterirdischen Tunnel den Weg hier hinüber gefunden. Es finden sich viele Skelette dieser Tiere in der Höhle vor; die Affen begraben selbst ihre Toten. Als Collin die Höhle besuchte, führte gerade der Gouverneur selbst einige Freunde umher, die Höhle wurde durch blaue Flammen erhellt, wodurch die seltsamen Formen der Tropfsteingestalten wunderlich gespensterhaft hervortraten. Im Nordwesten sieht man noch ein Fort aus der Zeit der Mauren, dasselbe ist sozusagen mit den neuen Mauerwerken und Befestigungen verwachsen, die von oben bis nach unten reichen. Auf Gibraltar ist man hinter Schloß und Riegel, und namentlich wird man dessen inne beim Sonnenuntergang: Der Signalschuß knallt, die Festungstore werden geschlossen, alle und jede Verbindung mit der Außenwelt ist dann abgebrochen, bis beim Sonnenaufgang abermals ein Kanonenschuß knallt, als Zeichen, daß die Tore wieder geöffnet werden können. Wenn man nicht daran denkt, so empfindet man nicht die Fessel. Die lange, durch Gas erleuchtete Straße wimmelt von Menschen aller Nationen: Türken, Arabern, Engländern und Franzosen; die Militärmusik spielt, das Theater wird geöffnet; damals wurde eine Oper gegeben, eine ganz neue, »Moreto«; die Musik von einem Spanier bereitete viel Glück.

Einen halben Tag hatten wir graues, regnerisches Wetter, es war wie an einem nordischen Herbsttag, aber solches Wetter ist hier nicht häufig. Die ganze Winterzeit Gibraltars hüllt sich in einige wenige solcher graunassen Tage; um Weihnachten ist schon wieder Frühling hier, sagte man uns, mit frischem Grün und zeitigen Blumen.

Tags darauf war es schönes, warmes Sonnenscheinwetter, gerade am ersten November. Collin kletterte an dem Felsen umher und las Schnecken und andere Kriechtiere für seine Sammlung zusammen; ich war auf der Wanderung mit einem jungen, lebensfrohen Franzosen; wir begaben uns auf die Alameda und gelangten bis zum Friedhof, der dicht vor dem südlichen Tor an der Stadtmauer liegt. Feigenbäume beschatten die Gräber, dunkle Zypressen und blühendes Gebüsch bringen Abwechslung; hier wachsen hohe Hecken mit glockenförmigen Blumen, die beinahe wie weiße Callas aussehen, sie wachsen hier fast in allen Gärten und werden von den Damen zur Balltoilette verwendet; während der ersten Stunde, nachdem sie gebrochen sind, behalten sie ihre ursprüngliche Farbe, im Verlauf der Nacht werden sie lila, und in der Morgenstunde sind sie rot. Bald befanden wir uns auf der Alameda, die durch Anpflanzung von Bäumen, Gebüsch und Blumen sehr einladend ist; hier streicht der frische Seewind, von hier sieht man über die mit Schiffen und Booten angefüllte weite Bucht bis nach Algeciras und den nackten steinigen Bergen hin, mit welchen Europa endet.

Es begegneten uns nicht wenig Spaziergänger, namentlich Damen und Kinder, die Mehrzahl blond und von englischem Aussehen. Mein junger Franzose, ein warmes, leicht erregbares Gemüt, fühlte sich beim Anblick einer Blondine sogleich getroffen, ungeachtet sein Herz sonst, wie er sagte, nur für schwarzäugige Spanierinnen schlage. Aus seiner Rede hätte man schließen sollen, daß er ebenso unwiderstehlich sei als die Schönen selbst, von denen er erzählte. Er war jung, flammend und mitteilsam, gleichzeitig aber auch höchst liebenswürdig, so sehr, daß seine alte Tante, die ihn, wie er erzählte, stets verhätschelte, allerdings eine Art Grund dazu hatte, wenn sie alle seine Schwächen für Ritterlichkeit nahm. Er wußte von spanischen Mädchen zu erzählen; ich glaubte aber nicht die Hälfte davon.

Der Südländer besitzt so viel Lebhaftigkeit, etwas so Kindliches und Unberechenbares, daß viele Fremde gewiß die Frauen dieser Länder ganz falsch beurteilen. Man darf hier nicht alles glauben, was irgendein lustiges Gemüt erzählt, nicht alles glauben, was geschrieben und gedruckt wird.

Die spanischen Mädel, so heißt es,
Schlagen gar mutig drein,
Sie tragen, kriegerischen Geistes,
Den Dolch im Strumpfband am Bein.
Es heißt, es heißt so vieles,
Und flunkern tut mancher Tourist,
Doch kindlich im Leben des Spieles
Die Tochter Hispaniens ist.

Da gibt's ein lachend Geschnatter, –
Doch schaust du siegend darein,
So hat sie, mein guter Gevatter,
Den Dolch im Strumpfband am Bein.

XI. Ein Besuch in Afrika

Am zweiten November, in früher Morgenstunde, ging das Dampfschiff von Gibraltar nach Tanger. Collin und ich waren schon an Bord, als unser artiger Freund, Herr Konsul Mathiasen, uns noch einmal begrüßte; er brachte uns einen Gruß von seiner Frau und einem jungen Unbekannten, seinem jüngsten Sohn, der wenige Stunden zuvor an diesem Morgen geboren war – ein neuer Einwohner des Gibraltar-Felsens.

Die Mannschaft an Bord des Dampfschiffes bestand fast nur aus Mauren; unser Lohndiener empfahl uns einem derselben, der Untersteuermann war. Das Schiff war klein und schaukelte stark auf der bewegten See; wir steuerten quer über die Bucht gen Algeciras, segelten darauf, längs der spanischen Küste, die nackt und felsig ist, ganz unterhalb Tarifa hin. Schwarze, finstere Steinmassen ragten aus dem Meer empor, die Brandung schlug hoch über sie dahin. Die ganze Südspitze Europas ist ein wildes Felsenland, ausgebrannt und öde; die Stadt Tarifa verbarg sich hinter nackten, schwarzen Felsblöcken, nur ein alter, schwarzgrauer Leuchtturm ragte hier empor, umkreist von schreienden Vögeln. Afrika, wohin wir von Tarifa aus in Richtung Tanger steuerten, lag lachend und fruchtbar da. Hinter Ceuta hob sich das Land großartig mit einer dreifachen Reihe von Bergen, eine höher als die andere, und eine so ausgezackt wie um den Montserrat bei Barcelona; nach Tanger hin wird die Küste niedriger und trägt grüne Hügel, nicht ungleich der nördlichen Küste der dänischen Insel Seeland. Endlich trat Tanger hervor mit weißen Mauern, Häusern mit flachen Dächern und beherrscht von einer kalkweißen Festung. Hinter der Stadt war gleichsam eine kleine Probe von gelbem Wüstensand hingeworfen, und über diesen hin bewegte sich ein Zug beladener Kamele. Hier ist kein Hafen, kein Schutz gegen die rollende See, selbst den langen, festen Molo haben die Europäer zerstört, bevor sie den Besitz von Tanger aufgaben und es verließen. Das Dampfschiff warf ziemlich weit von der Küste Anker; einige Boote, bemannt mit halbnackten, sonnenverbrannten Mauren, kamen mit kräftigen Ruderschlägen zu uns heran; schreiend, winkend drangen sie auf die Schiffstreppe ein. Ich hatte erwartet, irgend jemand aus dem Hause Drummond Hay's zu entdecken, der uns empfangen sollte, aber ich sah niemand.

Unser Steuermann empfahl uns eines der Boote – sofort wurden wir und unsere Sachen in dasselbe hinabgerissen, und in jagender Fahrt wurde nach der Küste gerudert. Die Brandung spritzte über die zerstörte Landungsbrücke hinüber; die Wellen kamen hoch rollend heran und wälzten sich weit auf den Sand hinauf. Ein halbes Schock marokkanischer Juden in Kaftans sprangen ins Wasser und wateten zu uns hinaus. Einer schnappte einen Koffer, ein anderer eine Reisetasche hinweg, ein Dritter lief mit den Regenschirmen davon, es war gleichsam eine Plünderung; sie hörten weder auf Zureden noch auf Zurufen. Einer ergriff mich bei dem einen Bein, ein anderer bei dem anderen Bein, und ehe ich mich versah, saß ich auf dem Kopf eines Dritten, und in dieser Weise, getragen und gestützt, wurden ich, Collin und ein Engländer zwischen aufs Land gezogenen Fischerbooten und ausgestreckt daliegenden, halbschlafenden Mauren aufs Trockene gesetzt; einige von diesen wendeten sich um und blieben liegen, andere erhoben sich und begleiteten uns im Verein mit einer ganzen Schar nackter, schreiender Knaben bis an das äußerste offene Stadttor. Wir standen da, als wären wir nach Damaskus oder einer anderen von den Städten aus »Tausendundeiner Nacht« versetzt worden. Hier saßen in einer offenen Halle, angetan mit Turbanen und langen Bärten, einige Männer, die wie die sieben Weisen aussahen; es waren jedoch nur sechs, und von ihrer Weisheit weiß ich nichts zu berichten, weil ich nichts von ihrer Rede verstand. Wir befanden uns im Zollgebäude, unsere Koffer sollten untersucht werden. Da ich weder Marokkanisch noch Arabisch verstehe, so sprach ich nur die magischen Worte: »the english ambassador!« und das war denn auch genügend gesprochen; wir wurden gut behandelt, und man erlaubte uns weiterzuziehen, und das taten wir denn auch in Begleitung von einigen zwanzig Halbnackten, in dem Land, aus welchem in alter Zeit die Seeräuber ausgingen, wie von Tunis, Algier und Tripolis, um zu rauben und zu morden. Unsere Begleiter schrieen und schnatterten, daß einem die Ohren wehtaten; einer lief mit diesem, ein anderer mit einem anderen Stück von unseren Sachen; alle wollten sie, wie die Juden, die uns ans Land getragen, von uns etwas verdienen. Wir wanderten durch ein zweites Stadttor, enger noch als das Hafentor, und nun gingen wir in der Hitze zwischen weißen Mauern, Häusern mit niedrigen Türen und Löchern in den Wänden ohne Fenster. Die Frauen, denen wir begegneten, hüllten sich enger in ihre sackähnlichen Umwürfe und schlichen wie Schatten vorüber. Einige Maultiere und ein bepacktes Kamel sperrten ganz und gar die Straße, die halsbrechend genug zwischen den Häusern an der Moschee vorüber führt. Das Tor der Moschee stand offen; hineinsehen durfte man, aber dabei nicht stehen bleiben; der Ort sei zu heilig für Christenaugen.

Ein junger Maure führte uns in das Hotel des englischen Ministers, allein die ganze Familie war auf ihr Landgut Ravensrock gezogen, das am atlantischen Meer liegt, etwa eine Meile von Tanger entfernt. Wir trafen indes den Gesandtschaftssekretär Mr. Green an; er wußte bereits, daß wir erwartet wurden, versicherte uns aber, daß kein Brief von mir angekommen sei. Der Fischer, der ihn hatte überbringen sollen – das erfuhren wir später –, war von Gibraltar nach Tarifa gegangen, und erst den Tag nach unserer Ankunft bei Drummond Hay lieferte er den Brief ab, der uns anmelden sollte.

Bald wurden Pferde und Maultiere für uns und unsere Sachen angeschafft – ans Fahren ist hier nicht zu denken, Wagen gab es gar nicht, und die Straßen von Tanger gleichen in der Tat einem ausgetrockneten Flußbett; über Steine, Mauerstücke und Kehricht geht es dort hinweg. Fast alle Häuser zeigen eine Vereinigung von Tür und Fenster, die zugleich als Verkaufstisch oder Werkstatt dient. Hier saßen in orientalischer Weise Handelsleute und Handwerker, namentlich marokkanische Juden in langem Schlafrock, festgehalten mit Schärpen um den Leib. Auf den Straßen selbst sahen wir mehrere Araber in weißen Burnussen; die Wasserverkäufer gingen so gut wie im bloßen Hemd umher, in ihrem rabenschwarzen verfilzten Haar trugen sie messingene Zierate. Sie kommen Hunderte von Meilen weit her, aus dem Innern des Landes, nach Tanger, um sich durch Wasserverkauf einen kleinen Verdienst zu verschaffen; das Wasser tragen sie auf dem Rücken in großen Säcken von Ziegenfellen, von welchen die haarige Seite nach außen gekehrt ist; das Wasser sickerte durch das Fell, hinten waren sie ganz durchnäßt; die Tropfen liefen ihnen an den schwarzbraunen Waden hinab. Halbnackte, sonnenverbrannte Knaben drängten sich an uns heran oder lagen in den Eingängen der Häuser und spielten mit hölzernen Stäben; maurische Frauen bewegten sich teilnahmslos vorüber, ganz eingehüllt in ihre sackleinenen Umwürfe; sie sahen aus wie wandernde Mehlsäcke. Das westliche Stadttor, nach dem platten Land hinaus, ist niedrig und schmal; die wirkliche Gasse vor demselben war mit Volk und Vieh angefüllt, es war Markttag. Dicht vor der Festungsmauer mußten wir durch ein ganzes Lager von Beduinen und Arabern hindurch, die hier mit Kamelen im tiefen Sand steckten. Zwei junge Maurenburschen lenkten unsere Maultiere, Herr Green begleitete uns. Wir ritten über die malerische Heide, auf welcher riesige Kaktuspflanzen wuchsen, hin, kamen an einigen verlassenen Villen vorüber, wo Orangenbäume ein dichtes Wäldchen bildeten, und ritten weiter zwischen Erdabhängen mit Lorbeerhecken und Gebüsch von Zwergpalmen. Unser Weg, wenn ihm dieser Name beigelegt werden kann, war bald von derselben Beschaffenheit wie die Straßen von Tanger, bald wie ein schmaler Heidepfad, der zwischen den Einzäunungen um die ländliche Wohnung und dem Familienfriedhof eines Arabers mit seinen Gräbern hinführte; bald befanden wir uns in einer Plantage von Bambus, bald wiederum auf der Heide; tief unter uns rollte das Meer, hinter uns sahen wir, über dunkelgrüne glänzende Wäldchen hin, die Stadt Tanger und das ganze Küstenland, eingefaßt von dem beweglichen Saum schaumweißer Brandung. Mr. Green erzählte, daß sich hier herauf vor neun Jahren ein Löwe verirrt habe; Drummond Hay mit einigen Eingeborenen machten vergeblich Jagd auf denselben; im Gebüsch, hinter hohen Steinen, habe einer der Mauren ihn zuerst zu Gesicht bekommen und sei leichenblaß stehen geblieben, außerstande, ein Wort hervor zu bringen, so groß sei sein Entsetzen gewesen. An wilden Tieren sei hier Überfluß, Eber und Stachelschweine würden wir bald zu sehen bekommen, und vielleicht schon in der

Nacht das Heulen der Schakale vernehmen, die oft in den Garten von Ravensrock hineindrängen. Wir erreichten diese Villa nach einem etwa einstündigen Ritt; sie präsentierte sich glänzend weiß, groß wie ein Schloß inmitten grüner Umgebungen, hoch über dem Meer. In dem vom Heidesand eingenommenen und bebauten Garten lagen verstreut die Wohnungen der verschiedenen Diener, Waschhaus, Stallgebäude, alle mit weißen, flachen Dächern; außerhalb des Gartens war ein Wäldchen von blühenden Myrten, großen Büschen mit erdbeerähnlichen Früchten, Zwergpalmen und wilden Orangen; mehrere derselben hatten hier bereits schon vor der Anlegung dieses Gartens gestanden. Die ganze Dienerschaft, selbst die weibliche, bestand aus Mauren; Hussein, der erste Diener, ein hübscher Bursche mit stattlichem Turban und weiß- und schwarzgestreiftem Burnus – jede Dame unserer europäischen Städte hätte diesen Burnus tragen können – eilte mit zwei anderen jungen Mauren, Hamed und Boomgrais, in weißen Pluderhosen und rotem Fez auf uns zu, half uns von den Maultieren herab und führte diese in den Stall. Sir Drummond Hay, ein Mann mit einem klugen, freundlichen Gesicht, empfing uns in der herzlichen Weise, die keinen Zweifel darüber aufkommen läßt, daß man willkommen ist. Seine Gemahlin und seine beiden Töchter bewillkommneten uns in dänischer Sprache; die liebe Muttersprache klang uns entgegen auf der afrikanischen Küste, in der wunderherrlichsten Natur, am großen, rollenden atlantischen Meer.

Das Zimmer, welches uns angewiesen wurde, bot uns die schönste Aussicht: rechts, über den Garten und die grün bewachsene Küste hinweg, sah man hinter Tanger die hohen blauen Berge bei Ceuta, und vor diesen die offene Wasserstraße nach dem Mittelmeer, wo Segel- und Dampfschiffe kamen und gingen. Geradeaus lag das spanische Küstenland vor dem Gibraltar-Felsen, die ganze wilde Küste mit Tarifa, der Trafalgar-Bucht und den Bergen nach Cádiz hinauf. Das atlantische Meer streckte sich weit gen Westen.

Am schönsten war es hier abends. Der Leuchtturm von Tarifa schien ganz nahe zu sein, und dann und wann sah man sogar einen Blitz von dem fernen Trafalgar-Leuchtturm; der Vollmond schien über das weite, wogende Meer hinaus; die Luft war unendlich durchsichtig, von grünblauer Färbung, der Mond segelte im Luftraum dahin, die einzelnen Sterne, die zu sehen waren, schienen auf dem festen Himmelsgrund nicht fest zu sitzen; sie rollten wie Weltkugeln durch das Unendliche.

Herrlich und neu war alles ringsum, während innen im Haus englischer Komfort und die herrlichsten Menschen wohnten, die nur darauf sannen, uns den Aufenthalt glücklich und angenehm zu machen. Gesegnete, unvergeßliche Tage und Abende verbrachte ich hier, ein neues, inhaltreiches Blatt im Märchen meines Lebens. [...]

Heimisch war's mir; meine Muttersprache hörte ich klingen. Frau Drummond Hay, eine dieser stillen, edlen, weiblichen Naturen, ist die Tochter des hier in Tanger verstorbenen dänischen General-Konsuls Carstensen. Von Familie und Freunden im lieben Dänemark war viel zu reden; dänische Melodien erklangen vom Klavier. Die jungen, schönen Töchter des Hauses, Louisa und Alice, saßen bei uns, die eine in Kopenhagen geboren, die andere in Tanger; sie kannten meine Märchen in englischer Übersetzung; die französische Genfer Ausgabe, worin »des Schlammkönigs Tochter« steht, ein Märchen, in welchem die Handlung abwechselnd in Dänemark und in Afrika spielt, erhielt einen Platz in ihrem Bücherschrank; in dieses Buch selbst schrieb ich:

Aus Dänemark kommt Euch der frische Strauß,
Dänische Blumen drin duften und blitzen;
Darf ich hoffen, im afrikanischen Haus
Zwei junge Freundinnen zu besitzen?

Wir wanderten aus dem Garten in die wild blühende Campagna hinaus, die in vollster Pracht von Heideblumen stand, von den verschiedensten Arten, ein Reichtum, der jedes Treibhaus in Europa zieren würde. Die Zwergpalme breitete ihre grünen Wedel in einem ganzen Bouquet aus, wie unsere Farne. Myrten und Lorbeeren bildeten ein dichtes Gebüsch. Hier hatte an sonnenhellem Tag ein Meteor am Himmel geleuchtet und war zwischen die nahen, hohen Felsblöcke hinabgefallen, die hoch über Wald und Gebüsch emporragten; vom Meteor war keine Spur zu sehen, aber eine Aussicht genossen wir, strahlend und groß, über die ganze Campagna, tief ins Land südostwärts hinein; das schneebedeckte Atlasgebirge hob sich dort am Horizont empor wie eine Alpenkette. Über uns flogen ganze Schwärme schwarzer, schreiender Raben dahin. Die große Menge, die hier von diesen Vögeln sich aufhält, hatte dem Ort den Namen Ravensrock gegeben. [...]

Hier in der Nähe, unter Pinien und von Früchten sich neigenden Orangenbäumen, hatte einer der reichsten Juden Tangers sein Landhaus; dieses und einige maurische Hütten bildeten die ganze Nachbarschaft; ein sehr wenig betretener Fußweg schlängelte sich zwischen Gebüsch nach dem Meer hinab; auf diesem war es, wo man vor mehreren Jahren zuerst den oben erwähnten Löwen erblickt hatte, was mir gerade wieder einfiel, als ich hier plötzlich eines Tages eines großen gelben Tieres gewahr wurde; ich will durchaus nicht verhehlen, daß ich einen Augenblick erschrak; das Tier war jedoch nur ein Hund, aber diese sind hier durchaus nicht ganz friedfertig. Eine solche große herrenlose Bestie hatte kürzlich in Tanger ein kleines Kind aufgefressen. Ich stieß übrigens weder auf Ichneumons noch auf Eber, ungeachtet eines der letztgenannten Tiere kürzlich im Garten gesehen wurde, wo es eingebrochen war. Ein Stachelschwein lief quer über den Fußweg, auf dem ich ging; ich fand auf dem Rückweg eine seiner großen Stacheln, und dieselbe dient mir jetzt als Federhalter.

Es lag etwas wunderbar Verlockendes darin, sich immer weiter und weiter von dem bewohnten Ort zu entfernen, etwas Reizendes in der Ungewißheit über das Ziel, wohin einen diese Wanderungen führen, und über das, was einem begegnen würde. Die ganze Umgebung war so neu, so fremd, und immerfort umbrauste einen das Rollen des Meeres, die ganze Seeküste war wie besäet mit bunten Muschelschalen, Konchylien und von den Wellen flachgeleckten Steinen. Welche Einsamkeit hier unten! Und doch welches Leben, das Leben und Sichregen des Weltmeeres! Selbst kam man sich hier in dieser Natur wie ein kleines, gedankenfliegendes Insekt vor. [...]

Am Meer, in der Campagna und auf dem hochschwebenden Balkon der Villa, überall knospte der Gedanke zur Dichtung. Was könnte hier nicht die Cigarre erzählen? Die Luft war warm, war leicht; ein Gewimmel von Fischerkähnen lag wie eine zahllose Schwanenschar in der Trafalgar-Bucht und harrte des Windes; kein anderes Gewölk war zu sehen als das, welches die Cigarre emporschweben und dahinziehen ließ. [...]

Auch das Leben in der Stadt Tanger lernten wir kennen; Drummond Hay und seine Familie zogen wieder in die Stadt. In einer großen Karawane zogen die Maultiere dahin, beladen mit Sachen und Küchengerätschaften. Spät am Nachmittag verließen wir mit unserem liebenswürdigen Wirt das romantische Ravensrock. Es war der erste Sommer, den die Familie hier verlebt hatte, in früheren Jahren hatte sie den Sommer auf einer alten maurischen Villa nahe bei Tanger verbracht; wir zogen an derselben vorüber. Der Garten war wegen seines Reichtums von Orangen und Rosen, die jetzt fast ganz sich selbst überlassen waren, sehenswert; die freundlich pflegenden Hände waren fort. Wir ritten denselben Weg, den wir bei unserer Ankunft gekommen waren, zwischen hohem Bambus an dem maurischen Gehöft mit seinem stillen Friedhof und wiederum zwischen Lorbeerhecken und Zwergpalmen dahin. Der Boden wurde immer unebener, die übrige Gesellschaft ritt schnell und gelangte bald ganz aus meinem Gesichtskreis, ich selbst vermochte nicht zu unterscheiden, was hier Weg oder Steg sein sollte; ich mußte es dem Maultier überlassen, aber etwas schneller vorwärts mußte es gehen, ich gab ihm einen kleinen Hieb mit einem Lorbeerzweig, und es sprang dahin. Ich bin kein Reiter, ich blieb jedoch sitzen, aber das Tier fühlte wohl, daß ich nicht der Schöpfung Herr sei, und an diesem guten Gedanken ergötzte es sich sichtlich. Die Sonne ging unter, der Abend trat plötzlich ein, die Dämmerung lag über dem tiefen Tal, einige Feuer flammten auf an der Gebirgsseite, der Mond leuchtete über die weite Einöde.

Dicht vor Tanger, gegen die mit Kakteen bewachsenen Abhänge, lag im Sand eine ganze Karawane von Kamelen, einzelne von ihnen hoben den Kopf hoch empor und bewegten den langen Hals, die anderen schienen zu schlafen. Ein Feuer flammte mit starkem Rauch unten im Stadtgraben. Wir ritten durch das niedrige, enge Tor, ein paar Araber barfüßig und in hemdähnlichen Burnussen, liefen mit flammenden Lichtern durch die enge halsbrecherische Gasse. Über Stein und Sand gelangten wir in die enge Gasse, wo die fremden Konsuln wohnen; hier ist der französische, spanische und englische Staat vertreten. Sir Drummond Hay bekleidet wohl hier den höchsten Rang, da er englischer Ministerresident im Kaiserreich Marokko ist. Nach Sonnenuntergang waren alle Flaggen gestrichen, am Tage flatterten von seinem Hotel zwei herab, die englische und die dänische, weil Drummond Hay, wie sein Vater, zugleich dänischer General-Konsul ist.

Wir befanden uns in einem alten Gebäude mit flachem Dach und hervorspringendem Balkon nach dem Garten hinaus; alles war von dicken Mauern umschlossen, das Tor wurde sorgfältig verschlossen und verriegelt. Hier war es gemütlich und wohl eingerichtet. Die Treppe und der Korridor waren mit prächtigen Löwen-, Panther- und Tigerfellen belegt und prunkten mit maurischen Vasen, Spießen, Säbeln und Gewehren, hier hingen kostbare Sättel und Schabracken, zum größten Teil Geschenke, die Drummond Hay bei seinem Besuch beim Kaiser von Marokko empfangen hatte.

Die Wohnstube, die neben einer nicht unbedeutenden Bibliothek liegt, bot unter den vielen Gemälden und Kupferstichen, die hier ihren Platz hatten, mehr als einen bekannten Ort, als ein bekanntes Portrait der Heimat. Zwei kostbare, silberne Kandelaber, ein Geschenk des schwedischen Königs Oskar, standen in dem einen, eine kostbare Vase von Porzellan, ein Geschenk des dänischen Königs Christian des Achten, stand in einem anderen Winkel des Zimmers, und als nun die Fenster verhangen wurden, erkannte ich in jedem Rouleau ein Kopenhagener Fabrikat mit gemalten Prospekten von den Schlössern Frederiksborg und Rosenborg, ich dachte, ich sei in einem dänischen Zimmer im Dänenland, und doch war ich in einem anderen Weltteil!

Alle englische Bequemlichkeit war hier anzutreffen, selbst ein Kamin, und vom Altan sah man über den kleinen Garten des Hauses hinaus, deren Oleanderbüsche zwischen den farbenwechselnden Glockenblumen blühten, die ich auf dem Kirchhof Gibraltars gesehen hatte; eine große Palme erhob sich in der mondhellen, blaugrünen Luft und verlieh der Landschaft ein besonders fremdartiges Gepräge, das Meer wogte mit schaumweißen Wellen, das Leuchtfeuer bei Tarifa von der Küste Europas blitzte zu uns herüber, die wir in einem kleinen glücklichen Kreis, in dem reichen, gemütlichen Zimmer saßen. Drummond Hay erzählte uns von Land und Leuten, erzählte von seiner Reise nach Marokko und seinem Aufenthalt in Konstantinopel.

An der Wand hing ein Portrait von der schönsten Sultanin Mahmuds des Zweiten, des jetzigen Sultans Großvater. Ein Portrait von einer Sultanin zu erlangen, ist etwas fast Unglaubliches; dieses Bild hatte denn auch seine eigene romantische Geschichte.

Der Kaiser hatte einen kleinwüchsigen Diener von ungewöhnlich häßlichem Äußeren, aber voll guter Einfälle, die die kaiserliche Majestät amüsierten. Als dies eines Tages ganz besonders der Fall gewesen war, frug der Kleine: »Was gibst Du mir jetzt, Herr?« – »Ich gebe Dir diejenige meiner Frauen, die Du küssen kannst«, sagte der Sultan. »Ich kann nicht so hoch reichen«, sagte der Diener, »sie werden mich auslachen.« – »Ja, das bleibt Deine Sache«, antwortete der Sultan und verlangte nun, daß man ihm seine Tabakspfeife bringe. Die schönste seiner Frauen brachte ihm dieselbe und überreichte sie ihm knieend, da sprang der Zwerg hinzu, schlang seine Arme um ihren Hals und küßte sie. »Ich gebe Dir Geld, viel Geld«, sagte der Sultan, »aber diese gebe ich Dir nicht!« – »Der Sultan bricht sein Wort nicht!« sagte der Diener. »Wohlan denn, sie sei die Deine!« antwortete der Sultan, »aber von Stund an dürft Ihr Euch nie wieder hier innerhalb der Tore des

Serails blicken lassen!« – Die schöne Sultanin mußte dem häßlichen Diener folgen. Sie glühte vor Zorn. »Du setztest Deinen Willen durch!« sprach sie zu ihm, »von jetzt an will ich aber auch den meinigen haben! Ich will frei leben wie die Christenfrauen es tun, ich will ausfahren, wenn ich will, zurückkehren, wenn ich will; ich werde Dich quälen und peinigen!« Dies tat sie denn auch über die Maßen, und als ein französischer Maler die Stadt besuchte, ließ sie ihr Bild malen; so entstand das Bild einer Favoritsultanin.

Es war Mitternacht vorüber, als ich auf mein Zimmer kam. Ich bedurfte aber weder des Schlafes noch des Ausruhens, ich hätte noch lange, in Gedanken versunken, da sitzen und in die unendliche Luft hineinschauen können. Das tiefste Meer ist seichtes Wasser gegen diese Tiefe. Ich hörte jemanden ein Nachtwächterlied singen: »Beten ist besser denn schlafen! Allah ist groß!« Das Meer brauste und summte sein ewiges Lied. Ich suchte das Lager und schloß meine Augen in der mohammedanischen Stadt.

Tanger ist der Römer altes Tingis im westlichen Teil ihres Mauretanien; im achten Jahrhundert eroberten es die Mauren, im fünfzehnten Jahrhundert die Portugiesen; diese ließen es ein Jahrhundert später als Hochzeitsgeschenk für eine ihrer Prinzessinnen in den Besitz Englands übergehen; von diesem geriet es nach einigen zwanzig Jahren wieder in die Hände der Mauren. Dies alles kann man in jedem Konversationslexikon lesen, es ist aber immer gut, einige Vorkenntnisse zu besitzen, und so unterrichtet gingen wir folgenden Tages, begleitet von dem betrauten Diener des Hauses, Hussein, hinaus. Wir sollten die Merkwürdigkeiten der Stadt sehen und außerdem hingeführt werden zu einem der jüdischen Handelsleute, der die größte Auswahl von maurischen Sachen habe, wie Hemdknöpfen, Busennadeln, Broschen usw., Dinge, die man zur Erinnerung an Tanger mit in die Heimat nehmen könne. Später fand ich freilich in Paris bei einem der dortigen türkischen Handelsleute, ganz dieselben Sachen, und als ich ihn frug, ob er sie etwa aus Tanger beziehe, erzählte er mir, daß sie sämtlich in Paris fabriziert würden und deshalb dort nur halb so teuer wie drüben in Afrika wären. Die Pariser Fabrikate gingen in großen Sendungen nach Algier, Oran und anderen Städten am Mittelmeer; in diesen von Fremden angekauft, sind sie ja immer eine Erinnerung an Afrika, und in der Erinnerung leuchtet die Phantasus-Flamme.

Hussein führte uns durch das Gedränge von Juden und Mauren. Diese witterten in uns, indem er ein Zeichen mit der Hand gab, Personen von Bedeutung, Freunde oder Anverwandte des englischen Gesandten. Wir besuchten einige Karavanserailen – schwerfällige, plumpe Häuser, aber doch ganz im maurischen Stil erbaut. Hof und Bogengänge waren mit Arabern angefüllt, die Getreide und Hühner feilboten; in dichter Reihe standen abgeladene, ausruhende Esel; hier war fast nicht durchzukommen, das kleinste Plätzchen im Hofraum war besetzt, und eine Menge Weiber, in ihre großen Säcke gehüllt, breiteten sich zwischen Eseln und Getreidesäcken aus; sie kehrten sich nach uns und blinzelten mit einem Auge, das andere war ganz versteckt in die Sackhülle.

Am Stadttor stand das Gewimmel einen Augenblick geradezu fest; Kamele, Esel, Kinder und Erwachsene drängten sich, einige wollten hinaus, andere herein, es war ein Rufen und Schreien. Endlich gelangten wir hinaus. Ein großes Feuer war unten im ausgetrockneten Stadtgraben angezündet, der schwarze, dicke Rauch leckte die Mauern hinan. Dort wurde geschlachtet; sauber sah es da nicht aus, blutige Fleischstücke hingen im Sonnenschein. Vor uns im Sand lagen beladene Kamele, eine andere große

Schar sahen wir dahinziehen; man erzählte, sie ginge nach Tetuan; einige der Führer waren bis an die Zähne bewaffnet und trugen sonderbare lange Gewehre. Der Weg dahin sei nicht sicher.

Rings um uns herum wurde gekocht und gebraten; den bratenden Fisch sah und roch man; einige junge Frauen saßen im Sand und genossen dieses Gericht, weshalb auch die Gesichter aus der Sacköffnung hervorguckten; als wir anlangten, kehrten sie die Gesichter weg, allein ich hatte doch ihre hübschen Augen gesehen. Ein Neger mit großen silbernen Ringen in den Ohren stolzierte hier umher, Wasserträger mit Amuletts in dem wild aufgepusterten Haar wanderten daher mit ihren gefüllten Wassersäcken, eine Schar Mauren saß lauschend im Kreis um einen Märchenerzähler, der, während er erzählte, immerfort das Tamburin schlug; hier waren außerordentlich gute lauschende Gesichter; das Ganze bot einen höchst malerischen Anblick.

Wir wanderten über unwegsame Felder nach dem Judenkirchhof, der, ohne Umzäunung, wie ein offenes Feld mit hingeworfenen flachen Grabsteinen dalag; an jedem Grabstein war eine hebräische Inschrift zu lesen. Hier versammeln sich die Weiber am Sabbath, schmücken die Gräber mit flammenden Lichtern und lassen sich an denselben nieder im Gespräch, oder Lieder anstimmend, die sie mit Saitenspiel begleiten. Die Aussicht hier, über die Bucht hin, ist außerordentlich schön. Während wir hier standen, zog die Karawane, ein langer Zug, munter an der Küste vorüber, wo die Wogen schaumweiß in den Sand hinaufrollten; wir folgten ihr durch einen tiefen Hohlweg, überwuchert zu beiden Seiten mit staubigen Kakteen und Feigenbüschen. Unten am Meer schlugen die Brandungen hoch über den zerstörten Molo hinauf, wir wurden einige Male tüchtig überspritzt. Wir mußten weit hinaus und über Erdhaufen und Mauersteine klettern, darauf wieder steigen, mit Gefahr keinen festen Grund zu finden, bis wir endlich durch dick und dünn eine Öffnung in der Stadtmauer erreichten, die wiederum in eine Gerberei oder Schlächterei – Schweinerei wäre vielleicht das zutreffende Wort – führte, und standen endlich wieder in einer der trockenen, halsbrecherischen Straßen, von wo wir durch eine enge Gasse in den bedeutendsten Laden mit gestickten Kissen, Pantoffeln, Knöpfen und Broschen gelangten. Innerhalb der äußeren niedrigen Tür bekam das Haus ein höchst einladendes Aussehen; man befand sich in einem mit Fliesen belegten, mit schlanken Säulen eingerahmten Hofraum; eine Treppe, gleichfalls mit porzellanenen Fliesen belegt, führte in einen offenen Gang mit kleinen Zimmern hinan, ein ganzer Bazar, überfüllt mit goldgestickten Sachen und Arbeiten von Saffian und Metall; hier duftete es von Rosenöl, Moschus und Myrrhe. Die junge Jüdin, die uns umherführte, war allerliebst, ihre Mama hatte ein etwas derbes Äußere, sie hätte Modell zu einer Judith abgeben können, das heißt zu einer alten Judith, die dasitzt und ihren Enkeln von Holofernes erzählt.

Der Freitag ist den Mauren heilig, und an diesem Tag sind deshalb, während die Gebete in den Moscheen gelesen werden, die Stadttore von Tanger geschlossen. Collin, der hiervon nichts wußte, war nach unserer Wanderung durch die Stadt auf Exkursionen gegangen; am Nachmittag kehrte er zurück, ging von einem Stadttor zum anderen, konnte aber nirgends in die Stadt gelangen. Auf dieser Wanderung geriet er auf den Judenkirchhof; die Frauen hatten schon die Gräber mit Lichtern geschmückt und saßen dort und spielten und sangen. Ein alter Jude zeigte ihm einen Pfad nach der Zitadelle hinauf, wo der Pascha residiert, und sagte ihm, daß er nur auf diesem Umweg zu dieser Stunde in die Stadt hineinschlüpfen könne; nur von der Zitadelle aus sei eine kleine Tür, die in die Stadt führe; durch diese gelangte er denn auch zu uns, während noch die Gebete in den Moscheen verrichtet wurden.

Auch ich wagte mich ohne Begleiter in die Stadt und ins Freie hinaus, niemand sah mich scheel an, ja einige Juden waren gar zu aufmerksam gegen mich; sie stießen die kleinen maurischen Kinder, die mir gar nicht im Weg standen, beiseite. Ein Jude, in ärmlicher Kleidung, lächelnd übers ganze Gesicht, wollte mich durchaus in eine Seitengasse hinein führen; ich fragte ihn, was dort zu sehen sei: »Das Haus eines Juden!« antwortete er, nickte und stellte sich demütig einladend vor mich hin; meine Neugierde wurde rege und ich folgte ihm in eine der engen Schlippen hinein; wir waren allein, er wollte mich noch weiter in dieses »Kehrwieder« hinein haben; ich überlegte mir, ob dem Mann auch zu trauen sei, ich führte eine nicht ganz kleine Summe in Gold bei mir; doch er sah in all seiner Armut treu und ehrlich aus, und alles ringsum versprach etwas Abenteuerliches. Vor einer niedrigen Tür in einer Mauer blieb er stehen, winkte mir, näher zu treten, und ich folgte ihm. Wir betraten einen kleinen gepflasterten Hofraum, in welchem eine alte Jüdin herumwirtschaftete. Wenige Stufen einer breiten Treppe führten hinauf in ein kleines offenes Zimmer; hier lag eine junge blasse Frau unter einer Decke, an der Brust ein kleines Kind.

»Judenfrau! Judenkind!« sagte der Mann und hüpfte vor Freude; er nahm das Kind auf den Arm und hielt es mir hin, weil ich sehen sollte, daß es ein richtiges, wirkliches Kind Abrahams sei. Ich mußte dem Kind eine Gabe reichen. Die Frau reichte mir das Kissen, auf welchem sie lag, und ich setzte mich nieder. Der Mann küßte seine blasse, zarte Frau, küßte das Kind und sah überglücklich aus. Das ganze Hausgerät schien aus nur einigen Lumpen und einem großen Wasserkrug zu bestehen.

Tags darauf schloß sich mir ganz anderer Reichtum in einem jüdischen Haus auf. Der reichste Israelit Tangers hatte mich durch Drummond Hay eingeladen, sein Gast zu sein in seinem Haus. Er selbst kam und holte mich ab in demselben Augenblick, wo Drummond Hay, der englische Konsul und andere Freunde sich zu einer großen Jagdpartie begaben, von der ich, aus Mangel an Jagdkenntnis und an Lust, mich fern hielt. Über hundert Menschen waren hier versammelt, um zu jagen und zu treiben. Jonas Collin ritt ein schönes arabisches Pferd, ein Geschenk des Kaisers von Marokko, es hatte einen Stammbaum, der seine fünfhundert Ahnen namhaft machte. Im wilden Galopp sprengten sie dahin.

Der israelitische Kaufmann, in fränkischer Tracht wie ich selbst, führte mich nach seinem Haus; es lag in einer ebenso engen Schlippe wie die, in welcher ich Tags zuvor den armen Juden besucht hatte; das Haus selbst sah von außen nicht viel besser aus, es hatte in der Mauer ein vergittertes, viereckiges Loch und eine niedrige Tür; als ich aber die Schwelle überschritten hatte und in dem kleinen Vorhof stand, sah freilich alles anders aus. Fußboden und Treppen waren mit porzellanenen Fliesen belegt, die Wände schienen blank poliertes Gestein zu sein, die Zimmer waren hoch und luftig und hatten einen offenen Säulengang nach dem Hof hinaus, das Licht fiel von oben herein. In einem der Zimmer saß eine junge Frau, angetan mit ihrem kostbaren Brautstaat, wahrscheinlich damit ich sie sehe und bewundere; keine orientalische Prinzessin konnte prächtiger gekleidet sein. Dergleichen hatte ich nur in »Tausendundeiner Nacht« gesehen, wenn ich mit Harun al Raschid auf Abenteuer in Bagdad ausging.

Sie trug ein offenes goldgesticktes Kleid von grünem Samt über einem weißen seidenen Rock; eine lange rote, goldeingewirkte seidene Schürze, einen Spenzer von Brokat mit vielen Knöpfen, jeder Knopf eine Perle; ein Goldflor hing in weiten Falten über die nackten Arme herab, die wie die Finger mit kostbaren Ringen besetzt waren. Ihr Haar war nach jüdischer Sitte abrasiert, künstliche Flechten hingen von dem als Turban geschlungenen blauseidenen Tuch um den Kopf, von der Schneppe an der Stirn strahlte ein großer Juwel. Die Ohrringe waren dermaßen massiv, daß sie kleinen Steigbügeln ähnelten. Es war eine wahre Pracht, und jung und schön war die Trägerin derselben; schwarze Augen, blendend weiße Zähne. Der Mann drehte sie um und um im Zimmer, damit ich sie von allen Seiten sehe. Sie sprach arabisch zu ihm und richtete ein paar Worte in spanischer Sprache an mich. Beide waren fröhlichen Sinnes, und noch fröhlicher war ihr kleines dreijähriges Töchterlein, es stand da in Samt und Gold, reichte mir lachend Hand und Mund, wenn auch letzterer erst dann recht in Gang kam, als Kuchen und Orangelikör hereingebracht wurden.

Ein Bruder der Frau kam noch nebst zwei älteren Damen der Familie hinzu; diese waren nicht in Brauttracht, aber doch eigentümlich gekleidet. Die Bibel mit englischem und hebräischem Text wurde hervorgeholt, und es war von großer Wirkung, als ich, was jeder Schüler unserer Gymnasien kann, den ganzen ersten Vers der Genesis laut vorlas.

Der liebenswürdige Wirt begleitete mich wieder nach Hause, da wir aber unterwegs an einem anderen wohlhabenden jüdischen Haus, dem seiner Schwester und seines Schwagers vorüber mußten, so lud er mich ein, auch dieses zu sehen. Der innere Hofraum hatte ein großes Glasdach, welches auf grünen Säulen ruhte und sich über alle drei

Etagen des Hauses erhob, eine mächtige Halle bildend, die mit kostbaren Teppichen behangen und belegt war. Kleine, offene Kabinette, eins mit hebräischen Büchern und Handschriften, ein anderes mit biblischen Zeichnungen, andere wiederum mit häuslichen Bequemlichkeiten, luden recht ein, hier zu verweilen, sich niederzulassen, zu lesen und zu blättern. Die Frau vom Haus, eine nicht mehr junge Dame in einfachen dunklen Stoff gekleidet, ein Tuch künstlich um den Kopf geschlungen, empfing mich sehr zuvorkommend, noch andere Damen und einige Kinder waren anwesend. Alle sprachen arabisch, der Mann, der später eintrat, sprach englisch. Einer der kleinen Judenknaben amüsierte sich ganz besonders während meines Besuchs, er verbarg sein Gesicht in dem Faltenwurf der Damenkleider und hinter den Fenstervorhängen, platzte aber doch zuletzt in lautes Lachen aus und kam in Verlegenheit, als ich ihn hervorzog und fragte, wie alt er sei, wie er heiße, und was mir sonst noch einfiel; die Mutter übersetzte ihm meine Fragen und gab ihm die Stichworte zu den Antworten, die er nicht herauszubringen vermochte. Ich bemerkte, daß er sich in einen Winkel den anderen Kindern gegenüberstellte, sich auf den Zehen hob und die Arme hoch emporstreckte, um ihnen zu zeigen, wie lang ich sei. Moses hieß mein kleiner Komiker, er war ein niedlicher Junge. Mag er wachsen und gedeihen und so lang werden wie ich, dann werde ich lachen.

Als wir auf die Straße traten, erblickten wir eine Menge Juden, einer von ihnen war ganz in roten Atlas gekleidet. Ein kleiner Negerknabe sprang an uns vorüber; er trug einen glänzend weißen Anzug, goldgestickte Schürze und silberne Ringe an seinen schweren Armen; man sah ihm an, daß er das Bewußtsein hatte, gut gekleidet zu sein. Ich fragte ihn, ob heute ein Feiertag sei, und erfuhr nun, daß es zugleich ein jüdisches und ein maurisches Fest sei.

Spät am Nachmittag kehrten unsere Jagdherren zurück. Collin hatte bis tief in die Nacht zu tun, mit dem Köpfen der erschossenen Tiere, die er skelettierte. Auch zwei lebendige Schildkröten hatten sie mitgebracht; diese machten die ganze Reise mit uns und nahmen mehrere Monate hindurch weder Speise noch Trank zu sich, kamen aber doch noch lebendig nach Kopenhagen.

Als ich schon zu Bett gegangen war, wurde ich plötzlich durch ein ganz entsetzliches Trommeln aufgestört; ringsum aus allen Gassen tönte der fürchterlichste Lärm; ich stand auf und erfuhr nun, daß es die Negerbevölkerung der Stadt sei, die so trommele, sie feiere irgendein Fest oder eine Hochzeit, sagt man. Am folgenden Tag erzählte man, der Teufel sei in eine Frau gefahren, und man habe ihn heraustrommeln wollen. Daß Hexen und Kobolde das Trommeln nicht lieben, ist auch ein alter Glaube im hohen Norden; hier lernte ich nun, daß es zu den Liebhabereien seiner Entsetzlichkeit des Teufels auch nicht gehöre.

Am Vormittag tönte Gesang in der engen Gasse vor dem Gesandtschaftshotel, der Name Mohammed klang immerfort; ich sah vom Balkon aus über die Gartenmauer sechs Mauren einen Sarg auf ihren Schultern tragen; derselbe war mit einer roten Schärpe umbunden, ein Zeichen, daß es eine wirkliche Leiche sei. Der Sarg der Männer ist ohne allen Schmuck. Eine große Schar Menschen folgte ihm durch die engen Gassen nach der Moschee.

Nach dem Mittag wollte Sir Drummond Hay Collin und mich auf die Festung hinauf führen und uns dem Pascha vorstellen, wir würden dadurch einen Begriff von der Lebensweise daselbst erhalten. Der Pascha wußte um unser Kommen. Sein Serail wurde aus Anlaß unseres Besuches in die inneren Gemächer zurückgezogen. Seine Majestät der Kaiser von Marokko hatte *nur*, wie man mir erzählte, ein paar hundert Frauen; sein Vater dagegen, obgleich er siebzig Jahre alt war, hatte achthundert und bekam außerdem jeden zehnten Tag ein junges Mädchen zugesendet, in der Regel ein Geschenk der verschiedenen Kadis. Wie groß die Anzahl bei dem Pascha von Tanger ist, weiß ich nicht.

Wir gingen zwischen hohen Mauern und Festungswerken nach der Zitadelle hinauf. Im vorderen Hof stellte sich die ganze Wache bei unserem Eintreten auf. Die Uniform bestand in Burnus, gelben Saffianpantoffeln, in welchen die Füße nackt steckten, Turban und gezogenem Säbel. Der wachhaltende Offizier drückte uns die Hand, und im offenen Tor erblickten wir den Pascha selbst, einen schönen kräftigen Mann, ungefähr fünfzig Jahre alt, auch er trug an den bloßen Füßen gelbe Saffianpantoffeln, war aber übrigens gut gekleidet, er trug einen kostbaren Burnus und einen Turban von feinstem Musselin. Drummond Hay stellte uns und seine zwei kleinen Töchter, die er mitgenommen hatte, ihm vor, und wir wurden mit großer Herzlichkeit empfangen; der Pascha drückte uns die Hand und führte uns in den inneren mit Fliesen belegten Hof, der an die Alhambra erinnerte, nur daß die Säulen, welche die pferdehufähnlichen Bogen trugen, hier griechische Kapitäler hatten.

Zwei hohe vornehme marokkanische Offiziere begleiteten den Pascha; uns gab man Stühle zum Setzen, der Pascha selbst nahm Platz auf einem Kissen auf dem Fußboden, auf welchem kostbare Teppiche ausgebreitet waren. Er und Drummond Hay sprachen arabisch; es schien, als wenn es die einzige Sprache sei, die hier gesprochen würde. Es wurde Tee umhergereicht, jeder bekam zwei große Tassen, die uns in eine wahre Badstubenhitze versetzten. Wir sollten noch eine dritte bekommen, aber ich bat Drummond Hay, es zu verhindern und zu sagen, es streite gegen unsere Religion, drei Tassen zu trinken. Wir kamen denn auch mit zweien davon, zu welchen vorzügliches Backwerk gereicht wurde. Darauf machten wir eine Wanderung durch die dunklen winkeligen Gänge des Schlosses, an kleinen mystischen Verschlägen und Badezimmern vorüber. Wir gingen durch ein Orangengärtchen; hoch an der Mauer waren kleine vergitterte Fenster, einer der Offiziere stieß Collin an den Arm, und flüsterte ihm zu: »Schöne Augen!« Von dort oben sahen schöne Augen auf uns herab, dort befand sich der Serail des Paschas. Arme Täubchen im Taubenschlag! Kirrend zärtlich, aber gewiß auch boshaft wie die Tauben.

Der Pascha bot uns Pferde für den Rückweg zur Stadt an, wir zogen es vor zu gehen; er begleitete uns bis an das äußerste Schloßtor, wo er uns die Hand reichte und uns mit viel Herzlichkeit Lebewohl sagte.

Jeden zehnten Tag geht ein Kriegsdampfschiff von Algier nach Frankreich; es läuft Oran, Gibraltar, Tanger, Cádiz und noch andere Orte an. Den 9. November früh am Morgen hätte das Schiff hier sein sollen, war aber noch nicht in Sicht; wir wollten mit ihm nach Cádiz fahren.

Es war Sonntag. Die Bevölkerung Tangers besteht aus Mauren und Juden; die vereinzelten Katholiken und Protestanten hier haben natürlicherweise weder Kirche noch Kapelle, der sonntägliche Gottesdienst muß im Familienzimmer und im eigenen Herzen eines jeden gefeiert werden. Unten im Gartenzimmer wurde ein Teppich über den Tisch gebreitet, die Bibel und das Gesangbuch auf denselben hingelegt; Drummond Hay las uns laut einige Psalmen und darauf das Evangelium des Tages vor. In diesem stillen, prunklosen Kirchendienst war das Gemüt zur Andacht gestimmt.

In einigen Stunden sollte ich diese Heimat verlassen, die ich, ein Fremder, in einem anderen Weltteil gefunden hatte; ich sollte Abschied von Menschen nehmen, die während unseres kurzen Zusammenlebens nur darauf bedacht gewesen waren, mir Freude zu bereiten; es war ungewiß, ob wir uns jemals in dieser Welt wieder begegnen würden, höchst wahrscheinlich dürfte ich nie wieder hierher an die Küste Afrikas kommen.

Wir sahen das Dampfschiff sich nähern, es war das französische Kriegsschiff Titan; bald warf es in der Bucht die Anker aus. Die Diener hoben unsere Sachen auf, Hussein und Boomgrais gingen voran; Drummond Hay begleitete uns bis ans Boot. Ich bin kein Mann des Abschieds, mein Herz war bewegt; noch ein Händedruck, ein warmes Lebewohl klang zu uns hinaus. Vom Boot aus sahen wir Frau Drummond Hay und die jungen Töchter auf dem Altan des Hauses stehen; sie wehten mit ihren Taschentüchern, wir schwangen unsere Hüte. Die Matrosen ruderten scharf. Die Sonne ging unter, es war plötzlich Abend, als wir an der Falleiter des Schiffes beilegten.

Vom Verdeck des Dampfschiffs sendeten wir noch einmal den Blick über die See nach den weißen Mauern und flachen Dächern Tangers. Die Lichter blitzten in der Stadt. Ich war wehmütig gestimmt.

Der Aufenthalt auf der marokkanischen Küste war doch das Interessanteste von der ganzen Reise.

XII. Cádiz

Wir befanden uns jetzt an Bord eines großen wohlbemannten Fahrzeugs mit Kanonen zu beiden Seiten; es hätte wohl einen Strauß mit Seeräubern bestehen können, wenn solche vorhanden gewesen wären; dagegen bot es wenige Bequemlichkeiten für die Passagiere, nur die Kajüte der Offiziere, die sich auf dem Verdeck selbst befand, war gut und gemütlich eingerichtet, es fehlte in dieser nicht einmal eine kleine hübsche Büchersammlung, und einen der jungen Offiziere traf ich hier vertieft im Lesen von »Tausendundeiner Nacht«, aber er las sie in arabischer Sprache. Die Uhr war ein wenig nach sieben, als das Schiff in Bewegung gesetzt wurde; der Mond war noch nicht aufgegangen, es war ziemlich finster. Ich legte mich frühzeitig in meine Koje und schlief ein; wurde aber durch einen Stoß geweckt; das Schiff lag still, die Maschine stand still, ich hörte den Dampf aus der Röhre brausen. Es war noch nicht halb zwei Uhr. Über mir vernahm ich Lärm, hörte Befehle austeilen, es schien alles auf den Beinen zu sein, etwas Ungewöhnliches mußte geschehen sein. Ich sprang aus der Koje und stürzte auf das Verdeck. Das Schiff lag ziemlich weit auf einer Seite hinüber, ein großer Teil der Mannschaft beugte sich überbords hinaus, ich fragte, was geschehen sei, es dauerte lange, ehe ich eine Antwort bekam; endlich sagte man mir, daß wir auf Grund geraten seien. Land war nicht zu erblicken, der Himmel war sternenhell, die See ziemlich ruhig. Die Matrosen standen mir nicht Rede, sie hatten alle vollauf zu tun. Wir befanden uns im atlantischen Meer auf der Höhe von Trafalgar. Ich hatte Collin geweckt, auch er trat jetzt auf das Verdeck; wenige Minuten später bewegte sich das Schiff schon wieder, rückwärts schleppte es sich aus dem weichen Grund heraus, aber zu schlafen vermochte ich jetzt nicht mehr. Die Wasserschaufeln schlugen kräftig in die See, wir fuhren über den Zipfel des Weltmeeres dahin; es hob sich unter uns in großen langen Wogen. Halb fünf Uhr morgens warfen wir Anker vor Cádiz; allein wir hatten noch viele Stunden zu warten, bis das nicht gerade wachsame Quarantäne-Comité sich einzufinden geruhte, die Papiere des Kapitäns zu empfangen und uns an Land zu gehen erlauben würde.

Die Sonne ging auf; Cádiz lag vor uns, glänzend weiß mit flachgedeckten Häusern, die aussahen, als wären sie aus Kreide gemeißelt; die ganze Bucht war mit Schiffen angefüllt, wir lagen ziemlich weit vom Lande. Ein Boot nach dem anderen kam an unser Schiff heran und blieb liegen, um Passagiere einzunehmen. Der Platz, an welchem wir auf dem Verdeck standen, wurde immer mehr eingeengt, man war schon im vollen Reinigen begriffen, die Matrosen scheuerten und spülten ab; selbst im Maschinenraum war große Wäsche; wir sahen es von oben. Die Einheizer und Maschinenwärter unten hatten sich nackt ausgezogen, rieben sich gegenseitig mit Seife ein und begossen sich mit Wasser, einen Eimer nach dem anderen, zur Reinigung und zum Vergnügen.

Endlich sahen wir die rotgelbe spanische Flagge von dem Boot wehen, die das Gesundheits-Comité brachte, und wir erhielten nun die Erlaubnis, an Land zu gehen. Es wunderte mich, daß wir in Cádiz ebensowenig wie in Málaga und Valencia nach unseren Pässen gefragt wurden;

als wir dagegen von der Landseite in Spanien eintraten, und später beim Ausgang nach Bayonne, frug man nach unseren Pässen und forderte Gebühren. Es scheint, als wenn derjenige, der seewärts nach Spanien kommt, das Land ohne Paß bereisen kann; im Innern war nie die Frage nach Legitimationen.

Die Visitation auf dem Steueramt war sehr human, und nachdem wir die gewöhnliche Prellerei von Bootführern und Trägern überstanden hatten, gelangten wir zur Ruhe in der Fonda de Paris, einem in jeder Hinsicht ganz vortrefflichen Hotel.

Cádiz überraschte mich durch seine große Reinlichkeit, seine geweißten, netten Häuser, seine vielen Flaggenstangen, aber sonst bot es freilich Fremden nichts Bemerkenswertes dar; hier waren keine Bildergalerie, keine maurischen Denkmäler von Bedeutung, die Straßen trugen nicht das bunte wimmelnde Leben zur Schau, welches wir in Gibraltar gesehen hatten; wir, die wir von der marokkanischen Küste kamen, fanden hier nichts Neues, nichts Eigentümliches, wie es uns dort überwältigte, Cádiz wollte uns nicht recht ansprechen. Vielleicht wäre es doch der Fall gewesen, wären wir landwärts aus dem Norden hierher gekommen; aber eine Herrlichkeit war doch da: das Meer, das große wogende Meer. Die Alameda hat eine schöne Lage mit Aussicht auf die offene breite Meeresbucht, große Wellen wälzten sich gegen die Hafenmauer, Möwen flogen schreiend über die schäumenden Wogen dahin; eine Menge Fischerkähne, gleich einer Schar Riesenvögel mit ausgebreiteten großen Flügeln, steuerte auf den Hafen zu. Die Reede lag voller Schiffe, die Flaggen aller Nationen wehten hier. In der Alameda befand sich eine lange Reihe mit Gittern eingezäunter Blumenhecken, ferner vier Palmen, eine in jedem Winkel der langen Promenade; Abgüsse von Statuen fehlten auch nicht. Der Wind blies viel kälter als drüben in Afrika, die Sonne schien dort warm, es war noch sommerlich, aber Cádiz erweckte keine Sympathie; mag nun die Schuld an mir liegen oder an der Stadt Cádiz – ich sah sie von der Alameda, ich sah sie vom Hafen, von Plätzen und Gassen, von meinem hochliegenden Zimmer aus, vor welchem die Leute auf den flachen Dächern gingen, Wäscheleinen zogen und diejenigen Kleidungsstücke trockneten, die man von allen am wenigsten nennt.

Cádiz
Wie große grüne Vogelbauer,
Gehängt auf des Hauses weiße Mauer,
Kannst hier Du Altane erblicken,
Die zahlreich die Häuser schmücken.
Und droben auf dem Dach, so flach,
Trocknen sie Wäsche wohl jeden Tag.
Die Reinlichkeit ist hier zur Göttin erkor'n
Droben und drunten, hinten und vorn.
Ja sonntäglich sauber ist wahrlich Cádix,
Langweilig auch, man erlebt hier nix,
Und säh' man das Meer nicht blinken,
Gleich möcht' man ins Grab versinken.

Das ist jedoch härter gesagt, als gemeint, denn etwas Vergnügliches war hier; in Cádiz lagen liebe Briefe aus der Heimat da, in Cádiz trafen wir einige Landsleute; der junge Friedrich Zinn aus Kopenhagen lebte hier und gerade in dem Handlungshaus, an welches ich empfohlen war; auf der Reede lag eines der Schiffe des Hauses Melchior in Kopenhagen, Kapitän Harbo, der es führte, war in der Stadt gewesen und hatte einem seiner Passagiere, dem Marineoffizier Hohlenberg erzählt, daß ihm auf der Straße ein Mensch begegnet sei, der eine ganz unglaubliche Ähnlichkeit mit dem Dichter H. C. Andersen habe, er sei in die größte Versuchung geraten, ihn anzureden, aber Andersen sei ja nicht in Spanien. Wir trafen uns später und tauschten unsere Nachrichten aus der lieben Heimat aus.

Cádiz besitzt, wie alle größeren spanischen Städte, ein höchst elegantes Casino, wo man einen Reichtum von in- und ausländischen Zeitungen vorfindet; wir wurden mit großem Wohlwollen daselbst aufgenommen.

Als das Volk in Saragossa im Jahre 1835 damit begann, die Klöster in Brand zu stecken und die Mönche zu morden, verbreitete sich dieser Aufruhr über das ganze Land; allein in Cádiz gewährte man den Mönchen eine Frist von fünf Stunden, um ihre Klöster zu räumen, und stellte Militärwachen vor denselben auf, um die Brandstiftungen zu verhindern; der Pöbel nahm die Mundvorräte an sich, verbrannte den Hausrat und die Bücher, aber die Gebäude schonte man; Cádiz hat aus jener Zeit keine Ruine, keine Zerstörung aufzuweisen; man bekommt hier einen überwiegenden Eindruck von Ordnung und Reinlichkeit, von einer großen Handelsstadt, wo die Romantik nur im Anschauen des Meeres und der andalusischen Augen zu suchen ist; diese leuchten prächtig bei den schönen, anmutigen Damen in den Mantillen auf der Alameda; sie schleudern Blitze auf Blitze bei Laïs und Circe des Hafens.

Die Umgegend ist außerordentlich flach und besteht aus Flugsand, Heideland und meilenlangen Salzmorästen. Große Salzpyramiden erheben sich auf dem dunklen Erdboden. Zu Ausflügen ladet die Gegend nicht ein; das nahe liegende Xerez de la Frontera war der einzige Ort, den man uns als eines Besuches wert nannte, aber nicht um Kirchen oder historische Denkmäler zu besuchen, nein, um große Weinniederlagen zu bewundern und diese Art von Herrlichkeit anzustaunen.

Von Cádiz ist nicht viel zu erzählen; diese Stadt war ein mühseliger Anfang der Rückreise von Tanger aus. Noch hatte Spanien mir keinen Stoff zu einer einzigen Märchendichtung gegeben; sollte es mir wohl gelingen, mein, einem lieben kleinen Kinderkreis gegebenes Versprechen zu erfüllen. Was erwarteten diese Kinder nicht alles erzählen zu hören von spanischen Mädchen, spanischen Fliegen, spanischem Pfeffer, spanischen Stiefeln, spanischen Wänden und spanischem Wind.

Auf meiner Wanderung durch die Stadt kam ich an einer offenen Werkstatt vorüber, ein junger Tischler stand in derselben und hobelte; er sang ein lustiges Lied, und zwar ein deutsches: Ich redete ihn deshalb in seiner Muttersprache an, und er wurde noch fröhlicher; er war nordisch blond und hatte rote Wangen und blaue Augen; er war aus einer kleinen Stadt in Württemberg und sollte jetzt Hochzeit in Cádiz halten; er strahlte vor Freude und Vergnügen und stand dort und hobelte an einem Sarg.

Dies war die ganze romantische Ausbeute, die ich in Cádiz erhielt; ich bezweifele nicht, daß einiger Tage Zusammenleben mit den Viehhirten auf den großen Ebenen am Guadalquivir eine etwas reichere gebracht hätte; der für große Schiffe fahrbare Fluß schlängelt sich in weiten Buchten ganz nach Sevilla hinauf; bevor die Eisenbahn angelegt wurde, war der Flußweg der besuchteste. Ich bezweifele nicht, daß ein Ritt mit einem mitteilsamen Schmuggler Stoff zu einem ganzen Buch hätte abgeben können. Es sind nicht gerade viele Jahre her, daß mehr als ein junger Mann in Andalusien eine glänzende Rolle in dieser oder jener Guerillabande während der Bürgerkriege spielte, sein erstes Auftreten, seinen Mut und seine Bravour hatte er bei irgendeiner Plünderung oder einem kleinen Räuberanfall gezeigt, allein dergleichen schien ihm nichts Ehrloses zu sein. Vielleicht stand ich auf der Straße oder im Hafen dicht neben einer solchen Persönlichkeit, einem brauchbaren Helden für eine höchst interessante Novelle, aber der Held sang sich nicht aus wie der Tischlergeselle, der an dem Sarg hobelte, und entfaltete nicht seine Lebensbilder. Cádiz birgt gewiß Stoff zur Romantik in sich, allein der Fremde erblickt denselben nicht. Hackländer in seiner malerischen Reise durch Spanien nennt Cádiz die Königin des Meeres in Witwenschleier, im übrigen spricht er, wie ich, nur von den reinlichen, weißgetünchten Häusern, den zierlichen Balkons und den schönen lächelnden Frauen.

Man riet uns, mit dem Bahnzug zu reisen und nicht die langwierige Fahrt mit einem Dampfschiff nach Sevilla zu versuchen; der Guadalquivir bildet unendlich viele Buchten, und die einzige Abwechslung an der Küste beschränkt sich auf die umhertreibenden Viehherden.

Wir fuhren mit dem Nachmittagszug ab. Ungefähr die erste Meile fährt man längs dem Meer; es rollten große Wellen einher, die Gegend war ungewöhnlich flach. Der Flugsand erstreckte sich weit im Umkreis bis in die großen Salzmoräste hinein. Hier war's einsam und öde; Salzpyramiden, wie wir sie in Frankreich, in der Gegend von Cette, gesehen hatten, hoben sich aus dem graubraunen Erdboden empor. Wir machten halt bei einigen Seestationen; die Gegend begann jetzt immer mehr den Charakter einer Heide anzunehmen; die Zwergpalme war hier das am meisten vorkommende Gebüsch; ein großer Pinienwald, der größte, den wir in Spanien gesehen hatten, erstreckte sich weit über die Anhöhen dahin. Die Sonne ging unter und lieh dem Himmel seinen Abendglanz, einen goldenen, unendlichen Grund, in welchen das Auge hineinblickte. Wir näherten uns Xeres de la Frontera, das für Historiker ein besonderes Interesse hat; hier kämpfte im Jahr 711 der junge Feldherr Tarik in einem Alter von nur zweiundzwanzig Jahren ununterbrochen volle neun Tage hindurch und gewann einen Sieg, der in seiner Fortsetzung unter dem Befehl des Statthalters von Ceuta ganz Spanien unter das Kalifat der Omijaden brachte.

Die Eisenbahnstation, an der wir halt machten, liegt weit von der Stadt entfernt; wir sahen zwar ihre Kirchen und weißgetünchten Häuser sich in die strahlende Abendluft erheben, allein je weiter wir fuhren, verbargen sie sich hinter die Höhen des Heidelands. Die Dämmerung gewann immer mehr die Herrschaft; hier und dort flammte und leuchtete ein großes Feuer dicht an der Eisenbahn, umkreist von Menschen; es war ein dahinfahrender Anblick. Wir flogen gen Sevilla, die Geburtsstadt Murillos, die Stadt, wo Cervantes einen Teil seines Don Quixote dichtete, die Stadt, mit welcher sich die Don-Juan-Sage verknüpft, wo Don Juan als ein frommer, heiliger Mann starb, wo er sein Grab hat mit seiner selbstgeschriebenen Grabschrift. Die Lokomotive fuhr dahin, stöhnend und brausend; ringsum war Finsternis, wir sahen nichts von den vielen Türmen der Stadt, von der prächtigen Gioalda und den alten Mauern aus der Zeit Julius Cäsars, nur der Dampf der Lokomotive war sichtbar, der schwebte dahin wie Nebelgespenster von dem Leichenbegängnis des Don Juan, und doch war es noch nicht Gespensterzeit.

Um acht Uhr abends erreichten wir Sevilla, wo wir ausstiegen. Der Zug brauste weiter auf Córdoba zu, wo die Eisenbahn aufhört.

XIII. Sevilla

Wir logierten uns in der Fonda de Londres ein, mein Altan führte auf die Plaza Nueva, welche von großer Ausdehnung und mit Alleen von Orangenbäumen bepflanzt ist, die voll goldener Früchte hingen; marmorne Bänke für die Spaziergänger fehlten nicht. Wie klar war die Luft, wie viele Sterne glänzten!

Ich setzte mich draußen auf den Altan, zündete meine Cigarre an und betrachtete ihre Glut und ihren Dampf. [...]

Der Dom Sevillas, die größte aller Kirchen Spaniens, das maurische Alcazar und endlich Murillos Bilder sondergleichen machen Sevilla zu einer der interessantesten Städte Europas; nur das Meer fehlt hier, mit diesem würde Sevilla die Stadt aller Städte sein.

»Sevilla, du fröhliche, herrliche Stadt!«
reich an Sang und Sage, an Denkmälern der Vorzeit und großen Namen! Die ganze Stadt ist in Musik gesetzt, in Tönen gemalt; Rossini hat seinen Noten den Text von »Der Barbier von Sevilla« zugrunde gelegt; ja, das, glaube ich, hat ein anderer schon vor mir gesagt und geschrieben; allein noch viele werden es sagen und wiederholen.

Der Dom war einst eine Moschee, aber der Bauherr hat mit großem Talent das Umbauen und Anbauen verstanden; die Kuppel scheint zu schweben, getragen wie von einer unsichtbaren Macht; die mächtige Halle erweitert und erhebt sich zu der großartigsten Kirche mit Kapellen und Anbauten, jedes an und für sich eine Kirche; man wird überwältigt von den künstlichen Holzschnitzereien, von der Bilderpracht in den großen Glasfenstern, von der Größe und dem Ernst im Stil des ganzen Gebäudes. Die Wände sind geschmückt mit Bildern von Murillo, unter diesen sein berühmtestes Bild: »Der heilige Antonius«. Vor der Kirche erhebt sich der viereckige, schlanke maurische Glockenturm la Giralda, der höchste in Spanien; fünfundzwanzig Glocken schwingen sich im Kreis dort oben; eine beflügelte weibliche Gestalt, sie soll den Glauben vorstellen, steht auf der obersten Spitze, strahlend im hellen Sonnenlicht. Man kann zu Pferde bis ganz oben hinauf reiten, so niedrig und sanft abgedacht sind die Stufen zum Aussteigen angebracht. Der Erfinder der Algebra, Al-Geber, verbrachte viele Nächte auf dem alten Giraldaturm die Sterne deutend.

Vor dem westlichen Eingang der Kirche befindet sich der alte maurische, mit Orangenbäumen bepflanzte Hof el patio de los naranjos, wo das Wasser rieselt und sprudelt. Hier im Freien ist eine Kanzel von behauenen Steinen errichtet. Vor dem östlichen Eingang der Kirche liegt die Börse, Lonja, ein großes viereckiges Gebäude, in deren regelmäßigem Hofraum eine kleine Statue von Christoph Columbus aufgestellt ist; die breite steinerne Treppe führt in große Säle hinein, deren Wände mit prächtigen Schränken bedeckt sind, in welchen die Archive der Aktenstücke, betreffend Amerika, von dessen Entdeckung an bis auf unsere Zeiten enthalten sind.

Von Lonja aus gelangt man nach dem Schloß der Maurenkönige, dem prächtigen Alcazar. Gut erhalten, mit Gold und Farben prunkend, tritt es, gleichsam lebendig gemacht, unserer Zeit näher, als wären nur einige Wochen verstrichen, seitdem die Mauren hinauszogen. Die Alhambra Granadas ist wie ein Traumgesicht, heraufbeschworen in den hellen, wunderbaren Mondschein des Südens; die dahin geschwundenen Gestalten, die hier einst lebten, zeigen sich nicht und wir erwarten sie auch nicht. Der Alcazar in Sevilla ist kein Traumgesicht, er ist die Wirklichkeit am sonnenhellen Tag; man glaubt daran, daß diese mächtigen Fürsten und ihre reizenden Frauen plötzlich hervortreten könnten. Alles ist hier frisch, ist wie mit Seele angehaucht; das Auge wird durch einen Reichtum von Farben und Vergoldung überrascht, man erblickt hier wieder die wunderlichen spitzenartigen Porzellanverzierungen der Alhambra: Die Türen zeigen uns ein buntes Holzmosaik; man steht wie in einem Phantasiegebäude, in welchem Kaleidoskopbilder und Brüsseler Spitzen zu den Wänden verwendet sind, die Grundlage aber Gold zu sein scheint; das Ganze wird von schlanken leichten Marmorsäulen getragen. Das Auge vermag nicht den zahllosen Verschlingungen in diesem Chaos von Arabesken zu folgen, und doch ruht es mit Gefallen an der Menge labyrinthischer Verzweigungen, die sozusagen in arabischen Inschriften knospen und blühen. Eine später angebaute höhere Etage, die zur Bequemlichkeit späterer spanischer Könige eingerichtet worden ist, wenn diese in Sevilla wohnen wollen, drückt die ursprüngliche Schönheit des Gebäudes, allein diese ist doch überwiegend. Der innere Hof, man könnte ihn den Mittelsaal des Schlosses nennen, wo Gottes freier Himmel die Decke bildet, hat etwas so Bezauberndes an sich, daß man in einem Feenschloß zu sein wähnt. Der Alcazar gehört ganz und gar in Tausendundeine Nacht hinein, man wird hier ganz und gar von der Pracht und Herrlichkeit des Morgenlandes überwältigt. Alles hier ist zwar in demselben Stil, aber doch verschieden. Es würde uns kaum überraschen, wenn hier Harun al Raschid und die Prinzessin Scheherazade an uns vorüberschritten, wenn schöne Sultaninnen uns von den Galerien herab zunickten.

Wir traten in den Garten ein; derselbe ist von Gebäuden umschlossen, die uns an die Renaissancezeit erinnern, schwer aber charakteristisch, zusammenschmelzend mit der ganzen sonderbar altmodischen Anlage, wir sahen hier steife, ausgeschnittene Myrtenhecken; große, ganz flache Gartenbeete, bepflanzt und zugeschnitten in Form von Waffen, Kronen und Landkarten, selbst den Orangenbäumen hat man nicht ihre natürliche schöne Form gelassen, die Schere hat sie in bestimmte Gestalten zugestutzt. Inmitten großer ausgemauerter Wasserteiche erheben sich künstliche Felsen und Grotten umwuchert mit Pflanzen; mit Steinen belegte Gänge kreuzen sich und können unter Wasser gesetzt werden, durch ein mechanisches Druckwerk sprangen Wasserstrahlen zu hunderten hervor, aus Loch bei Loch in diesen Gängen, und kühlten die heiße Luft ab. Inmitten des Gartens liegt eine kleine maurische Laube, dieselbe ist wie eine künstliche Kalk- und Moosblume, ein wunderliches Rokokoding, aus- und inwendig.

In den Straßen der Stadt hatte ich die Luft ein wenig zu kühl gefunden, hier im Garten des Alcazars war sie herrlich und sonnenwarm, die Orangen hingen im dunklen Laub, die Rosen blühten duftig und schön. Unter den Gebäuden befinden sich maurische Bäder; wir traten in eins dieser gemauerten Bassins hinein, breit wie ein Fahrweg, lang wie ein Tanzsaal; ehedem wurde es mit klarem Wasser gefüllt und die Sultaninnen badeten hier; jetzt wird das Bassin als Gang benutzt. Man zeigte uns eine vermauerte Tür in der Wand, durch welche der Maurenkönig in seinen Harem gelangt sei. Hier haben Tausende von Lampen geleuchtet, aber noch herrlicher haben die schönen Augen gestrahlt. Augen können nimmer sterben! Wir sahen sie leben und leuchten. In dem Gestein unter den frischen duftenden Rosen strahlte uns dann auch ein Paar schöner Augen entgegen, eine Frauengestalt schwebte an uns vorüber. Maria Padilla* in all ihrer Schönheit wandelte hier lebend wieder umher, lenkte in den Seitengang hinein, um wieder zurückzukehren in neuer Gestalt, oder barg dieser Garten wirklich soviel Schönheit, daß solche Gestalten eine nach der anderen sich offenbaren könnten? Ich möchte wohl lesen, was ein warmes, glühendes, junges Herz nach einer solchen Begegnung, wenn auch nicht in Versen so doch in Briefstil hinschreiben würde, wahrlich es muß schreiben; »man brennt, man stirbt, man gelangt nimmer wieder in die Heimat, alles ist Glut, alles ist Feuer, aber ich kann es nicht in den Brief hineinlegen, es gäbe sonst eine Illumination, wie man sie nicht in der Heimat kennt!«

Wie warm war es hier, wie lebte noch der Sommer des Südens hier im Garten von Alcazar; draußen in den Straßen mußte man die Sonnenseite aufsuchen, um den Sommer zu genießen. Im Schatten, morgens und abends, verspürte man die abgekühlte Herbstluft; befanden wir uns doch auch im November. [...]

Aber Tags darauf war es warm, so warm, daß man einen solchen Tag zu Hause im Norden zu den schönsten des Sommers gezählt hätte; die Luft war durchaus nicht drückend, es war wunderschönes Wetter, wie wir sagen, wenn es die Hälfte der Herrlichkeit besitzt, die es hier darbot.

Sevilla ist der Geburtsort Murillos, hier hat er am längsten gelebt und gewirkt. Hier sollte ich seine Größe sehen, seine Macht empfinden; ein Sonnenschein des Südens aus dem Reich des Geistes. Vierundzwanzig unvergeßliche Bilder von ihm verherrlichen einen der Säle der Kunstaka-

---

* Die berühmte Geliebte Pedro des Ersten; ihr Bild hängt in der Reihe von Portraits spanischer Könige und Königinnen, mit welchen Philipp der Zweite einen der Säle des Alcazars ausschmücken ließ.

demie. Der englische Genremaler John Phillip und der schwedische Maler Lundgreen, deren Bekanntschaft wir gemacht hatten, führten uns in die Akademie hinauf. Wir kamen durch die Zeichenschule, wo ein Bruchstück einer weiblichen Statue, die Brust, auf welcher die eine Hand ruht, aufbewahrt wird, und zwar ist die Ausführung dermaßen vortrefflich, daß es als Studium für die Schüler benutzt wird. Es könnte eine ganze tragische Dichtung an diesen Torso geknüpft, geschrieben werden. Der Italiener Torregiani schuf diese Statue, er und Michelangelo waren zu gleicher Zeit Schüler, Torregiani schlug aber Michelangelo derart mit einem Stein auf die Nase, daß diese barst. Torregiani ging nach Spanien, formte dort eine Madonna, und meißelte sie in Marmor; dieselbe war von einem reichen Mann in Sevilla bestellt, als sie fertig war, wollte er sie nicht bezahlen. Da schlug der Künstler in seinem Zorn die Statue in tausend Stücke, ganz blieb nur die Hand, die sich über der Brust befindet. Nun war es zwar sein eigenes Werk, welches er entzweischlug, allein es war zugleich das Bild der Madonna, und deshalb fiel er der Inquisition anheim, die ihn in dem Grade foltern ließ, daß er daran starb.

Der Murillo-Saal öffnete sich uns. Welche Schätze, welche Herrlichkeit! Zum ersten Mal ging mir die Größe dieses Künstlers auf. Niemand übertrifft ihn. Die Beschauung eines jeden dieser Bilder ist ein Hochgenuß: Hier ist Mariä Himmelfahrt; wir sehen das Weib, schön, wie Gott es geschaffen hat, wie der Mensch ist, wenn er von Gott durchstrahlt, von Gottes heiligen Engeln getragen ist. St. Franziskus von Assisi, der Christus vom Kreuz abnimmt, erfüllt uns mit der Innigkeit und wahren Ehrfurcht, welche aus dem Antlitz des Heiligen leuchten; man begreift nicht, wie solches durch einige Farben auf die Leinwand gebracht werden kann. Hier an der Wand hing das bekannte Bild: Madonna della Servilleta, von dessen Entstehung man sich erzählt, daß Murillo, als er eines Tages bei den Mönchen im Kloster speiste, zum Dank für ihre Gastlichkeit ihnen Mariä mit dem Kind gemalt habe, und zwar auf die Serviette, die er am Tisch vor sich gehabt hatte, wovon das Bild seinen Namen führt. Hier ist Mariä Verkündigung, Madonna ist ganz und gar eine junge, schöne Spanierin; über ihr schwebt der Heilige Geist in Gestalt einer Taube; ein kleiner Engel greift nach der Taube, als wenn er sie fangen wollte; ein naiver Humor ist über dieses ganze Bild verbreitet, alle die kleinen Engel Gottes, ringsumher schwebend, legen ein wunderlich irdisches Kinderinteresse bei dieser Begebenheit an den Tag. »Hörst Du«, scheint der eine zu sagen; »was ist doch das, was offenbart werden soll?« scheint ein anderer zu sagen. Zwei wunderschöne heilige Frauengestalten seh' ich gemalt, Santa Justa und Santa Rusina hießen sie, glaube ich, man hätte sich in sie verlieben können. Verzeihet, ihr Frommen, verzeihet dem Protestanten, der einen solchen Gedanken hegen konnte, aber diese beiden sind wirklich zu schön! Sie halten den Giraldoturm Sevillas fest, damit er beim Erdbeben nicht falle, ich wollte, sie hielten mich fest. Johannes der Täufer in der Wüste, Sankt Thomas, Almosen austeilend, ja, es ist ein wahrer Segen, diese Bilder zu betrachten; mir war jedoch ein Bild am schönsten, und ich mußte immer wieder zu demselben zurückkehren, nämlich zu dem Bild des heiligen Antonius; dieser ist dargestellt als junger Mann, der Bartflaum beginnt auf seinen Wangen hervorzubrechen, die Heilige Schrift liegt vor ihm aufgeschlagen, und mitten im Buch sitzt das Jesuskind fröhlich lächelnd; Sankt Antonius beugt sich nach dem Kind hin, seine Hände wagen es nicht zu berühren; in seinem Antlitz strahlt eine Innigkeit, eine Freude, die zu sehen ein wahrer Segen ist.

Noch eines Bildes von Murillo muß ich als etwas des Unvergeßlichen Erwähnung tun, das ich hier gesehen habe, nämlich seine Darstellung von Moses in der Wüste; sie befindet sich in der Kirche la Caridad, die zu dem von Don Juan de Tenororio gestifteten Spital für alte schwächliche Männer gehört; das Bild ist herrlich komponiert, voll Leben und Bewegung; das Wasser sprudelt hervor, ein Kind liegt dabei und trinkt, ein anderes, etwas größeres, harrt gierig, aus derselben Schale gelabt zu werden; in diesen zwei Kindern ist eine Wahrheit und Schönheit sondergleichen. Ein wunderschöner Knabe sitzt auf einem Maultier, nie werde ich sein lebhaftes Antlitz vergessen. Niemand übertrifft Murillo darin, die schönsten Kindergestalten naturtreu zu malen. Diesem Bild gegenüber hängt, in ähnlicher Größe, noch ein Bild von Murillo; ich bekam indes dieses Bild nicht ordentlich zu sehen, weil ein Maler, der es kopierte, mit seinem großen Gerüst es fast ganz verdeckte. In einem Winkel dieser Kirche befindet sich eine merkwürdige Arbeit von Baldez, dem Lehrer Murillos; es stellt die Vernichtung dar. Man sieht einen Erzbischof in seinem Sarg liegen, der Bischofsstab ist entzweigebrochen, ist nur noch ein Stück morsches Holz; der Körper des Toten ist in Verwesung begriffen, und diese ist mit einer Wahrheit dargestellt, die in der Tat ekelhaft ist; man erzählt auch, daß Murillo, jedesmal wenn er an diesem Bild vorüber ging, sich die Nase zuhielt, so treu ist die Verwesung wiedergegeben.

Nachdem die Mönche im Kloster la Caridad vertrieben waren, bekam das Hospital eine größere Ausdehnung, und fromme Schwestern pflegen nun die Kranken. Der Stifter Don Juan de Tenororio starb als Mönch in diesem Kloster und ruht auch hier; er selbst hat seine Grabschrift geschrieben; sie lautet: Hier liegt der schlechteste Mensch der Welt!

Die Sage erzählt, daß Don Juan de Tenororio, ein junger, lebensfrischer Adeliger in Sevilla, ebenso stolz als geistreich und sinnlich bis zur Leidenschaft war; er verführte die Tochter des Kommandanten, tötete den Vater und fuhr in seiner Gottlosigkeit in die Hölle. Eine andere Sage nennt ihn Don Juan de Maranna, und nennt ihn einen der reichsten Adeligen Sevillas, der ein wildes lustiges Leben führte, die Nächte in bacchantischen Orgien verbrachte, ja in seinem zügellosen Übermut la Giralda aufforderte, vom Turm herabzusteigen und eine Nacht mit ihm zu verbringen; und siehe, sie bewegte ihre großen kupfernen Flügel sausend durch die Luft und kam mit schweren Tritten, wie man sie nachher dem marmornen Kommandanten verliehen hat. Aber eine Mitternacht, als Don Juan durch die öden einsamen Gassen nach Hause zurückkehrte, hörte er plötzlich Musik, lange klagende Töne, er sah den Schimmer von Fackeln, ein großer Leichenzug näherte sich; der Tote lag in Silber und Seide auf der offenen Bahre. Wen begräbt man in dieser Nacht? frug er, und die Antwort lautete: Don Juan de Maranna! Das Leichentuch wurde gelüftet und Don Juan sah seine eigene Gestalt tot auf der Bahre ausgestreckt. Ein tödliches Entsetzen durchfuhr ihn, er sank besinnungslos nieder, und Tags darauf vermachte er dem Kloster la Caridad alle seine Reichtümer, trat in den Orden der Mönche ein und wird als ein reuiger, frommer Mann bezeichnet. Die Namen Tenororio und Maranna in den beiden Sagen bezeichnen unleugbar dieselbe Person. Der spanische Dichter Tirso de Molina ist der erste gewesen, der die Sage dramatisierte und »den Verführer von Sevilla oder den steinernen Gast« (El Burlador de Sevilla y Convidado de Piera) schrieb; hier ist der Name Don Juan de Tenororio beibehalten, obwohl Familienmitglieder noch am Leben waren. Das Schauspiel rief eine Menge Nachahmungen in Frankreich und Italien hervor, aber seine Vollendung erhielt es erst durch Molière; später wurde es als Operntext für Mozart umgeschrieben, dessen unsterbliche Musik die Don-Juan-Sage durch alle Zeiten und Geschlechter trägt. Schon bei Tirso hat man den ganzen dramatischen Schluß, wie wir ihn kennen; die marmorne Statue des Kommandanten steigt aus dem Grab und nähert sich dem Haus; man hört, daß angeklopft wird, der Diener wagt nicht zu öffnen, Don Juan ergreift einen der silbernen Armleuchter und geht selbst, den steinernen Gast zu empfangen und herein zu leuchten, dieser schreitet mit marmornen Schritten in den Speisesaal. Der Tote wird mit Eis traktiert, mit lustigen Liedern und frechen Fragen über das Jenseits empfangen; bei seinem Abgang ladet er Don Juan für die nächste Nacht in der Grabkapelle zu Gast. Zur bestimmten Stunde stellt sich Don Juan nebst seinem furchtsamen Diener ein; eine satanische Mahlzeit ist dort bereitet, »Skorpione und Schlangen«, »der Wein ist bittere Galle«. Der Händedruck des steinernen Gastes weiht den Verführer den Flammen des Abgrunds. Don Juan sinkt mit dem Toten zusammen in die Erde. Der entsetzte Diener kriecht auf Händen und Füßen in den Vordergrund der Szene, wo er in folgende Worte ausbricht:

> Gott, Allmächtiger, was ist das?
> Die Kapelle steht in Flammen,
> Und ich muß als Wache bleiben,
> Bei den Toten, bei den Leichen.
>
> Ich will kriechen durch die Straßen,
> Seinem Vater Botschaft bringen,
> Sankt Georg, Sanct' agnus dei!
> Helft mir gnädiglich hinaus!

In der Kirche la Caridad, wo Don Juan de Tenororio einst mit den anderen Mönchen fromme Lieder anstimmte und für seine beschwerte Seele betete, sieht man sein Bild an der Wand hängen, Leidenschaft und Kummer sprechen aus jedem Gesichtszug; ein rotes Kreuz prangt auf seinem schwarzen Gewand. Unter seinem Portrait hängt der Degen, mit welchem er den Kommandanten Don Gonzalo tötete.

Von la Caridad und deren Bildern und Denkmalern begaben wir uns in das Pilatushaus, welches unbedingt zu den Herrlichkeiten Sevillas gezählt werden muß. Dieses Haus ist im Mittelalter auf Befehl des Herzogs von Alcala erbaut worden, und soll eine genaue Nachahmung von dem Haus des römischen Landeshauptmanns in Jerusalem sein. Jede Stelle und jedes Stück ist von historischem Interesse und bis auf die marmorne Säule im Hof, an welche der Erlöser gebunden und wo er gegeißelt wurde, wiedergegeben, das ganze Gebäude mit seinem großen Reichtum an Marmor und Porzellan erinnert sehr an den Alcazar. In jeder Ecke des großen Vorhofes sind antike marmorne Statuen angebracht; der Garten hat übrigens mehr das Gepräge von Einsamkeit und Öde als von der Romantik, welche die kleinen maurischen Gärten in Málaga umduftete.

Ein Gebäude ist noch zu nennen, an Ausdehnung fast ein ganzes Städtchen, nämlich die Tabaksfabrik; dieselbe sendet Cigarren über das ganze schmauchende Spanien hinaus, und man schmaucht hier bis in das Theater hinein, in die Vorhalle, und in allen Korridors; der Tabaksrauch dringt selbst in die Logen hinein. Aus der Fabrik in Sevilla regnet und schneit es Schnupftabak über die ganze Halbinsel; fünfhundert Menschen, meist Frauen, arbeiten in dieser großen Tabaksdose. Ich sah sie nicht, aber um so mehr will ich sie allen anderen Reisenden, die nach Sevilla kommen, empfehlen. Wunderschöne Augen wären dort zu sehen, sagte man mir. Ja, die hatte ich näher, ich brauchte nur drüben über der Straße meine schöne Nachbarin anzuschauen.

»Wer nicht Sevilla gesehen, der hat keine Wunder gesehen«, sagen die Spanier selbst, und etwas Wahres liegt immer den Sprichwörtern und Redensarten eines Volkes zugrunde. Wenn Sevilla dort läge, wo Cádiz an dem offenen rollenden Meer liegt; es würde ein Venedig Spaniens sein, und dazu ein lebendiges Venedig, ein Wunder erster Klasse, voll von Poesie und von Schönheit vor allen anderen Weltstädten, mögen diese noch so großartig ihre Läden und Paläste, ihre breiten Straßen und alles, was ein wohllöblicher Magistrat zuwege bringen kann, zur Schau stellen.

In Paris läuft man sich müde, um Schaufenster und Läden zu sehen; das mag ganz amüsant sein, man geht wie in einer Tretmühle, man sieht und sieht, und die Zeit vergeht, man kommt ermüdet und erschöpft nach Hause und hat keine Ausbeute. Anders ist es in Sevilla: Die Straßen sind enger, und man wird nicht von den Kaufläden geblendet; Häuser und Gebäude sehen ganz gewöhnlich aus, langweilig übertüncht und geweißt, es verhält sich mit jedem derselben fast wie mit den Menschen, auswendig sieht der eine dem anderen so ziemlich gleich, aber inwendig, ja, da ist der Unterschied, da steckt das, was man lieber gewinnen kann, als die äußere Form. Wandere durch die Straßen Sevillas und wirf einen Blick durch Tür und Tor, sie sind nicht geschlossen. El Patio, wie er heißt, der kleine Vorhof, der ist das Herz und zugleich das Antlitz, der offenbart uns den Geschmack der Bewohner. In einem Hof erblickt man eine schöne Statue, in einem anderen einen großen, künstlich ausgehauenen Brunnen; bei einem Nachbar erhebt sich vielleicht eine maurische Halle mit kunstfertigen Verzierungen in schöner Stukkatur. Gehen wir quer über die Straße, so liegt dort ein palastartiges Gebäude, dessen Hofraum ist ein ganzer Rosengarten mit Springbrunnen und Statuetten; das kleine Haus dicht nebenan hat zwar nur eine enge Tür, die in einen ganz kleinen Hofraum führt, aber welche Prachtblumen entfalten sich dort und in welche Höhe erhebt sich dort die alleinstehende Palme. Jetzt stehen wir vor einem größeren Gebäude, der Hofraum ist von Bogengängen umgeben, die sich drei Etagen hoch erheben und mit Bildern in Ölfarben geschmückt sind. Und so wechselt es immer fort; es hat etwas so Verlockendes, so Zauberisches, von Haus zu Haus zu gehen, zu den Familien hineinzublicken, die Poesie ihres häuslichen Lebens kennenzulernen. Jetzt, spät im November war nicht mehr das Leben, welches sich sonst hier regt. Im Frühjahr muß man nach Sevilla kommen, zur Zeit der Blumenpracht oder im heißen Hochsommer, alsdann sieht man hier das Leben und Weben des Südländers in seiner Häuslichkeit, jeder noch so kleine Patio zeigt uns ein ganzes Genrebild. Die Bewohner verleben hier unten den ganzen Tag, ein großes Sonnenzelt ist hoch oben über den Hof ausgespannt, oder der Weinstock bildet mit seinen breiten, Schatten gewährenden Blättern ein dichtes Dach; die ganze Familie und das Gesinde sitzt unter diesem, arbeitend, plaudernd oder sich in träumender Behaglichkeit streckend und reckend, den ganzen warmen Tag verbleiben sie im Freien, und erst spät in der Nacht suchen sie die Zimmer auf, um zu schlafen.

Der Südländer bedarf der Kühlung und des Schattens, und an diesen zwei Dingen fehlt es in Sevilla nicht. Die Alameda längs dem Guadalquivir ist am meisten besucht, hier werfen die Pappeln und Platanen Schatten, das Wasser macht seine Künste mit Springen und Fallen und kühlt die Luft zwischen den blühenden Hecken ab, die Menge bewegt sich zu Wagen, zu Fuß, zu Pferd, man beschaut sich gegenseitig und betrachtet die vielen Schiffe, von welchen einige aus dem atlantischen, andere aus dem mittelländischen Meer kommen. Hier, in der Richtung nach dem Fluß hinab, liegt der achteckige la Torro del Oro, wo ehedem die Maurenkönige ihre Schätze aufbewahrten und von wo aus, der Sage nach, ein unterirdischer geheimer Gang nach dem Alcazar führen soll. Eine großartige Brücke über den Fluß geleitet in die Vorstadt Triana, woselbst viele Gitanos wohnen. Draußen lagen die alten Entsetzen erweckenden Inquisitionsgefängnisse, dieselben sind jetzt, sagte man mir, in Lagerhäuser für Wein und Spirituosen umgewandelt. Orangengärten umschließen die weiß schimmernden Häuser und schönen Menschen, ich war hier; die Kastagnetten klangen, junge Damen tanzten mit Grazie und Jugendfeuer.

In Sevilla wie in Málaga kann man Volkstänze für Bezahlung zu sehen bekommen, der untergeordnete Teil des Ballettpersonals gibt diese Vorstellungen. Mein Stern wollte nicht, daß ich in den Theatern in Spanien spanischen Tanz zu sehen bekäme, allein ich sah ihn auf den Landstraßen, in den Gärten und in den zu Volkstänzen eingerichteten Sälen, in welchen letzteren die »Ballerinen« des Balletts auftraten.

»Dort tanzt die schöne Dolores«, sagte einer meiner jungen spanischen Freunde; »Dolores müssen Sie sehen, und Sie werden jung wie ich, fröhlich wie ich, vielleicht gar glücklich wie ich«, und er sah aus, als wenn er sehr glücklich wäre.

Welch himmelweiter Unterschied ist doch zwischen französischem und spanischem Tanz! Lassen wir Paris Frankreich repräsentieren, und der Cancan ist der charakteristischste Tanz für Paris, also für Frankreich. Ungeniert und frech ist er, man muß an den Tanz der Bacchantinnen denken, aber die Bacchantinnen waren plastisch schön mit ihrem ausgeschlagenen Haar; die Grisetten, diese Cancanvirtuosinnen, treten uns mit langen Kleidern, wie sie sie auf der Straße tragen, entgegen, da muß aufgehoben werden, damit sie die Beine regen können, und nun beginnen die wilden Bewegungen, die Unruh, das Jagen, das Springen, und Ausschlagen des ganzen Pariser Lebens. Diejenige, die das Bein am höchsten über den Kopf ihres Kavaliers schwingt, ist die beste Cancantänzerin, die Bacchantin der Gegenwart. Der spanische Tanz dagegen zeigt uns die schöne Menschengestalt in seinen natürlichen Bewegungen, die Kastagnetten reden von dem Pulsschlag des Blutes; dieses kann zwar in Leidenschaft schwellen, allein niemals über die Grenze des Schönen hinaus; die Grazien können diesen Tanz mit ansehen, während sie vor den Mänaden fliehen würden. Die Venus kann mit eintreten beim spanischen Tanz, allein den Cancan wird sie nimmer tanzen, selbst wenn General Mars sie dazu einlüde.

Wunderschön war Dolores, wie aus einem Murillo-Bild herausgesprungen; die schönen Schultern, die vollen runden Arme, die kleinen schönen Füße! Ja, sie war schön, aber das Haupt war das Haupt des Ganzen. Blitze aus den Augen, Sonnenstrahlen in jedem Lächeln, kokett, ein Teufelskind der Leidenschaft und doch wie himmlisch! Ein Kind, sagte mein junger Spanier, und er wurde Mann und Kind zugleich, indem er von ihr sprach. Ich verstand ihn sehr wohl. [...]

In dem mit Früchten und Blüten prangenden Garten der Venta, zwischen duftenden Rosen und Geranien, wurde gesungen, getanzt und geplaudert; die Sprache klang wie Musik, die Kastagnetten schlugen die Rhythmen dazu. Auf der Alameda jagten junge, elegante Herren dahin auf prächtigen, andalusischen Pferden, offene Wagen mit schönen Damen fuhren vorüber, junge Mädchen schwebten auf leichten, feinen Füßen dahin unter den Platanen, junge Männer begegneten ihnen, blieben stehen, folgten, nur der Fremde ging allein und schweigsam.

> Ach, wenn es doch eine Sprache nur gäb',
> Eine einzige Sprache hinnieden,
> So herrlich verständen wir alle uns dann,
> Vom hohen Nord bis zum Süden.

> Meinst, leicht ist's gesagt – doch reise Du nur
> Nach Andalusiens Eden;
> Da ist eine allen gemeinsame Sprach',
> Denn Augen und Pulse reden.

Nur in Málaga und Granada habe ich so viel Schönheit gesehen wie hier; und ohne diese, ohne alle diese strahlenden Augen wäre es fast noch kälter in Sevilla gewesen. Nicht wahr, man darf das schon sagen?

> Man findet's recht und billig den Drang,
> Der mich trieb zu singen vom Schwanengesang,
> Von dem schwellenden Meer, von der Sterne Pracht,
> Von Gottes Natur, in Fülle und Macht.
> Doch folg' ich nun meines Herzens Drang,
> Und singe von Spaniens lieblichen Mädchen,
> Der schwellenden Schönheit, dem schwebenden Gang,
> Den Augen, den Füßen, den flammenden Blicken.
> Dann tadeln sie das mit argen Tücken.
> Die nordische Erhabenheit sie vermissen,
> In Spanien aber will ich nichts wissen
> Von ehrbarer Minne – nur kosen und küssen!
> Dem Paradiese ist Spanien nah,
> Das Schönste aber war Eva da,
> Und all das Schöne, das Gott gemacht
> Besing ich voll Lust, wenn das Herz mir lacht!

Beliebt man keine Lieder, liebt man mehr Komödienspiel? Wohlan! Gehen wir ins Theater; Sevilla hat zwei große Theater. Wir besuchten Teatro de San Fernando. Das Gebäude ist im Inneren hell und freundlich, hat vier Etagen und hohe Parkettlogen. Es werden täglich zwei Vorstellungen gegeben, die eine beginnt um drei Uhr nachmittags, die andere um acht Uhr des Abends, ich sah die letztere, man gab einen zweiaktigen Zarzuela, betitelt *Llamada y Tropa*. Unter Zarzuela versteht man eine Art von Vaudevilles, die zunächst dem entsprechen, was wir ein Lustspiel nennen, aber oft durch eine eingelegte große Parade auf das Gebiet der Oper hinüberstreifen. Die Musik war von dem Spanier Arrieta, einen, wie es schien, fleißigen Komponisten; die Mehrzahl spanischer Opern trugen seinen Namen. Die Musik war lebendig, etwa französisch-spanische Musik; es klangen Kastagnetten und Volkslieder; der Dialog war in Versen, und das Lokalpikante an der Vorstellung bestand darin, daß dreißig niños del Asilo, das heißt Asylkinder, wirkliche Asylkinder Sevillas in dem Stück auftraten und einen komischen Chor sangen. Sie machten ihre Sachen gut, und das Publikum warf ihnen nun in reichlicher Menge Bonbons zu; sie stürzten sich über dieselben und lasen sie mit einer höchst amüsanten Emsigkeit auf. Das Publikum rief »da capo«, der Chor wurde wiederholt, und es folgte ein neuer Regen von Bonbons, wodurch natürlich die Illusion aufgehoben wurde, aber auch das war recht possierlich.

Am neunzehnten November war der Namenstag der regierenden Königin Isabella; derselbe wurde in Sevilla gefeiert. Militärmusik erklang in den Straßen; der Balkon des Rathauses war mit goldverbrämten bunten Teppichen bekleidet, und über diesen war das Portrait der Königin in einem großen, vergoldeten Rahmen ausgestellt; zwei Soldaten, wirkliche lebendige Menschen, waren kommandiert, hier unbeweglich als Wachsfiguren länger denn eine Stunde zu stehen. Ich hatte schon bei den Festlichkeiten in Granada diese ersten Portraittableaus gesehen, hier wurde dieser Torturschmuck wiederholt. Die Sonne brannte den zwei Unglücklichen, die kein Glied bewegen, kaum mit den Augen blinzeln durften, gerade ins Gesicht. So befahl es das Zeremoniell, und was dieses betrifft, ist es gewiß in Spanien noch immer beim alten.

Vor der Abreise von Sevilla mußte ich noch einmal den Alcazar und den unvergeßlichen Dom, der in seiner Größe mit noch tieferem Ernst predigt als der Sankt Peter in Rom, besuchen. Um vier Uhr nachmittags ging der Zug ab. Die Sonne warf ihre Strahlen sommerlich auf die jugendfröhliche Stadt. Schwarze, schöne Augen schleuderten Stoff zu Sonetten in die Menge hinaus; niedliche Kinder waren da; im Norden sagt man: »Kinder dürfen nicht mit Feuer spielen!« Die jungen Andalusierinnen tun es aber [...] – und wir fuhren dahin.

XIV. Córdoba

Früher, als man nur mit der Diligence oder zu Pferde von Sevilla nach Córdoba gelangen konnte, ging die Reise über das sonnenheiße Ecija am Fluß Xenil. Der neunte Reisebeschreiber von Spanien, Théophile Gautier, schildert diese Stadt in einer Weise, als liege sie in China oder Japan; man möchte sie sehen, allein wir gelangten nicht dorthin. Die Eisenbahn geht ihren geraden Weg, der bald die alte Landstraße kreuzt und nichts mit derselben zu schaffen haben will; sie hatte auch nie einen guten Leumund, die Mehrzahl der Geschichten von Überfällen, die uns unsere Landsleute erzählt haben, erlebten sie auf diesem Weg. Hier wurde z. B. vor einigen Jahren der dänische Architekt Professor Meldahl ausgeplündert. Die Räuber nahmen ihm sogar sein Skizzenbuch. »Gib mir doch das Buch wieder«, sagte unser Architekt, »euch ist es doch von keinem Nutzen, für mich hat es einen Wert!« Und derjenige Räuber, der ihm das Buch abgenommen hatte, verleugnete nicht die spanische Höflichkeit, sondern gab es ihm wieder zurück.

Der Eisenbahnzug brauste dahin in der heißen Abendluft, hier und dort erblickten wir vor einer vereinzelten Hütte dicht an der Bahn ein großes flammendes Feuer; Männer, Frauen und Kinder lagerten um dasselbe, sie grüßten uns und machten Zeichen auf uns; sie sprachen vielleicht davon, wie ganz anders schön es hier vor einigen

Jahren gewesen sei, als die schwere, wie eine Schnecke langsam dahinrollende Diligence des einsamen Weges zog und mutige Männer mit Leichtigkeit einen guten Verdienst sich holen konnten; wo die Pferde angehalten, die Pistolen vorgehalten wurden, und die Messer blitzten und ein mutiger Mann alsdann Gut und Geld hatte. Jetzt waren die Zeiten vorbei.

Es wurde neun Uhr abends, bevor wir Córdoba, den Geburtsort Senecas erreichten. Sämtliche Reisenden, die in die Stadt wollten, wurden in den einzigen Omnibus gesteckt, der hier am Bahnhof hielt. Wie wir eigentlich darin Platz hatten, mögen der liebe Gott und der Kutscher wissen. Das Gepäck wurde oben auf den Wagen geladen, es war ein unglaubliches Fuder, wie bei einem großen Umzug; der Wagen knackte und dröhnte. Die Menschen saßen drinnen, einer auf dem Schoß des anderen; fast jeder hatte ein Paket oder einen Regenschirm oder dergleichen zu tragen, wir wurden zusammengepfercht und saßen wie in einer Presse. Keine Laterne leuchtete, ebesowenig vom Wagen als vom Wege her, und letzterer befand sich noch im Naturzustand. Die Straße, in die wir hinein fuhren, war dermaßen eng, daß kein Mensch stehen oder gehen konnte, wo unser Omnibus hinfuhr, und zuletzt verengte sie sich so sehr, daß wir selbst nicht weiter fahren konnten. Der Omnibus hielt an, und wir wurden nun aus der Türöffnung herausgedrängt, ungefähr in der Weise wie die Maler, die Farben aus der Tube drücken; das war fühlbar.

Die Straße endete in einer schmalen Schlippe zwischen hohen Häusern, der Kutscher deutete dort hinein, das sei der Weg, um in die Fonda Ricci, das größte Hotel der Stadt zu gelangen. Wir stolperten dahin beim Schein einer Laterne, die am Ende der Schlippe sichtbar war. Wir gelangten endlich hin; das Portal war stark erhellt, und hinter demselben sahen wir, wie in Sevilla, einen großen, prächtigen Hofraum mit blühenden Rosen und Geranien, plätschernde Springbrunnen, umschlossen von Bogengängen, die von marmornen Säulen getragen wurden, schöne Treppen mit Rohrmatten belegt; unsere Zimmer waren hoch und luftig, aber ohne Kamin, und es war kalt, bitter kalt; ein Feuerbecken mit glühenden Kohlen wurde heraufgebracht, um die Zimmer zu erwärmen, während wir unten im Speisesaal hausten. Eine Menge Menschen waren hier beisammen, die alle noch dieselbe Nacht mit der Diligence nach Madrid fahren wollten. Es war eine auserlesene Sammlung von verkrüppelten und ausgeleckten Alten, einer hustete, ein anderer hinkte, ein dritter seufzte, ein vierter schielte. [...]

Während der Herrschaft der Mauren war Córdoba die Hauptstadt; die Stadt hatte eine Million Einwohner, sechshundert Moscheen und hundert öffentliche Bäder. Kunst und Wissenschaft blühten hier, und jetzt – wie verändert! Man findet hier engärmliche volksleere Straßen, Córdoba ist herabgesunken zu einem geringen Städtchen. In einigen kleinen Zimmern sah ich einige Stücke Corduan, das berühmte Leder Córdobas hängen. Auf dem Fleischermarkt waren noch einige Spuren vom alten Glanz übrig, die Wände der Buden trugen noch die porzellanene Bekleidung aus der Zeit der Mauren, durch einsame Gassen mit geweißten, niederen Häusern gelangten wir auf die Alameda hinaus, die mit ihren hohen alten Bäumen dem Lauf des Guadalquivirs folgt, das Flußwasser war gelb, wie die Gewässer des Tiber. Hier war ein tiefer reißender Strom. Das ganze Leben, der ganze Verkehr auf der langen Alameda beschränkte sich auf eine alte Frau, die mit Anstand einen großen tönernen Krug quer über die Promenade und eine Treppe hinab zum Fluß trug; dort saßen drei bis vier Leute zwischen den Mauerresten im Wasser, die Angelrute haltend, geduldig auf einen Biß harrend. Am Ende der Alameda lagen Ruinen von einem alten Kloster mit dessen Kirche, die Wände waren mit frommen Bildern bemalt, es hatte den Anschein, als wenn die geborstenen Mauern die schweren steinernen Heiligenbilder kaum zu tragen vermögen. Man erzählte mir, daß dieses Kloster während der Verfolgung der Mönche im Jahr 1835 gestürmt worden sei; das Bild der Zerstörung, welches die Ruinen darboten, führte mir alle jene blutigen Greuelszenen vor meine Gedanken, der Pöbel trieb die Mönche in die brennenden Klöster, die rasenden Weiber schürten das Feuer und verhinderten die Eingesperrten hinauszukommen.

Von der Alameda hat man eine Aussicht über den breiten reißenden Fluß in eine weite, fruchtbare Landschaft mit wechselnden Höhen. Hier dehnen sich Olivenwälder aus, hier und dort hebt sich eine hohe Palme, eine große Turmruine schmückte die Silhouette am fernen Horizont. Hinter der Stadt, gen Norden, erhebt sich das Sierra-Morena-Gebirge, schwarzblau und ernst; die Luft war schwer und wolkenvoll. In Sevilla hatte es fünf Monate lang nicht geregnet, jetzt begann der Regen in Córdoba zu fallen und würde wahrscheinlich auch Sevilla heimsuchen.

Eine Herrlichkeit besitzt Córdoba jedoch vor jeder anderen spanischen Stadt, nämlich seine große merkwürdige Moschee, jetzt der Dom der Stadt; derselbe liegt in der Richtung der Alameda und kehrt eine seiner Seiten dem Guadalquivir zu; er nimmt einen großen quadratischen Flächenraum ein, allein in seinem Äußeren ist nichts Überraschendes, Malerisches oder Großartiges. Der Orangenhof vor demselben, in welchem die Bäume in Alleen längs frischen, dahin rieselnden Gewässern gepflanzt sind, ist weit und groß; hier erhebt sich der hohe Glockenturm, der Kirche selbst gegenüber, an deren Bogengängen ein Tor neben dem anderen in das mächtige Gotteshaus hineinführt; das Haus ist unter König Abd ur Rhaman dem Ersten erbaut. Nicht weniger denn eintausendundachtzehn marmorne Säulen tragen das Dach, sie bilden eine ganze Säulenplantage in Alleen gesetzt, Seite um Seite einander durchkreuzend, niedere Wölbungen, Säulen und Bogen ins Unendliche, und längs den äußersten Mauern ein Altar neben dem anderen. Halbdunkel herrscht hier selbst am hellsten Tag; durch dieses hindurch gelangt man zur Mitte der Moschee, wo zur Zeit der Mauren immer tausend und aber tausend von Lampen unter der wunderbar geschnitzten Decke strahlten, jetzt ist diese abgebrochen, und hier erhebt sich eine hohe, weißgetünchte, reich vergoldete Christenkirche mit hellem Tageslicht und einem großen funkelnden Altar, vor welchem die Räucherbecken geschwenkt und die Messen gesungen werden, daß sie durch die maurischen Bogen hindurch schallen, wo die Altäre stehen, wo Kapellen errichtet sind für die Toten in dem allein seligmachenden Glauben. Einer meiner Freunde hat von dem Dom in Córdoba bezeichnend gesagt, derselbe sei wie ein dichter Tannenwald, den man in der Mitte gelichtet und dem man hohe Buchen als Emporkirche hingepflanzt habe. In einem der Seitengebäude stand ein Bett mit einem Kranken, der Genesung oder Verscheiden in Gott erwartete. An den Mauern sind in Gold und Farben arabische Inschriften, als »Lob und Preis, ewige Ehre Gott und seinem Propheten Mahomed«, zu lesen. Die spitzenartigen ausgemeißelten Verzierungen über der niedrigen Tür nach dem Guadalquivir hin lenken die Gedanken auf den Alcazar und die Alhambra. Während der Herrschaft der Muselmänner wurden hier heilige Reliquien aufbewahrt, unter ihnen ein uraltes Manuskript des Korans und der rechte Arm des Propheten Mohammed. Die frommen Gläubigen näherten sich dieser Stelle nur auf den Knieen kriechend, und noch ist dieselbe der interessanteste Punkt im ganzen Gebäude, welches hier seine ursprüngliche Schönheit bewahrt hat.

Während von dem Hochaltar Jesus und Madonna im Lobgesang gepriesen werden, predigen die Wände in arabischen Schriftzeichen: »Es gibt nur einen Gott und Mohammed ist sein Prophet!« Das Ganze macht einen wunderlich gemischten Eindruck, der uns gewiß am besten erhebt durch Toleranz. [...]

Wie wenig weiß man von dem Leben, welches sich auf der Meerestiefe regt, wohin das Senkblei zu reichen vermag, und doch will man wissen und richten, was in der religiösen Herzenstiefe des Menschen liegt, wohin kein Senkblei ausgeworfen werden kann. »Richtet nicht, damit ihr nicht auch gerichtet werdet, verdammet nicht, damit ihr nicht auch verdammet werdet!« [...]

Aus dem gedankenerweckenden, Ernst einflößenden Heiligtum tritt man hinaus an den Fluß Guadalquivir; eine großartige alte römische Brücke führt über denselben; im Wasser selbst stehen Reste von maurischen Brücken und Gebäuden. Das gelbe Gewässer strömt durch und über diese stummen Denkmäler dahin. Der Geist der Zerstörung ist hier hingefahren, schneller seinen Willen übend, als selbst die Vergänglichkeit. Wir wandern hierauf zwischen großen Haufen von Schutt und Sand, wo wild wachsende Bäume und Hecken sich wie eine Decke des Vergessens über entschwundene größere Herrlichkeit breiten. Hier lag das prächtige Alcazar der Maurenkönige mit seinen künstlich ausgehauenen marmornen Bogen, schönen Rosengärten und springenden Wassern. Hier hallte es wider von Sang und Saitenspiel; hier haben messingene Trommeln, Flöten und Trompeten geschmettert; hier wurden Festtage und Festnächte verjubelt. Gestalten der Schönheit schwebten durch diese Säle, hinaus unter duftig frische Rosen und fächelnde Palmen. Dieser Glanz und diese Herrlichkeit schwand dahin wie strahlende Wolken, die Finsternis und die Angst folgten, Spaniens Inquisition zog in diese Hallen, vermauerte die leichten luftigen Fensterbogen, stellte Marterwerkzeuge dort auf, wo früher weiche Kissen ausgebreitet lagen, der Schmerzensschrei der zu Tode Gefolterten hallte jetzt dort, wo die Laute geklungen und schöne seelenvolle Stimmen getönt hatten. Die Kugeln und Bomben französischer Soldaten zerstörten diese Mauern; die wild wachsenden Hecken und alten Bäume wurden zermalmt und verbrannt, zu Schutt wurde die verschwindende Größe.

Der lehmgelbe Strom des Guadalquivir fließt zwischen Ruinen und Rudera; könnte er uns die wechselnden Spiegelbilder, die er getragen hat, vorführen, wie würde er mit Lampenreihen und Freudenfeuern der Maurenkönige strahlen, wie würde er bluten mit dahin schwimmenden Leichen – wir würden zu sehen bekommen, was uns Entsetzen einflöße.

War es zufällig oder ist es ein Merkmal Córdobas, der Stadt des Gesanges, die zur Zeit der Mauren eine ganze Musikschule gründete, daß hier kein Sang ertönte, keine Kastagnetten klangen, kein Tanz zu sehen war; öde und menschenleer schien es hier zu sein. Eine einsame Señora, das Gebetbuch in der Hand, schreitet durch die engen Gassen nach dem alten Dom, die Größe und Herrlichkeit Córdobas, hin.

An einer der Außenseiten der Stadt liegt eine kleine Kirche; auch diese war einst eine maurische Moschee; jetzt ist sie San Nicolas geweiht; der Turm ist bemerkenswert; er ist unverändert das alte Minarett, gewiß das einzige, das jetzt in Spanien zu finden ist. Vor der Kirche liegt ein kleiner mit Bäumen bepflanzter Platz, von wo aus man eine schöne Aussicht auf die dunkle Gebirgskette der Sierra

Morena hat, diese Berge, die einst der Schrecken aller Reisenden waren, weil hier die gefürchtetsten, blutdürstigsten Räuberbanden hausten. Dorthin durch la Mancha, das Land Don Quixotes und in Neu-Kastilien hinein, geht die Landstraße von Córdoba nach Madrid.

Während ich auf diesem Platz im Beschauen der ernsten Landschaft stand, begannen die schweren Regenwolken sich zu zerteilen, die Sonnenstrahlen fielen schroff gezeichnet hin über die Wolkenmasse auf die baumgrüne Campagna herab; das Gebirge wurde finster wie die Nacht; ein bewaffneter Bauer auf seinem Maultier war der einzige lebende Gegenstand, dessen ich in dieser großen Einöde gewahr wurde.

XV. Über Santa Cruz de Mudela nach Madrid

Die größte Strecke der Eisenbahn von Córdoba nach Madrid ist noch nicht vollendet; man muß also die Diligence benutzen; auch wenn diese, mag der Weg sein wie er will, in fliegender Fahrt, von zehn Maultieren gezogen, dahinjagt, muß man doch ungefähr dreiundzwanzig Stunden in diesem Fuhrwerk ausharren, bis man Santa Cruz de Mudela erreicht, von wo aus eine Eisenbahn bis Madrid fährt. Wir nahmen Platz in der Diligence und wollten in Santa Cruz ausruhen.

Diejenige Straße in Córdoba, wo das Diligence-Büro liegt, ist so eng, daß kein Wagen hinein kann; wir mußten uns deshalb nach der nächsten breiten Straße begeben, wo die Diligence hielt; wir stiegen hinein, im ganzen nur drei Passagiere, und hatten also bequem Platz. Der Wagen war nicht übel, das Wetter auch nicht, die Sonne brach hervor, der Majoral knallte mit der Peitsche, rief sein Thiah caballo de desbocado, Gitana, Golondrina, bedeutungsvolle Namen insgesamt. Wir fuhren durch die Hauptstraße längs der Alameda, aus dem alten Stadttor hinaus, die Landschaft lag fruchtbar und reich an Olivenbäumen, aber nur wenig bewohnt, vor uns. Die Sonne war noch nicht untergegangen, als wir Andujar, eine kleine Stadt erreichten, die mit ihren Kaufmannsläden und ihrem Verkehr auf der Straße ein ganz anderes lebhaftes Bild als das weit größere

Córdoba darbot; hier bekamen wir einen außerordentlich lebensfrohen Reisegenossen, keinen jungen Mann, aber leicht erregbar, als sei er noch im glühenden Jünglingsalter; er warf jedem Frauenzimmer, welches er sah, und mochte es noch so alt sein, Kußhände zu, und ließ es nicht an Zurufen fehlen, wie: Du Stern meines Lebens! Du deren Augen zwei Sonnen sind! usw. Er strengte sich ganz entsetzlich an und war auch sichtbar ermüdet, als wir am späten Abend das in der Kriegsgeschichte berühmte Baylem, eine nicht unbedeutende Stadt erreichten. Wir blieben an der anderen Seite der Stadt stehen, um die Maultiere zu wechseln; es war ein stiller schöner Abend, der Neumond stand am Himmel, er sah aus wie eine goldene Schale, in welcher die schwarzblaue Mondkugel lag. Wir hielten am Eingang eines Kirchhofs; zwei geistliche Herren in langen flatternden Mänteln schritten gespensterhaft unter den dunklen Bäumen dahin; der Mond schien auf die Kirchenfenster, sie flimmerten, als sei Licht darinnen. Der Guadalquivir brauste dicht an uns vorüber. Wir vernahmen das Brechen und Fließen des Stromes, es war der einzige Laut, einförmig und einschläfernd in der großen Einsamkeit. Die Nacht rückte näher mit Schlaf und Träumen, diesen wunderbaren »Entremes«, oft so phantastisch, dreist hingeworfen, daß wir in wacher Besonnenheit sagen, es war kein Sinn darin, manchmal leuchtend wie ein Geistesblitz, wie eine Offenbarung.

Unser glühender Spanier sagte, er wolle von schönen Augen träumen, und er schloß die seinigen. Ich starrte hinaus in die helle Nacht, blinzelte auch ein wenig, es gibt aber nicht viel zu erzählen aus dem Reiseleben mit einer Diligence während der Nacht, man erinnert sich einer Beleuchtung bei Mondschein oder bei Stallaterne, einer einzelnen Gestalt, die sich gezeigt hat. Ich habe von dieser Fahrt nur behalten, daß wir durch ein bebautes, flaches

Über Santa Cruz de Mudela nach Madrid 223

Land fuhren und daß wir lange vor Tagesanbruch in schlafender Ruhe die kleine Stadt la Carolina erreichten, eine deutsche Kolonie, wo aber schon seit einer Reihe von Jahren die deutsche Sprache ausgestorben ist.

Die Wagentür wurde hier aufgerissen, und zwar von einer dicken Madame, die eine Laterne emporhielt und mit derselben ihr eigenes Gesicht beleuchtete; sie hustete, der Mund hob aus zum Reden, allein es kam keine Rede, sie nieste, und unser verliebter Spanier sagte Prosit und wünschte ihr einen schönen Geliebten. Im Zimmer setzte man uns erst ein Feuerfaß mit glühenden Kohlen vor, der uns erfrorene Menschen erwärmen sollte, darauf folgte die Chocolate, und darauf lebten wir auf, um wieder in den Wagen hineingesteckt zu werden, wo nun alle Plätze besetzt waren. Wir hatten jetzt eine beschwerliche Fahrt. Von la Carolina aus ging der Weg immerfort aufwärts, ringsum traten Felsblöcke vor, wir blickten hinab in tiefe Abgründe, die Nebel ruhten dort in der Morgendämmerung. Die Gegend wurde immer wilder und so malerisch schön, daß man von Rechts wegen nicht hätte in dem Wagen sitzen bleiben können; die Berge der Sierra Morena zeigten eine Größe, ein Abwechslung, die hinreißend schön war. Mächtige Felsblöcke lagen hingeworfen und hinabgestürzt; große Bäume klammerten sich mit ihren langen Wurzeln um die Steinmassen und lagen mit ihren Wipfeln über den Abgrund hinaus, in dessen Tiefen das Wasser sauste und brauste.

Es begegneten uns bewaffnete Soldaten; sie begleiteten uns zu unserer Sicherheit eine weite Strecke, ich glaube aber nicht, daß hier ein Überfall zu befürchten war, ich fühlte mich dermaßen sicher, daß mich plötzlich Mut und Lust überkamen, einen kleinen Räuberüberfall zu erleben. Die ganze Gegend schien wie dazu eingerichtet, und ich begreife ganz gut, wenn es wahr ist, aber das ist es freilich nicht, daß Alexandre Dumas, als er in Spanien reiste, durchaus einen Überfall von Räubern haben wollte, und zwar ebensosehr zu seinem eigenen Vergnügen, als zu dem seiner Leser. Spanier haben mir die Geschichte erzählt, um durch dieselbe zu beweisen, wie sicher man jetzt reist. Vor seiner Ankunft in Spanien habe Alexandre Dumas einem bekannten Räuberhauptmann einen Wechsel auf tausend Francs eingesandt und sich dafür erbeten, daß ein Überfall ohne allen weiteren Verlust und ohne alle Gefahr arrangiert werde, der Räuber antwortete, das Haus sei eingegangen, die Geschäfte würden nicht länger fortgeführt, er übersende jedoch die Quittung für den Empfang des Wechsels. Die ganze Geschichte ist natürlicherweise erfunden.

In einer großartigen wilden Natur wie diese soll man nicht in einer Diligence fahren, sondern in alter Manier auf seinem Pferd reiten, man soll diese Berge nicht allein am sonnenhellen Tag, sondern auch im prächtigen Mondschein sehen. Wir gingen weit und lange, vermochten uns aber kaum warm zu erhalten; ringsum war das Wasser mit Eis bedeckt. Endlich ging die Sonne auf, und nun sahen wir auch Leben und Bewegung. Es waren Leute damit beschäftigt, Felsen zu sprengen und Anhöhen zu durchstechen, hier soll die Eisenbahnverbindung zwischen Córdoba und Madrid in einigen Jahren vollendet sein. Von Baracken zusammengestellte Städte, deren Häuser mit frischen grünen Kaktusblättern gedeckt waren, lagen in kurzer Entfernung voneinander, vor den Baracken saßen Frauen und kleideten ihre Kinder an, mehrere Familien verzehrten schon ihr Frühstück. Es würden viele Bilder zu malen sein, sollte ich alles wiedergeben, was wir sahen und an dem wir in wenigen Sekunden vorüberflogen.

Ungefähr um elf Uhr vormittags erreichten wir das Ziel unserer Reise, die kleine Stadt Santa Cruz de Mudela.

Über Santa Cruz de Mudela nach Madrid 225

Eine so schmutzige Stadt wie diese hatte ich in ganz Spanien noch nicht gesehen, die Straßen waren ungepflastert und für den Augenblick in einen alten übelriechenden Morast aufgelöst. Gehen konnte man hier nicht, wohnen auch nicht; die Häuser waren alle ärmliche schlechte Hütten. Wir mußten durch die Stadt mit all ihrem Schmutz und Morast. Eine Strecke außerhalb derselben an der Eisenbahn lag die uns empfohlene und einzige Fonda; dieselbe sah durchaus nicht einladend aus; es war ein großes schmutziges Wirtshaus mit niedrigen, finsteren Stuben, auf dessen Fußböden man Stroh aufgeschüttet hatte, um die Füße warm zu erhalten, das Schlafzimmer, das man uns anwies, hatte keine Fenster, eine große viereckige Öffnung in der Wand mit einer hölzernen Luke trat an deren Stelle; dies hieß das beste Zimmer im Haus. Hier die Nacht über bleiben und auch den ganzen folgenden Vormittag in diesem Verschluß zu verbringen oder in der mageren, langweiligen Gegend sich umherzutreiben, würde mir Buße und Pönitenz gewesen sein, nein, dann lieber in Überanstrengung von der Reise im Eisenbahnwagen umkommen. Dieser Entschluß wurde sofort ausgeführt; der Zug sollte augenblicklich abgehen, wir stiegen in den Wagen, der um Mitternacht nach einer Fahrt von zehn Stunden Madrid erreichen würde. Wir saßen vortrefflich, es war eine Erfrischung in dem Fuhrwerk der Zivilisation dahin zu brausen, wiederum das Gefühl zu haben, in der Gegenwart zu leben. Es ging in fliegender Eile. Die Gegend war flach, ohne Abwechslung; in der alten Stadt Alcazar de San Juan, die gleichzeitig mit noch einigen anderen spanischen Städten, Geburtsort des Cervantes zu sein behauptet, gelangten wir auf die Madrid-Valencia-Bahn. Wir mußten hier außerordentlich lange auf den Hauptzug warten, der erst nach Sonnenuntergang eintraf, wir saßen unterdessen auf dem langweiligen Bahnhof und starrten hinüber in die alte Stadt mit ihren vielen Kirchen und großen Gebäuden, diese sahen interessant aus, man hätte hier übernachten, vielleicht einen Ausflug nach dem naheliegenden Toboso machen können, berühmt durch die Dulcinea Don Quixotes, allein niemand hatte uns diese Stadt genannt, nur in Santa Cruz de Mudela sei eine Fonda für Reisende. Die Eisenbahnen sind in Spanien noch etwas so Neues, daß man selbst in den größten Städten, wenn diese weit von den neuen Wegen liegen, keinen Aufschluß erhalten kann. Das gedruckte Eisenbahnbuch, Indicador de los Caminos de Hierro, in welchem alle Bahnen und Züge genau angegeben sind, ist auf keiner Station zu finden, außer in Madrid.

Als wir wieder mit Dampfkraft dahin jagten, stand Alcazar de San Juan wie eine Silhouette auf dem roten Abendhimmel. Der Weg war lang, die Zeit war lang; der Neumond stand am Himmel und beleuchtete eine große weite Campagna zu beiden Seiten, die Konversation im Waggon wurde einsilbig und beschränkte sich auf die Angabe der Stunden und Viertelstunden, die wir noch bis zu Ende der Fahrt auszuhalten hatten. Es wurde finster und noch finsterer, als wir uns plötzlich, zwischen Gebüsch und Bäumen, Aranjuez, einer Oase in der Wüstenlandschaft Madrids näherten. Wir gedachten sofort des Verses in Schillers Don Carlos:

»Die schönen Tage von Aranjuez sind nun zu Ende!«

Wir hielten einige Minuten am Bahnhof an, sahen Lampenlicht in den Alleen leuchten, sich in den Kanälen spiegeln, und – die Minuten in Aranjuez waren vorüber. Der Zug ging gen Madrid, in einer Stunde konnten wir dort sein.

Es wurde eine lange Stunde, eine finstere Stunde, nicht ein Licht blitzte zu uns herein. Wir fuhren über die öde Campagna dahin. Einst war dieselbe mit Wald bewachsen;

die Sage erzählt über den Namen Madrid, daß hier ehedem ein Knabe von einem Bären verfolgt wurde, daß derselbe auf einen Baum kletterte und seiner Mutter, die ihm zu Hilfe kommen wollte, zurief: »Madre id!«, das heißt: Mutter, lauf! – Wir liefen in voller Fahrt, blickten aus dem Wagen hinaus, um die Stadt im Laternenglanz zu sehen, einen Augenblick erhaschten wir auch ein Blitzen, ein Strahlen in der Ferne, Licht bei Licht, es war Madrid, allein es verschwand wieder, indem die Bahn eine Biegung machte.

Endlich hielten wir am Bahnhof; es war Mitternacht. Wir entgingen der langweiligen Visitation und fuhren nun über die breiten Alleen des Prado in die Stadt hinein, durch einige lange Straßen nach der Fonda peninsular, dem von allen uns empfohlenen Hotel; in der mitternächtlichen Beleuchtung zeigte sich dasselbe so öde, so schmutzig, so winkelig, daß wir, da sich kein lebendes Wesen, weder im Torweg noch auf den Treppen blicken ließ, wieder umkehrten und den Kutscher baten, uns in ein besseres Hotel zu führen; er empfahl uns die Fonda del Oriente auf dem Platz Puerta del Sol, ganz in der Nähe, und das beste in der ganzen Stadt. Wir fuhren dorthin, wurden vortrefflich einquartiert, das Feuer flammte im Kamin, gutes Essen und guter Wein wurde uns vorgesetzt, das Bett war gut, der Schlaf war gut, ohne Träume, und dessen soll man sich ja erinnern, wo man zum ersten Mal schläft.

XVI. Madrid

Den ersten Tag wollte ich zu Hause bleiben, um recht gründlich auszuruhen. Das Wetter war rauh und unfreundlich, und zu meiner Überraschung waren alle Dächer mit Schnee belegt, der Winter war schon in Madrid. Unten auf dem Platz, auf welchen mehrere der großen Straßen der Stadt ausmünden, war es schwarz und schmutzig; Droschken und Leiterwagen bespannt mit klingelnden Maultieren bewegten sich dort, ich sah Soldaten zu Fuß und zu Pferd, Bauern in ihre großen roten Mantas gehüllt und mit den feuerfarbenen, baskischen Mützen auf den Köpfen; Frauenzimmer waren hier nicht viel, das Wetter war ihnen zu schlecht zum Ausgehen; die Herren hüllten sich in ihre Mäntel bis ganz über den Mund hinauf; aber irgend etwas besonders Neues oder Charakteristisches war hier nicht zu entdecken, trotzdem die Puerta del Sol der besuchteste Platz Madrids, das Herz der Stadt ist. Der erste Blick nach außen war somit wenig versprechend, allein es könnte wohl mit der Zeit besser werden, vielleicht würden wir den ganzen Winter in Madrid festsitzen bleiben. Das war ein fröhlicher Gedanke! Unseren dänischen Gesandten, Baron Brockdorff, kannte ich bereits als einen liebenswürdigen und zuvorkommenden Mann, und ich prophezeite schon meinem Reisegenossen, daß wir es recht heimisch in der Hauptstadt Spaniens finden würden. Bei unserem Gesandten sollten wir Briefe aus der Heimat vorfinden, wir hatten lange keine empfangen, wie sehnten wir uns nach solchen!

Der Portier im Hotel sagte: In Madrid gibt es keinen dänischen Minister, sonst müßte ich wissen, wo er wohnt. Der Droschkenkutscher wurde nun gefragt, derselbe besann sich sehr lange und fuhr gewiß in Gedanken bei allen Legationen vor, aber nicht ein einziges Land wollte ihm wie Dinamarca klingen; er rief einen zweiten Droschkenkutscher herbei, dieser zog wieder einen dritten hinzu, die Menge der Droschkenkutscher nahm zu, und endlich fand sich ein wohlunterrichteter Kutscher, der uns sofort zu dem belgischen Gesandten fuhr; hier wurde uns gesagt, daß in Madrid keine dänische Gesandtschaft sei; das konnte aber so nicht richtig sein. Der Kutscher mußte uns nun zu dem spanischen Ministerium des Auswärtigen fahren; dort wurden wir benachrichtigt, daß Baron Brockdorff in Dänemark sei. Das waren traurige Nachrichten! Und alle die Briefe, die wir erwartet hatten, wo waren die geblieben? Wir fuhren nach der Post, um zu erfahren, wo die Briefe, die an die dänische Legation adressiert waren, abgeliefert würden, und erhielten die Nachricht, daß in der Straße, in dem Haus, in der Etage ein Herr wohne, der zwar nicht bei der Legation angestellt sei, aber in Abwesenheit des Gesandten, sämtliche an diesen adressierte Briefe empfinge. Jetzt galt es, das Haus zu finden, und als dies gelungen war, den Mann zu Hause anzutreffen. Wir fanden in demselben einen sehr zuvorkommenden dienstwilligen Spanier, dem der Briefträger in der Tat einen Brief an mich überbracht hatte; da aber der Spanier keinen Herrn Andersen kannte, so hatte er den Brief nicht angenommen; der Briefträger war nicht aufzufinden, der Brief befand sich in seiner Tasche; das war nicht sehr erfreulich! Ich frug, an wen ich mich im übrigen zu halten hätte, wo unsere Pässe visiert werden sollten, wenn wir abreisen wollten. Der schwedische Gesandte Exzellenz Bergman habe dies Geschäft übernommen, antwortete der Spanier und versprach, uns zu demselben zu führen.

In Regen und Schmutz gelangten wir dorthin, allein der Zufall wollte, daß auch hier niemand zu Hause war; unsere Ankunft war aber jetzt gemeldet, und schon am folgenden Tag in früher Morgenstunde sandte der schwedische Gesandte uns einen freundlichen Gruß; einige Stunden später trat er selbst in mein Zimmer. Wir kannten einander von Neapel her; ich war nun in den besten Händen und bei dem vortrefflichsten Herz; er erzeigte meinem Reisegefährten und mir das größte Wohlwollen; wir empfingen täglich hiervon Beweise; der dänische Gesandte, der gerade zu dieser Zeit einen Besuch in Kopenhagen machte, hätte uns beim besten Willen nicht mehr sein können, als unser schwedischer Freund und Beschützer es war; wir standen nicht länger allein und verlassen; daß die vielen Briefe, die ich nach Madrid mit mir führte, von keinem Nutzen zu sein schienen, das ließ sich ertragen; diejenigen, denen ich empfohlen war, waren alle fort; einer hatte nie in Madrid gewohnt, einen anderen wollte niemand kennen, von einem dritten sagte man, er habe sich in Alicante niedergelassen, und ein vierter hielt sich für den Augenblick in Paris auf; der einzige, den ich zu Hause antraf, war der Schriftsteller Don Sinibaldo de Mas, der spanischer Gesandter in China gewesen war, aber er lag krank darnieder.

Um so erfreuter war ich, hier einen Freund »jenseit des Sundes« gefunden zu haben. Das Wetter war bitter kalt, der Schnee auf den Dächern schmolz zwar, allein am folgenden Morgen lag er wieder frisch gefallen da. Endlich wurde die Luft klar und blau, aber es wehte ein Wind, den ich, der ich doch aus der Windecke des Nordens bin, diabolisch fand; derselbe war in einem unglaublichen Grade kalt, durchdringend und trocken; die Spanier sagen:

El aire de Madrid es tan soti
Que mata á un hombre
Y ne apaga á un candil.*

Der spanische Dichter Gongora hat in einem Sonett die Hauptstadt Spaniens, durch die Brille der Moral gesehen, mit grellen Farben gemalt; inwiefern diese Schilderung für seine Zeit als Wahrheit gelten kann, weiß ich nicht, ich gebe hier eine kleine Klima-Photographie.

    Madrid
Spaniens Hauptstadt, fürwahr,
Wie doch streiftest Du ab
Alles, was spanisch erscheint;
Wenig Eignes du hast.
Man ist in Wien, in Paris,
Nicht in Spanien mehr,
Naßkalte Wolke des Nord
Hängt in Fülle ja hier,
Graunaß, schmutzig und kalt
Ist's hier; nicht will ich klagen
Mehr über Klima der Heimat.
Nebeltag des Novembers
Schmutzig, regnigt, fürwahr
Gleiches beut mir Madrid.
Wüstenstadt, wenig fürwahr
Gleichet Spanien Dein Bild.

Im Norden, im Land der Wolken, wohnt der Wind am offenen Strand und an jeder Straßenecke; es sind viele Ecken dort und an jeder Ecke wohnt gleichfalls ein Poet, ist es ei-

---

* »Der Wind in Madrid kann kein Licht ausblasen, aber er kann einen Menschen töten.«

ner, der recht geboren und ausgetragen ist, dann glüht er für das Schöne, dann ist er voller Sehnsucht nach dem romantischen Spanien. Mag er hierher kommen, mögen sie alle hierher kommen, direkt nach Madrid, zu welcher Zeit sie wollen. Treffen sie während des Sommers ein, werden sie von der Sonne totgebraten, treffen sie während des Winters ein, so bekommen sie den Kuß des Eiszapfens, Frost in die Finger und Tauschnee über das Stiefeloberleder bis in die Galoschen hinein, und bleiben sie dann hier, was haben sie von Spanien gesehen? Madrid hat nicht den Charakter einer spanischen Stadt, geschweige einer Hauptstadt Spaniens; daß Madrid sie wurde, war ein Einfall Philipps des Zweiten, und er wird gewiß ebensosehr gefroren als geschwitzt haben, kraft dieses seines königlichen Willens.

Eine erstaunliche Herrlichkeit ist hier doch, die erste ihrer Art, die Bildergalerie, eine Perle, ein Schatz, wert, aufgesucht zu werden, wert, daß man eine Reise direkt nach Madrid macht. Während unseres Aufenthaltes hier hatten wir noch einen unendlich großen Kunstgenuß, die italienische Oper; hat man aber diese und die Bildergalerie hervorgehoben, dann ist auch das Bemerkenswerte und Interessanteste besprochen. Draußen war es rauh und naß, drinnen im Theater saß man wie in einer Badestube, in Rauch und Dampf; der dicke Tabaksqualm von den vielen Cigarren, welche die Leute in den Zwischenakten rauchen, und der Gasgestank drang in alle Logen ein. Aber man blieb trotzdem, hielt aus bis nach Mitternacht, wie fest gezaubert durch das Meer der Töne, mit welchem Señora la Grange labte und berauschte.

Die Mehrzahl der neueren italienischen Opern sind eine Art Kanevas, in welchen die Sängerin, durch Kunstfertigkeit oder durch Seele und Genialität, das Bild hineinwebt, das uns überrascht und fesselt. Die Signoras la

Grange und Lablache waren seltene, erstaunliche Weberinnen.

Oper und Bildergalerie, letztere eine immerbleibende Herrlichkeit, müssen ja somit Madrid etwas Überwiegendes vor der Mehrzahl anderer Städte verleihen, will man sagen; allein es ist mit Städten wie mit Menschen, sie ziehen an oder stoßen ab. Paris ist nicht der Ort, wo ich mich aus Neigung niederlassen würde; Venedig hat mir nie gefallen; ich hatte dort immer ein Gefühl, als befände ich mich auf einem Wrack im Meer; Madrid ist mir ein gestürztes Kamel in der Wüste; ich saß jetzt auf seinem Bukkel, ich schaute weit umher, allein ich saß nicht gut, und es war ein teurer Sitz.

Außer dem Platz Puerta del Sol, auf welchem wir wohnten, gibt es in Madrid noch einige Plätze, deren Erwähnung getan werden muß, und von denen jeder seine besondere Eigentümlichkeit hat. Am schönsten ist die große mit Bäumen bepflanzte und mit Rasen bestandene Plaza de Oriente vor dem Residenzschloß. Unter den laubreichen Bäumen stehen im Kreis die Statuen von Königen und Königinnen von Leon und Kastilien. Das Schloß selbst dehnt sich groß und breit aus, während man von seiner Terrasse und von einem Teil des Platzes selbst, eine weite, schöne Aussicht über Gärten und Felder, hinab zum Fluß Manzanares und nach den Bergen hinter Escorial genießt; diese waren jetzt ganz mit Schnee bedeckt, und wenn die Luft klar und blau war, nahmen sie sich höchst malerisch aus. Plaza Major, ein Platz, der nicht weit von dem vorgenannten entfernt ist, trägt einen ganz entgegengesetzten Charakter zur Schau, man fühlt sich hier gedrückt, als stände man in einem Gefängnishof; aber er ist unleugbar der eigentümlichste aller Plätze in Madrid; er hat ein mittelalterliches Aussehen, ist mehr lang als breit, und zeigt uns in seiner Mitte eine Bronzestatue von Philipp dem Dritten zu Pferde. Die hohen Bogengänge, die sich ringsum hinziehen, enthalten nur kleine unbedeutende Verkaufsläden, in welchen Mützen, wollene Tücher und Eisenwaren feil geboten werden. Ehedem war dieser Platz die Arena der blutigen Stiergefechte und der abscheulichen Autodafés. Noch steht hier das alte Gebäude mit Türmen und künstlich ausgehauenen Fensterrahmen, von dessen Balkon herab der König Spaniens und sein Hof dem Stierkampf beiwohnten und die der Inquisition anheimgefallenen Menschen lebendig braten sahen. Die kleine Glocke, die das Todessignal gab, hängt noch an der Mauer. Auf diesem Platz sah ich stets viele Soldaten versammelt, große Gruppen, die diesem oder jenem Gaukler zuschauten, die den ganzen Tag hindurch hier ihre Kunststücke zeigen. Abends hatten arme Knaben hier ein großes Feuer angezündet, an welchem sie sich wärmten. Auf einer der Stufen, die in den Bogengang hinauf führten, saßen ein paar Jammergestalten, eine alte Frau in Lumpen und ein weißhaariger alter Mann in einen zerfetzten schmutzigen Mantel gehüllt; jede von ihnen spielte ein heiseres Instrument und sang ebenso heiser. Kein Vorübergehender spendete ihnen eine Gabe, aber sie hielten doch aus, blieben sitzen, als wären sie an dem nassen Stein festgewachsen, blieben in dem rauhen kalten Wetter und sangen vielleicht vom Helden Cid oder vom Glück der Liebe.

Plaza de los Cortes ist ein ganz unbedeutender Platz, nur eine unregelmäßige Erweiterung der Straße vor dem Haus der Reichsversammlung, dem Palacio de los disputados, und hat für den Fremden nur Bedeutung durch sein Monument, die Statue eines Mannes in altspanischer Militärtracht, mit gesteifter Halskrause und Degen. Es fehlt übrigens dem Denkmal der echt künstlerische Wert. Man geht gar leicht vorüber in dem Wahn, es sei irgendeinem

Feldherrn errichtet, der jetzt weder unsere Gedanken noch unser Herz berührt; erfahren wir aber den Namen, dann bleiben wir stehen, erfüllt von Dank und Freude. In jener Gestalt, die wir dort erblicken, wandelte einst hier ein König in Herrlichkeit des Geistes, seine Werke leuchten über die ganze gebildete Welt hinaus, sein Andenken ist Segen. Mit der ganzen ungeschwächten Manneskraft trug er Sklavenketten, seinem Vaterland Spanien opferte er im Kampf seinen linken Arm; sein Zeitalter ließ ihn Not leiden, behandelte ihn mit unanständiger Gleichgültigkeit, wußte ihn nicht anzuerkennen und zu schätzen. Jetzt steht das Denkmal da mit der Inschrift:

A Miguel de Cervantes Saavedra,
Principe de los ingenios espanolos.

Der Dichter Don Quixotes, der Verfasser der Galatea; der Gründer des Dramas, der volkstümliche Erzähler*, bewunderungswürdig als Dichter und Mensch. Die vielen, schweren Tage der Prüfung riefen bei ihm keinen Lebensschmerz hervor, die Perlen des Humors erhielten gerade ihre Kraft durch diesen Druck; jeder wahre Dichter erblickt in ihm das Beispiel männlicher Ausdauer und wahrer Bescheidenheit. Schon zu seinen Lebzeiten wurden seine dramatischen Arbeiten von dem unglaublich fruchtbaren und genialen Lope de Vega verdrängt, aber niemals wird er als erzählender Dichter verdrängt werden. Don Quixote bleibt der Roman aller Romane; nach diesem Werk, welches er dem Grafen Lemos widmete, folgten Persiles und Sigismunda, ein Werk, von welchem er selbst während des Niederschreibens sagt: »Es wird entweder

---

* Unter den gesammelten kleinen Erzählungen befindet sich die bekannte La Gitanilla di Madrid.

das schlechteste oder das beste Buch, welches in unserer Sprache geschrieben ist.« Die Reise nach dem Parnaß ist seine letzte Dichtung, dieselbe umstrahlt seinen Namen mit leuchtenden Rhythmen, mit dem Farbenspiel der Laune und des Witzes. Niemand weiß, wo sein Grab ist; wer von seinen Zeitgenossen sollte sich auch das gemerkt haben? Auf keinem Grabstein steht sein Name, aber er steht im Herzen des Volkes geschrieben, Spanien ist stolz auf denselben; Europa nennt mit Bewunderung und Ehren Cervantes, während der mächtige Philipp der Zweite, in dessen Reich die Sonne nie unterging und die Flammen der Autodafés nie erloschen, verabscheut und unbeweint einem Tod verfiel, der, wie es scheint, von Gott den Tyrannen bestimmt war: bei lebendigem Leibe von Ungeziefer aufgefressen zu werden, während die Geister der Angst der Seele keine Ruhe in dem ekelhaften Körper vergönnen.

Das Cervantes-Denkmal steht auf dem Platz Madrids, wo einst des Dichters Haus stand.

Bei der Erinnerung an ihn fliegt der Gedanke über die reiche Campagna der spanischen Literatur und staunt über die Blüte und nationale Frische, die, aller Wetterstürme ungeachtet, sich bis in unsere Zeit hinein zeigt, wir freuen uns bei den wunderherrlichen Romanzen von Cid, laben uns an den kirchenduftigen Lilien des Don Gonzalo und bewundern die herrliche Distelblüte der Satire, die Prinz Don Emanuel von Castilien pflanzte und pflegte. In dramatischer Dichtung tritt uns das Volksleben und der Humor des Volkes entgegen; Spanien hat, vor Frankreich, seinen Moliere, den Handwerker und umherreisenden Schauspieler, Lope de Rueda*, wir sehen sie sich sammeln

---

* Dessen große und bedeutende Wirksamkeit fällt zwischen die Jahre 1544 und 1567.

in Gruppen, nahe aneinander, die ewig grünen Eichen mächtigster Genialität; Cervantes, Lope de Vega, Calderon und Moreto. Das Jahrhundert dieser Männer scheint gleichsam der Höhepunkt spanischer Literatur zu sein, aber dieselbe ist doch auch später nie zur Sandsteppe herabgesunken. Während all der blutigen Kämpfe, die dieses Land gekämpft, ja selbst während die Autodafés aus dem Drachenschlund der Inquisition Feuer sprühten, hat der nationale Dichtergeist stets frische Reiser getrieben. Es wohnt ein Reichtum von Humor im Volke selbst, und ein großes Interesse für das Nationale regt sich gegenwärtig in demselben. Mehrere der jetzt lebenden Dichter wählen vorzugsweise vaterländische Stoffe.

Eine kleine Zarzuela: Der Tolle in der Dachkammer, El loco de la Guardilla, erregte großes Aufsehen, während ich hier war; der Verfasser Don Narcisso Serra hatte die nationalen Saiten anzuschlagen gewußt, Cervantes und Lope de Vega treten in diesem Stück auf; ich sah eine Aufführung derselben in einem der kleineren Theater Madrids, welches den Namen Lope de Vegas trägt. [...]

Die Ausstellung, la exposicion nacional de bellas artes de 1862, dauerte noch ein paar Tage. Das große neue Gebäude liegt an dem Prado. Wir fuhren bei Regenwetter dort hinaus; die ganze Promenade war ein tiefer Morast; schwere, welke Samenkapseln hingen in den blätterlosen Bäumen, hier war ganz und gar der Anfang eines nordischen Winters eingetreten; das Wetter war naß, grau und unheimlich. In den großen Sälen, in welchen die Kunstgegenstände aufgestellt waren, atmete man eine Luft ein, so rauh, als ginge man in neuen feuchten Zimmern; aber hier war manches Interessante zu sehen, so z. B. eine schöne Statue des kürzlich verstorbenen dramatischen Dichters, des Staatsmannes Martinez de la Rosas. Auch er, wie so viele andere Größen, erfuhr seinerzeit den Wechsel der Volksgunst vom Vivat-Ruf bis zur Kesselmusik. Er ging nach Frankreich, von wo er später, geehrt und anerkannt, in die Heimat zurückkehrte. Im Jahre 1843 machte ich in Paris seine Bekanntschaft und freute mich nun darauf, ihn in Madrid begrüßen zu können, er hatte mir den besten Empfang versprochen, jetzt fand ich ihn nur aus totem Ton geformt; hier war Lope de Vegas Statue und eine interessante Darstellung von der Tragödie: eine weibliche Gestalt in tiefen ernsten Sinnen, den Dolch in der Hand. Hier war eine schöne Portrait-Statue der Königin, die, auf ihren Armen den jungen Infanten, einst Spaniens König emporhielt. Zu mehreren Gemälden war der Stoff aus der Geschichte Maria de Padillas entnommen. Von den nationalen Schlachtstücken sprach mich am meisten eins von dem Maler Navarro y Cannizares an, es stellte »la defensa de Zaragoza« vor; das junge Mädchen, das hier die Kanone abfeuert, war in kecker Weise auf die Leinwand hingehaucht. Die alten spanischen Romanzen hatten Motive zu mehreren Bildern geliefert, um eins hervorzuheben, will ich »die Töchter Cids«, nackt an den Baum gefesselt und im einsamen Wald verlassen, nennen.

Von der Ausstellung begaben wir uns nach dem Museum.

Der Reichtum an Meisterwerken, den man hier findet, ist überwältigend und erstaunlich. Hier ist Raphael, Tizian, Correggio, Paul Veronese, Rubens, aber vor allen anderen sind hier Murillo und Velasquez. Man müßte hier über Jahr und Tag bleiben, um sich in alle diese Herrlichkeiten hineinzuleben. Hier sah und lernte ich zum ersten Mal Velasquez kennen, der ein Zeitgenosse Murillos war. Mit welcher Kunst und Genialität hat er gewußt, uns die milchblassen und gleichgültigen Infantinnen in der lächerlichen Ausstaffierung ihrer Zeit vorzustellen. Sie werden lebendig, sprechend, treten in den Bereich der Schönheit über durch die Kunst, mit welcher sie gemalt sind, und durch die grellen Umgebungen, die sie an Zwergen, männlichen und weiblichen Geschlechts, und an bissigen Hunden von charakteristischer Häßlichkeit erhalten haben. Die Portraitfiguren treten dermaßen aus dem Rahmen heraus, daß man keine Zweifel bei der Erzählung hegt, daß einige dieser Bilder, auf der Staffelei im Atelier des Velasquez aufgestellt, die Leute im Nebenzimmer dahin brachten zu glauben, die wirklichen Personen seien darin. Eine solche magische Wirkung besitzt namentlich eine Portraitfigur, die den Fabeldichter Äsop vorstellen soll; wenn man das Bild gesehen hat, welches Velasquez von ihm gegeben hat, kann man sich unmöglich den Äsop anders denken. König Philipp der Vierte war ein Freund und Bewunderer von Velasquez, verlieh ihm den Rang eines Kammerherrn und schmückte seine Brust mit den höchsten Orden des Landes.

Von Raphael sind nicht weniger denn zehn Gemälde hier, und unter diesen eins seiner berühmtesten: die »Kreuztragung«, ferner »Die heilige Familie«, das Bild, dem Philipp der Vierte den Namen »die Perle« gab, aber dieser Name kommt ihm nicht zu, so wenig unter den Arbeiten des Raphael als unter den Kunstschätzen, die sonst hier zu finden sind.

Über Raphael, über Tizian, über sie alle hier strahlt mir Murillo. Seine himmelanschwebende Madonna, umgeben von Engeln, ist so vollendet, so in Gott begeistert, als habe er sie gesehen und wiedergegeben während einer himmlischen Offenbarung. Es liegt eine solche überirdische Reinheit und Unschuld in den Augen der Gottesmutter, eine solche Anmut und Kindlichkeit in den schwebenden Engeln, daß man von einer Freude durchströmt wird, als sei es einem vergönnt, einen Schimmer des Erhaben-Heiligen zu schauen. Ein anderes kleineres Bild, gleichsam von wunderbarer Wirkung, ist das Jesuskind mit dem Lamm und dem Hirtenstab, es hat einen Ausdruck von Keckheit und dazu eine so anmutige kindliche Unschuld, daß man versucht ist, diesen Mund und diese Augen zu küssen. Noch einer Arbeit von Murillo, schön empfunden und schön wiedergegeben, muß ich hier Erwähnung tun. Dasselbe stellt eine kleine häusliche Szene vor: Eine junge Mutter sitzt und windet Garn auf, der Mann hält das Kind, welches einen kleinen Vogel hoch empor hebt, während ein kleiner Hund auf den Hinterbeinen sitzt und »die Pfote gibt«.

Außerhalb Spaniens ist Murillo nicht genügend bekannt und deshalb auch nicht auf den hohen Platz gestellt, den er über allen anderen Größen einnimmt. Raphael wird am höchsten gestellt, seine Darstellung von der Madonna ist das Ideal. Murillo gibt die Wirklichkeit in ihrer schönsten Offenbarung, gibt uns die Braut des Zimmermanns Joseph, die Blüte der Unschuld und Treue, das Weib von Gott auserkoren, uns seinen Sohn, den Eingeborenen zu bringen. Die Sixtinische Madonna Raphaels in Dresden hat Fleisch und Blut mit der Murillos gemein, und man weiß nicht recht, welche das offenbarte Ebenbild ist.

Auch von Thorwaldsens Kunstwerken besitzt das Museum einige. Die Handzeichnungen zu seinem bekannten Basrelief »der Schutzengel« findet man hier; die Zeichnung hat eine Schlange vor dem Fuß des Kindes, dieselbe fehlt am Basrelief.

Ich hatte Gelegenheit, mehrere Gelehrte und literarische Persönlichkeiten in Madrid kennenzulernen. Der Minister Bergman führte mich zu dem in der spanischen Politik und Literatur hervorragenden Herzog von Rivas, sein

Name klingt über die ganze Halbinsel teils als Soldat und Verteidiger der Cortes-Verfassung von 1820 beim Ausbruch der Revolution, teils als Minister, teils als Gesandter und endlich als Dichter. Seine gesammelten Schriften bilden vier große Bände. Eine außerordentliche Aufmerksamkeit erweckte sein volkstümliches Epos: El moro exposito, und nicht weniger seine Schicksalstragödie Don Alvaro. Der alte Mann, der sich unserer früheren Begegnung in Neapel, als er dort spanischer Gesandter war, erinnerte, empfing mich mit viel Herzlichkeit. Er sprach von seiner Tragödie, Don Alvaro, die er kürzlich in einen Operntext für Verdi umgeschrieben hatte. Diesen erwartete man in jenen Tagen in Madrid, wo er die Musik komponieren wollte.

Einen anderen der bedeutendsten Dichter des Landes, Don Juan Eugenio Hartzenbusch, lernte ich gleichfalls kennen. Sein Vater war ein Deutscher, die Mutter eine Spanierin. Hartzenbusch ist in Spanien geboren und groß gezogen, der Vater bestimmte ihn für den geistlichen Stand, er dagegen hegte große Neigung für die Malerkunst, war aber in derselben nicht auf seinem Platz. Er begann nun Gedichte und Dramen zu schreiben, und zu der Zeit schienen seine Bearbeitungen mehrerer alter spanischer Komödien die größte Bedeutung unter seinen dramatischen Arbeiten zu haben. Während der blutigen Bewegungen im Jahr 1823 verlor der Vater sein Vermögen und wurde geisteskrank; der junge Hartzenbusch sah sich nun genötigt, das Tischlerhandwerk zu ergreifen, um sich und den Vater zu ernähren, die literarischen Einnahmen wollten nicht ausreichen. Seine erste Originalarbeit: Los amantes de Ternel, geschrieben und aufgeführt im Jahr 1836, wurde mit außerordentlichem Beifall aufgenommen und gründete ihm eine glücklichere Zukunft. Mehrere vortreffliche dramatische Arbeiten folgten; seine Werke in Versen und

Prosa mehrten sich bedeutend, und unter diesen zeichnet sich namentlich seine Cuentos y fabulas aus, ein Werk, welches überall, wo spanisch gelesen wird, verbreitet und geschätzt ist. Seit einigen Jahren ist er an der königlichen Bibliothek in Madrid angestellt und wurde gerade während meines Aufenthaltes zum ersten Bibliothekar ernannt.

Ein Brief von Hartzenbusch an einen unserer gemeinschaftlichen Freunde in Málaga verschaffte mir den besten Empfang, den ich aber auch ohne diesen Brief erhalten hätte, sagte er und sprach mir mit viel Wärme seine Anerkennung als Dichter aus, obschon er gewiß sehr wenige meiner Werke kannte. Von diesen sind, so weit ich habe in Erfahrung bringen können, nur die beiden Märchen, das Mädchen mit den Streichhölzchen und Holger Danske, ins Spanische übersetzt. Deutsch und Englisch lesen nicht viele in Spanien, und in den französischen Übersetzungen bin ich ziemlich schlecht wiedergegeben, ganze Stücke sind umgeschrieben, welche mißverstanden, andere ganz weggelassen. Hartzenbusch ist am 6. September 1806 geboren, hat ein kräftiges Äußeres, aber kreideweißes Haar, es war eine Freude, ihn mit dem ganzen südlichen Feuer von Poesie und Kunst reden zu hören. Er arbeitete an einem Werk über Cervantes und besorgte zugleich eine neue große Ausgabe von Don Quixote. Bevor wir uns trennten, schenkte er mir zum Andenken sein Cuentos y fabulas, in das er mir eine freundliche und herzliche Widmung hineinschrieb. Er wohnte sehr einfach, aber umgeben von einem Reichtum an Büchern und Bildern. Hartzenbusch gehört zu denjenigen Naturen, von welchen man sich angezogen fühlt, es ist, als hätte man ihn schon lange gekannt.

Der Verfasser Don Siniboldo de Mas, der einige Zeit spanischer Repräsentant in China war, arrangierte in einem der Hotels von Madrid einen festlichen Mittag für mich, bei welchem ich einige Poeten kennenlernte; unter diesen befanden sich Don Rafael Garcia y Santesteban, Verfasser zu El Ramo de Ortigas und mehrere Zarzuelas. Insgesamt waren es freundliche Menschen, feurig und herzlich, im Besitz der ganzen spanischen Liebenswürdigkeit und Lust, Aufmerksamkeit und Gefälligkeiten zu erweisen; hierin war namentlich einer meiner neuen jungen Freunde, Jacobo Zobel Zangroniz aus Manila unermüdlich, er schloß sich gar herzlich an mich an und bestrebte sich in jeder Weise, mir den Aufenthalt in Madrid angenehm zu machen. Es war meine Absicht, die Weihnachten über, bis in das neue Jahr hinein, in Madrid zu bleiben, ungeachtet ich allmählich immer mehr interessante Bekanntschaften schloß und viel Wohlwollen genoß, die Oper, die Bildergalerie und, wenn ich es wollte, jeden Sonntag Stiergefechte hatte, konnte ich mich doch nicht entschließen, hier länger als drei Wochen auszuhalten; einige dieser Tage benutzten wir zu einem Ausflug nach Toledo. Das Klima in Madrid war unerträglich, Schnee und Regen; es ist um diese Jahreszeit in Dänemark nicht ärger, und wurde es auch einige Tage hell und klar, so war der Wind wiederum im höchsten Grade durchdringend trocken und Nerven reizend. Der Besuch in Toledo war ein Aufleben, eine Erfrischung, hier war man wiederum in einer echt spanischen Stadt, die alles besitzt, was Madrid fehlt, der Charakter als Hauptstadt des Landes; das alte Toledo ist mittelalterlich, malerisch und voller Poesie.

XVII. Toledo

Mit dem Morgenzug verließen wir Madrid und erreichten auf der Valencia-Bahn Aranjuez, von wo eine Seitenbahn nach Toledo führt. Bei Tageslicht fuhren wir über die große Campagna dahin, dieselbe war besser als ihr Gerücht, sie ist doch nicht nur eine Wüste, sie ähnelt einem sehr großen Rittergutsfeld; viele Teile von ihr sind bebaut, und es wird das Ganze bebaut werden.

Bei Aranjuez bekommt die Gegend einen ganz dänischen Charakter; sie hat große Laubbäume, viel Gestrüpp, einen Park von Kanälen durchschnitten und außerdem noch viele kleine Landseen umschließend; wir sahen sie in einer nordischen, kalten Herbstbeleuchtung.

Die kleine wohlgebaute Stadt mit ihrem Schloß, Schloßplatz und Park schienen sich nach Menschen zu sehnen; es war freundlich hier, aber einsam und verlassen, wie auf einem Landhaus, wo die Familie ausgezogen ist. Unter diesen alten Bäumen hat Philipp jene »schönen Tage« verlebt. Hier in den kleinen Seen des Gartens hatte Karl der Vierte sein Spielzeug, eine kleine Flotte, mit der er sich amüsierte.

Die Gegend wechselt gleich hinter Aranjuez ihr Aussehen, man glaubt sich nach der Campagna nach Rom versetzt, der gelbe Tajo ähnelt hier ganz merkwürdig dem Tiber.

Wir fuhren an einsamen Gehöften und verlassenen Hütten vorüber, bunte Gruppen von Männern und Frauen standen an jedem Anhaltepunkt; lebhafte schwarzäugige Mädchen nickten von den Balkons herab. Auf dieser ganzen Strecke schien es, als sei die Mehrzahl der Bahnwärter Frauenzimmer; alle Augenblicke sahen wir eine Mutter, um welche die Kinder in Gruppen lagen oder sich an ihrem Kleid festhielten, aufrecht stehend und die zusammengerollte Fahne in die Richtung ausstreckend, in welche der Zug dahinbrauste.

Gegen Mittag erreichten wir den Bahnhof in Toledo und wurden in einem Omnibus einquartiert; dieser kroch wie eine Schnecke einen ebenen guten Weg hinan, zwischen nackten Felsblöcken, an einer großen Ruine vorüber, und vor uns lag überraschend malerisch die alte ritterliche Stadt Toledo. Wir fuhren über die schwindelnd hohe Alcantarabrücke, tief unter uns brauste der gelbe reißende Strom, der einige gemauerte Wassermühlen trieb, am Ufer hingeworfen, als wenn sie nach einer großen Überschwemmung dort auf Grund wären. Im Fluß lagen Ruinen von Gebäuden, die mehrere Etagen hoch waren; der reißende Strom drang durch die untersten offenen Fensteröffnungen, durch die Zimmer, die keine Decken hatten, und wieder hinaus. Gerade vor uns erhob sich über den alten gelbgrauen, verfallenen Mauern die Stadt selbst, als wäre sie die Anhöhen hinaufgeschleudert, und am höchsten Ort die Ruine von Alcazar, das Schloß Karls des Dritten tragend, in welches die Spanier selbst Feuer warfen, als es die Franzosen während des Unabhängigkeitskrieges innehatten.

Auf der anderen Seite der Alcantarabrücke bog der Weg unterhalb der Mauern der Stadt ab, und wir bekamen einen neuen malerischen Anblick, der, indem wir höher stiegen, sich immer mehr entfaltete. Alte Klöster, zerstörte Kirchen sahen wir, eine Steinwüste, eine sonnengedörrte Natur dehnte sich rings um in die Campagna. Das einzige Lebenszeichen war eine Schar rabenschwarzer Schweine, die zufällig um diese Zeit nach dem Tajo hinunter getrieben wurden, um dort zu saufen oder dort gewaschen zu werden; allein das bekamen wir nicht zu sehen, der Weg machte wiederum eine Biegung, wir gelangten auf eine große Terrasse mit gemauerter Umzäunung und durch das architektonisch prächtige Tor Puerta del Sol hindurch; jetzt waren wir in Toledo. Die Straßen sind eng, die Alameda eng und zusammengedrückt, es standen hier einige wenige Bäume, einige Bänke von Mauersteinen und einige höchst dürftige Verkaufsläden; zwei Soldaten und ein Straßenjunge waren der ganze Verkehr. Die Straße führte jäh hinan, der Omnibus hielt bald, er konnte nicht weiter hinauffahren. Man trug unsere Sachen durch eine schmale Schlippe, die ebenso jäh hinab wie die Straße hinan ging und ein entsetzliches Steinpflaster hatte; auf diesem Wege erreichten wir die uns empfohlene Fonda.

Hier standen auf der Flur zwei Esel, ein paar Hühner und ein Hahn empfingen uns, und eine Magd steckte den Kopf zur Tür heraus und zog ihn wieder zurück; jetzt kam aber Señora hervor, und als wir ihr einen Gruß von Jacobo Kornerup de Dinamarca brachten, strahlte ihr freundliches Gesicht. Hier im Haus hatte unser Landsmann längere Zeit gewohnt und wurde von der Familie sehr geliebt.

Wir bekamen zwei kalte Schlafzimmer, die mit einem sehr großen Saal in Verbindung standen; hier wurde der Brasero herein gebracht, denn es war eine solche Kälte, daß wir unseren eigenen Atem sahen. Die Dienerschaft des Hauses wurde in Bewegung gesetzt, das älteste Huhn geschlachtet, drei große Zwiebeln geschält, das Öl in der kleinen Kruke geschüttelt und das Frühstück, das frugalste, welches wir noch in Spanien erhalten hatten, uns gebracht; aber dafür war hier auch alles unglaublich billig, wir befanden uns bei vortrefflichen Leuten, und was das wichtigste war, Toledo ist eine Stadt, wo etwas zu sehen ist.

Toledo 247

Wir begaben uns sofort zur Schloßruine Alcazar hinauf. Der gothische König Wamba war der erste, der hier sein Schloß baute, dasselbe wurde später von maurischen und kastilischen Königen vergrößert und umgebaut. Karl der Dritte verlieh ihm die Großartigkeit, die uns noch trotz der großen Zerstörung staunen macht. Gewölbte Keller erstrecken sich unter dem Schloß und Schloßhof hin, dieselben nehmen einen so ungeheuren Raum ein, daß mehrere Regimenter sie gleichzeitig zu ihren Pferdeställen benutzen. Der Hof bildet ein großes Viereck, umzogen von Bogengängen, die von mächtigen Granitsäulen getragen werden; die unterste Reihe steht unzerstört da, allein die Etage über derselben besitzt nur eine einfache Säulenreihe, nackte Mauern mit offenen steinernen Fenstereinfassungen, hervorragenden Altanen ohne Ballustraden. Einige Ziegen sprangen dort oben umher und schauten neugierig auf uns herab. Die schweren marmornen Treppen drohten einzustürzen. Alles hier ist ein Bild der Zerstörung. Nur ein einziger Flügel ist noch in wohnbarem Zustand, Soldaten waren hier einquartiert; wir sahen sie halb angekleidet und in voller Montur, in roten Hosen, braunen Röcken, weißen Sakkos, wie die Uniform des Regiments Córdoba; einige von ihnen bearbeiteten den Boden in den Gartenanlagen auf der großen Terrasse nach der Alcantarabrücke hin.

Nach dieser Seite hin hat die Fassade vom Alcazar-Schloß sich noch am besten erhalten; hier ist sie noch mit Statuen und Verzierungen durch alle Etagen geschmückt, allein es ist nur eine dünne Schale, hinter welcher die Hand der Zerstörung schwere Schläge geführt hat. Von der Terrasse blickt man über die verfallenen Mauern der Stadt über den Tajo mit Ruinen von Brücken und Gebäuden hinaus; Wassermühlen mit verschimmelten grünen Mauern liegen dort am Ufer, als wenn sie in den Strom hinabgeglitten wären, und dieser droht mit seiner Flut sie hinwegzureißen. Auf der anderen Seite der Alcantarabrücke sieht man die Ruinen der alten Zitadelle San Cervantes; man erzählte uns, der Dichter des Don Quixote habe hier im Kampf für sein Vaterland einen Arm eingebüßt, allein dies ist falsch und streitet gegen die geschichtlichen Mitteilungen.

Nackte, graugrüne Felsblöcke liegen hier wild übereinander hingeworfen, als sei der Steinboden gewaltsam zersprengt worden, kein Erdbeben hätte ihn dermaßen in Stücke schütteln können. Ein schmaler Pfad erstreckt sich längs dem Flußufer und gewährt einen höchst malerischen, abwechselnden Anblick. Man gelangt an einsam liegenden Wassermühlen vorüber; der Pfad schiebt sich schmal wie ein Gesims über den gelben Strom hinaus, der einen Fall nach dem anderen bildet; man steigt zwischen die nackten Steinblöcke hinein, kein Baum, kein Gebüsch ist hier zu sehen, es ist, als ginge man in einem verlassenen Steinbruch. Plötzlich scheint es, als endeten Weg und Steg, hier ist kein Haus, kein Mensch zu erblicken, man befindet sich in einer Steinwüste, aber jenseits des Flusses erhebt sich stolz das malerisch großartige Toledo, eine ungeheure Ruine; der Alcazar ist seine königliche Mauerkrone.

Die ganze Wanderung von der Alcantarabrücke nach der San Martinsbrücke bietet eine Einsamkeit, eine Öde, aber auch eine Großartigkeit, welche überwältigt und packt. Nicht eine lebendige Seele erblickte man auf diesem langen Weg; nicht ein Vogel zwitscherte oder flog an uns vorüber. Erst als wir die Martinsbrücke erreichten, sahen wir wieder Menschen, einige bewaffnete Bauern mit ihren Maultieren; langsam ritten sie die offene Landstraße hinab, die sich bald in einen Felspfad verengte, kaum breit genug für einen Wagen.

Durch das feuchte Stadttor an der Martinsbrücke gelangt man wieder in die Stadt; Wege und Stege, die kreuz und quer führen über große Schutthaufen und Überreste von Gebäuden nach der Kirche San Juan de los Reyes; die roten Mauern derselben sind mit schweren eisernen Ketten behangen, die man gefangenen Christen abnahm, als die Mauren verjagt wurden. In der Kirche selbst sind viele alte Denkmäler; hoch unter der Wölbung schwebt, getragen von einer Mauersäule, der Kirchstuhl, in welchem Isabella und Ferdinand der Katholische die Messen hörten; unter demselben steht ein durch sein künstliches Schnitzwerk bemerkenswertes Bild aus Holz, den Propheten Elias vorstellend, ein wahres Kunstwerk; die Falten des Gewandes sind erstaunlich weich und fein ausgearbeitet, das Antlitz des Propheten wunderbar lebendig. Man hielt ein brennendes Licht vor den Mund des Bildes, und wir sahen in demselben Zähne und Zunge künstlich fein geschnitzt.

Dicht an der Kirche liegt ein großer Klosterhof, den man auch einen Garten nennen könnte, hier gab es viele Orangen. Die Rosen blühten, aber kein Wasser sprudelte, die Bassins standen halb angefüllt da mit trockener Erde und welken Blättern. Ringsum lagen zerbrochene Verzierungen hingeworfen, die offenen malerischen Bogengänge waren kaum zu passieren, solchergestalt hatte man hier Gesimse, Altarbilder und Torsos von steinernen Heiligen umhergestreut und aufgestellt; Gespinste von Spinnen hingen wie Trauerflor über den alten Überresten.

Dieselbe Zerstörung und Verlassenheit traten uns in der nächstliegenden Straße entgegen; auf langen Strecken sieht man weder Tor noch Tür, hier und dort, hoch oben, ist ein Fenster angebracht, wohl vergittert, gefängnisartig einsam. Kein Mensch war hier zu sehen. Eine schmale Schlippe, eingerahmt von alten grauen Mauern, führte höher hinauf zwischen Erdhaufen und finsteren, einsam liegenden Häusern. Vor einer kleinen niedrigen Tür in der baufälligen Mauer stand ein altes Mütterchen mit einem großen Schlüssel in der Hand; sie öffnete die Tür zu einem zwischen Schutt und Ruinen halb versunkenen Gebäude; wir traten ein und standen nun in einer prachtvollen maurischen Halle mit leichten anmutigen Basrelief-Verschlingungen und spitzenartigen Ausmeißelungen in den Wänden, die Decke getragen von marmornen Säulen, der Fußboden ganz von Mosaik; aber niemand wohnte hier, die Spinne spann vor dem Eingang ihren feinen festen Faden, den wir nun zerrissen.

Hier war das Judenviertel, einst das reichste in Toledo; die vermögendsten Israeliten Spaniens wohnten hier, nach einer Sage sollen sie sogar Toledo erbaut haben. Soviel ist gewiß, daß sie in dieser Stadt lange Zeit hindurch größere Rechte als an irgendeinem anderen Ort hatten; hier war es ihnen vergönnt, mehrere Synagogen zu erbauen, unansehnlich von außen, aber strahlend von Reichtum und Pracht im Inneren. Noch stehen hier zwei Synagogen als Christenkirchen, Nuestra Señora del Transito und Santa Maria la Blanca, die letztere ist die prächtigste, ein Tempel Gottes in salomonischer Pracht. In den künstlichen Ausmeißelungen der Wände, die einer Stickerei in Tüll ähneln, schlängeln sich hebräische Bibelsprüche, von den prachtvollen Kapitälern der Säulen erheben sich, schwebend leicht, die pferdehufgeformten Bogen. Der Tempel steht noch, aber das Volk Israels ist verschwunden; sein wohl eingerichtetes Gebäude liegt ringsum in Schutt, barackenähnliche Häuser sind an seine Stelle getreten. Bunte Eidechsen, mit Farben und Gold gezeichnet, sprangen jetzt hervor aus ihren Schlupfwinkeln in diesem erinnerungsreichen Boden. Hier lebte Israels Volk in seinem Glauben und seinen Sitten, hier duldete man sie eine Zeitlang, aber die Tage der Bedrängnis kamen heran, man höhnte es, es wurde von den Christen in der schändlichsten Weise gemartert, deshalb trat Israels Volk gegen die

Christen auf, verriet sie an die Mauren«, und die Christen rächten diesen Verrat an dem ganzen Geschlecht viele Generationen hindurch. Von welchem Entsetzen, Jammergeschrei und welchen Tränen ist dieser Boden Zeuge gewesen!

Zwischen den Schutthaufen hier oben lag eine umgestürzte granitene Säule; auf dieser saß, inmitten der Öde, einsam ein alter, blinder Bettler, in seinen zerlumpten Mantel gehüllt, seine Gesichtszüge waren edel, sein weißes Haar hing über die Schultern hinab. Diese Gestalt in dieser Umgebung rief mir ein Bild ins Gedächtnis: den Propheten Jeremias auf den Ruinen Jerusalems. Ob der Alte hier hinauf geleitet worden war, um Gott zu bitten, er möge ein sichtbares Wunder geschehen, jemanden hier vorübergehen lassen, der ihm eine Gabe spende? Hier sah es aus, als kämen niemals Menschen an diesen Ort. Ein großer Raubvogel flog über uns hin, sich sicher fühlend wie in der Wüste.

Nicht weit von hier liegt die berühmte Fabrik Toledos, in welcher Damaszener-Klingen, Säbel, Dolche und Messer geschmiedet werden, sie liegt dicht an dem Tajo in der einsamen Campagna. Von der Martinsbrücke aus führt ein kurzer Weg dahin, und derselbe geht an mehr denn einem erinnerungsreichen Punkt vorüber. Draußen im Wasser stehen wieder Reste von alten Mauern, dieselben umschlossen einst diejenigen Badezimmer, in welchen Graf Julians schöne Tochter Florinda Kühlung suchte, Najade spielte und von dem Gotenkönig Don Rodrigo gesehen wurde. Auf der kleinen Insel in der Nähe stand sein reiches Schloß, noch ist von demselben ein alleinstehender Turm übrig. Von diesem aus erblickte er die junge badende Jungfrau. Er bekam sie in seine Gewalt, wie Don Juan seine »Tausend und Drei«, allein ihr Vater rächte diese Schande, rief die Mauren aus Afrika herüber, die die Goten und ihren König verjagten.

Ich kenne nichts Einsameres, als den breiten aufgefahrenen Weg dicht unter den alten Mauern von Toledo und den Anblick, den man von hier aus hat; die Campagna lag hier trauernd, die fernen finsteren Berge standen drohend da, alles stimmte zu Ernst und Wehmut, ich fühlte mich hier wie an einer Leichenbahre, auf welcher eine tote Größe ausgestreckt liegt. Die Kirchenglocken waren der einzige Pulsschlag des Lebens, das Läuten der Kirchenglocken ist in Toledo Lebenszeichen und Rede.

Wunderlich gespensterhaft tönen in der stillen Nacht namentlich die Schläge einer Glocke, dieselben haben einen gar sonderbaren tiefen Klang, heiser und unheimlich, ich mußte bei diesem an die Totenglocke der Autodafés denken, es war mir, als schritten draußen an meinen Fenstern lautlose Phantome der heiligen Bruderschaft Prozession vorüber.

Am hellen Tag tönten zwei Kirchenglocken, so lebhaft, so klangvoll, sie sprachen verständlich einen Namen aus, der in mein Ohr hineinklang; die eine Glocke sang: »Bianca! Bianca!«, die andere sang: »Sancho! Sancho!« Ja, so klang es und nicht anders, an wen wollte die Glocke erinnern? Niemand vermochte es mir zu sagen, aber vieles ist in der Welt geschehen, wovon es keine Geschichte oder Sage gibt. In meinem Grübeln über den Klang der Glocken war es mir, als hallten die Pflastersteine und Straßen wider vom Pferdegetrappel, als jagten ritterliche Edle dahin auf schnaubenden Rossen mit flatternden Mähnen und feinen starken Beinen; der schwere, eiserne Hammer klang auf der Werkstatt des Waffenschmieds heraus; schöne Frauen traten auf den Balkon und sangen und schlugen die Laute.

Von allen Glocken Toledos ist keine so groß oder merkwürdig wie die der Kathedrale. Fünfzehn Schuster, sagte man mir, könnten unter derselben sitzen und ihren Pechdraht ausziehen, ohne einander zu berühren. Die Sage erzählt, daß der Klang der Glocke bis in den Himmel reichte, Sankt Peter wähnte, der Klang komme aus seiner eigenen Kirche in Rom. Als er sich aber überzeugte, daß dies nicht der Fall sei, und daß Toledo die größte aller Glocken besitze, geriet er in Zorn und warf einen seiner Schlüssel auf die Glocke hinab, sie bekam dadurch einen Riß, der noch zu sehen ist. Wäre ich Sankt Peter und hätte ich als solcher die Stimmung, die ich habe, so würde ich eher demjenigen den Schlüssel an den Kopf werfen, von welchem ich alsdann schon wüßte, daß er der Erfinder dieser Sage wäre.

Soviel ist indes gewiß, die mächtige Glocke der Kathedrale ist, wie gesagt, das Lebenszeichen von Toledo, die Kirche selbst der einzige Ort, wo man hoffen darf, Menschen zu erblicken; auf der Straße, auf der Alameda sind keine zu finden. Die Architekten sagen, der Dom sei, seines Alters und seines Stils wegen, einer der merkwürdigsten im Land; das Rathaus, welches dicht vor der Kirche liegt, ist ein niedriges, plumpes Gebäude, ich wüßte nicht, welchem Stil es zugeordnet werden könnte, es müßte denn zum Stil der viereckigen Möbel gehören, es sieht aus wie eine große Kommode mit zwei Schiebekästen, von welchen der untere ausgezogen ist. Auf dem Platz zeigten sich die Leute nur, wenn sie aus der Kirche gingen. Welche Pracht und Größe im Innern! Welche versteinerte himmelhohe Laubhütte! Die Bogen erheben sich schwindelnd, geziert mit künstlich ausgemeißelten Blätterverschlingungen, das Tageslicht strahlt durch bunte, mit Bildern bemalte Fensterscheiben. Ringsum in den Gängen steht Altar bei Altar; eine Schar von Frommen, der Mehrzahl nach Frauen, in ihre schwarzen Mantillen gehüllt, knien hier. Wir sahen sie sich tief verbeugen und das Zeichen des Kreuzes machen, indem sie an einem, in unseren protestantischen Augen gewöhnlichen gemeinen Pflasterstein vorüberschritten, der in einem der Altäre hinter einem dünnen eisernen Gitter verwahrt wird; auf diesen Stein hat Madonna ihren Fuß gesetzt, als sie vom Himmel herabstieg zu den frommen Gläubigen Toledos, so besagt es die Legende. Die Orgel ertönte, der Psalmensang strömte durch die Wölbung, der Klang der Kirchenglocken wurde hier innen vernommen, still wanderten wir durch die mit Räucherung erfüllten Gänge und schauten hinter goldigen Gittern prachtvolle Kapellen, die im reichen Glanz strahlten; die Wände blendeten das Auge durch Farben und ausgemeißelte Bilder. Das Tageslicht strahlte durch die bunten, bemalten Scheiben auf die marmornen Sarkophage hinein.

Indem wir hinaustraten, ließ die große Kirchenglocke ihren letzten Schlag des heutigen Festläutens erschallen, die Luft zitterte lange mit tönendem Laut, und darauf wurde es lautlos still, die Einsamkeit lag brütend über Stadt und Umgegend, das Leben glitt dahin in Ruhe, in dem stillen Schlummer, der entschwundenen Zeiten gehört.

Ungern verläßt man Toledo; es ist betrübend, sich mit dem Gedanken losreißen zu müssen, daß man niemals wieder hierher kommt, nimmermehr diesen Ort wiedersehen werde, der in so wunderbarer Weise unsere Sympathie erweckt: Ob ich wohl öfter die Gegend hier wiedersehen und wie in dieser Stunde singen werde:

> Ich grüß' Dich, uraltes Toledo,
> Dem Ruhme bist Du vermählt;
> Hier schmiedet man Maurenklingen,
> Wovon die Welt sich erzählt.

Hier ist's so still und so einsam,
Ein großes, doch ödes Grab,
Alcazars Tor ist gesunken,
Aus rostgen Angeln herab.

Die Ritterburg ist ein Gasthaus,
Ich wohne im Ahnensaal,
Hoch prangt das Familienwappen,
Über dem offnen Portal.

Ein Feuerfaß statt des Kamins!
Der Regen strömet herab;
Er schwillet an wie die Sündflut,
Macht die ganze Gegend zum Grab.

Die nackten graugrünen Felsen,
Stehn an des Tajo Rand;
Sie kennen die lärmende Vorzeit
Und die jetzige Öde im Land.

Sie hörten Mohammed preisen,
Und Hunnen an Jehovah,
Nun aber die Lokomotive,
Brauset von fern und von nah.

Stille wird es dann wieder,
Groß ist's, doch öde ringsum,
Doch lieblich schlingt sich die Rebe,
Ums alte Stadttor herum,

Und hinter dem Gitterfenster
Blickt das holdeste Röschen mich an;
Ach, diese kohlschwarzen Augen! –
Oft werd' ich denken daran.

XVIII. Burgos

Mit der Eisenbahn sind nur einige wenige Stunden Fahrt von Toledo nach Madrid. Der Aufenthalt in letzterem Ort wurde zu vierzehn Tagen verlängert; es war kein Leichtes, sich von Murillo und Velasquez loszureißen; es war schwer, den vielen liebenswürdigen Menschen, die ich kennengelernt hatte, Lebewohl zu sagen, allein der Winter nahm zu, und wir hatten keinen Kamin in unserem Zimmer im Hotel; der Wind wußte außerdem wunderbar genau jeden kleinen Nerv im Kopf, Hals und in der Brust zu finden, dieser Wind war gar nicht auszuhalten. Wenn die Witterung in Burgos nicht besser wäre, wollte ich Ende des Jahres 1862 Spanien verlassen und mich nach Südfrankreich begeben, wo das Klima mild und freundlich ist.

Der schwedische General-Konsul, Exzellenz Bergman war bis zum letzten Augenblick unverdrossen und liebenswürdig und voller Aufmerksamkeit gegen uns. Bei unserer Abreise kam er, der ältere Mann, zu uns in den kalten Wartesaal und blieb dort und im Gedränge auf der offenen Straße, bis wir abfuhren; auch Herr Zobel aus Manila und einige andere der jungen Dichter, meine Freunde in Spanien, riefen mir ihr Lebewohl zu; Madrid gewann ich ganz lieb wegen der herzlichen Gesinnung, die mir hier entgegengetragen wurde, und durch das frische Leben, welches sich hier regte.

Die Eisenbahn in Frankreich hinein nach Bayonne leidet noch an vielen Unterbrechungen; gleich anfänglich lernten wir dieselben kennen, indem wir schon beim Escorial, dem königlich spanischen Mausoleum, aussteigen mußten. Die Stille des Todes wohnt in diesen Hallen, diesen königlichen Gräbern, in ihren Wölbungen, in der Stadt selbst und ihrer Umgebung.

Nur wenn die königliche Grabkammer zum Empfang eines neuen Sarges sich öffnet, herrscht wieder Leben hier; alsdann läuten die Glocken, die Trommeln werden gerührt, es wird gekocht und gebraten in den großen Küchen, um das Leichengefolge zu stärken, das wieder zum Leben zurückkehrt.

Philipp der Zweite ließ den Escorial als sein eigenes Grabmonument erbauen. Der glühende eiserne Rost, auf welchem der heilige Laurentius von den Heiden lebendig verbrannt worden war, wurde zu einem heiligen Symbol; in der Form desselben wurde der Escorial errichtet; seine Höfe und Gebäude bilden die Form eines ungeheuren Rostes; unter diesem ruht der königliche Herr, über demselben saust der Wind mit starken Stößen vom öden, wilden Guadarama-Gebirge her, jammernd und klagend sind diese Töne, aber es gibt keine heulenden Geister im Sturm, nicht durch das Laub des Waldes sausen sie, Geister sausen durch die Blätter der Geschichte und erzählen von den Taten Philipps des Zweiten. Blut war der Born, den er sprudeln ließ; in Spanien, in den Niederlanden, ja weit und breit auf der Erde herrschte er, die Sonne in seinem großen Reich ging nie unter; seine harten, finsteren Taten glühen wie die Scheiterhaufen des Autodafés, während Seelenmessen gelesen werden bis »zum jüngsten Tag«.

Unter den vielen Nischen des Hochaltars ruhen Seite an Seite in schwarzen marmornen Särgen die königlichen

Leichen; einsam und verlassen stehen die unzähligen Zellen der Mönche in den Kellern des Schlosses. Von Größe und vom Grab spricht das aus Steinmassen erbaute ungeheure Gebäude.

Es war ein finsterer, unheimlicher Abend, als wir den Escorial verließen, der Wind heulte; aus dem gemächlichen Eisenbahnwagen wurden wir in die enge Diligence hineingepackt und sollten in dieser bis zum Tagesanbruch aushalten; ringsum lag der Schnee; der Wind pfiff durch Ritzen und Spalten zu uns in den erbärmlichen Wagen herein. Ich hüllte mich in meinen Plaid, saß wie in einem Sack da, der durchdringende Wind wurde in solcher Weise weniger fühlbar. Ein kleines Kind befand sich im Wagen, es weinte und schrie die ganze lange Nacht. Es erhob sich ein Schneesturm; derselbe rüttelte und schüttelte am Wagen, es war, als sollten wir umgeworfen werden; eine Fensterscheibe sprang, das Glas fiel heraus, und ein Windstoß trieb den Schnee zu uns herein. Eine alte Manta mußte über die Fensteröffnung fest geschnürt werden, wir saßen leibhaftig »in dem schwarzen Topf«, und der schaukelte und hüpfte so, daß kein Gedanke an Schlaf oder Ruhe, wohl aber an Arm- und Beinbrüche da war.

Endlich in San Chidrian erreichten wir wieder die Eisenbahn; allein der Zug ging erst einige Stunden nach unserer Ankunft ab. Wir mußten in einem großen, kalten, hölzernen Schuppen warten, wo alles wie Kraut und Rüben untereinander lag, wo wir etwas altes, hartes Brot und eine dünne Chocolate verzehrten, aber auch das wurde überstanden.

Die Signalglocke ertönte, wir begaben uns in den Wagen, die Lokomotive brauste, und wir fuhren in der Morgendämmerung dahin durch die flache Landschaft. Der Schnee lag ringsherum in Haufen zusammengeweht. Hier streckte sich ein Weinfeld, dort stand einsam eine Pinie, sie dachte gewiß wie ich: »Bin ich denn hier in Spanien, in einem der warmen Länder?«

Die Uhr ging auf zwölf, bevor wir Burgos erreichten. Schon lange vorher zeigten sich uns die zwei großen Türme des mächtigen Doms, als wir hier aber näher kamen, schienen sie in die Knie zu sinken und von den vielen alten Häusern ringsum gedrückt zu sein.

Wir zogen in die Fonda de la Rafaela ein, der Schnee lag hoch in den Straßen, es war bitterkalt hier; der Wind blies durch Ritzen und Sprünge zu uns herein; in den Zimmern und auf den Gängen war ein ganz entsetzlicher Zug. Wir trafen hier mit einigen Reisenden aus Pamplona und Saragossa zusammen; sie erzählten, daß ganz Nordspanien mit Schnee bedeckt sei und daß, wohin man auch käme, es ebenso kalt und unangenehm sein würde. Von meiner Balkontür blickte ich auf die Straße hinab; dort unten gingen die Leute und wateten im tiefen Schnee; es fielen fortwährend große schwere Flocken, wie sie um Weihnachten in unserer Heimat fallen. Es fror uns bitterlich, Kamine hatten wir nicht, ein Brasero wurde hereingebracht, und über glühenden Kohlen mußten wir Füße und Hände erwärmen.

Die armen zwei Schildkröten, die Collin aus Afrika mitgenommen hatte, krochen ganz unter das Feuergefäß und bekamen ihre Schalen durchgeheizt.

Wir wollten Cids Grab, außerhalb der Stadt, in dem alten Benediktinerkloster besuchen; auch den Dom wollten wir sehen; aber es war ganz und gar kein Wetter zum Ausgehen und Umherstreifen. Vielleicht würde es am folgenden Tag besser werden.

Ja, was kann nicht geschehen oder geschehen sein, wenn »das Morgen« kommt. Mein Reisegenosse und ich selbst hätten beinahe die große Ewigkeitsreise antreten können – aber eine solche Begebenheit muß in Versen erzählt werden, ich schrieb sie nieder mit frostigen, todeskalten Händen.

Burgos

Es stürmet gewaltig draußen,
Schneit fußhoch für und für,
Und wie ich drinnen muß hausen,
Da zieht's durch Fenster und Tür.
Ein Feuergefäß steht im Zimmer,
Man sieht's, doch fühlt man's kaum,
O nordischer Ofenglut-Schimmer,
Komm her und schmück diesen Raum!
Am Lied kann ich kaum noch erwärmen,
Doch find' ich dort Wärme zumeist,
Es kneift mich in Beinen und Armen –
Fast glaub' ich – des Fiebers Geist.
Schlaft wohl! Hu! Träume mich schrecken,
Mir ist, als schleppt man mich fort,
Nach düsteren Klosterecken,
Wo der Cid ruht im stillen Ort.
Vom Schnee, der rings mich umschwebet,
Erstarret zu Eis schon mein Blut,
Des Sarges Deckel schon hebet
Man auf – da brenn' ich in Glut.
Die letzten Kräfte zusammen
Raff' ich und richt' mich empor,
Da ist's, als umhüllten mich Flammen,
Mit festem, giftigen Flor.
Vom Feuergefäß dampfende Gase
Schweben auf mich hinab
Die Kohlendampf-Hexe, die Base
Des Schwarzen, gräbt mir ein Grab.
Den Fuß auf die Brust mir gestampfet,
Die Stirn mit Ringen umspannt –
So zieht sie mich fort und dampfet
Mich halb in des Todes Land.
Da ring' ich mich los aus dem Sarge,

Ans Fenster, und auf es sprang,
Luft, Luft! noch sing' ich, du Arge!
Nicht meinen letzten Gesang.

Wir wären beinahe im Kohlendampf erstickt. Ich erwachte mit Druck in der Herzgrube und mit Folterbank um den Kopf; ich rief Collin, aber er lag noch angegriffener da als ich; nur mit der größten Anstrengung kam ich aus dem Bett, und schwankend wie ein Berauschter erreichte ich die Balkontür; diese war fest geschlossen, ich empfand eine Angst, eine Schwere in allen Gliedern, allein ich raffte alle meine Kräfte zusammen und riß endlich die Tür auf; der Schnee stöberte herein.

Den ganzen folgenden Tag waren wir leidend, und wir hatten nicht einmal den Trost, daß das Wetter sich besserte. In Regen und Tauschnee wanderten wir nach der Domkirche, die sich zwischen Häusern in den engen Gassen verbirgt, aber groß und prächtig an Grabmonumenten und Kapellen ist; reich und eines Tempels würdig ist z. B. das Begräbnis der Familie Velasco. Die Gänge und Bogen der Kirche prangen mit marmornen Gestalten und Basreliefs, mit Bilderreichtum, Portraits von Bischöfen und Erzbischöfen. In einem eigenen Verschluß hing gleichsam eine alte Reisekiste, um nicht zu sagen ein Koffer; der Sage nach hätten zwei dieser historischen Stücke hier sein müssen.

Kommen ließ der Cid zwei Juden,
Neben sich bei Tafel sitzen
Mit viel Zeremonien;
Will von ihnen tausend Goldstück'
Auf die Sicherheit von zweien
Großen Kasten, angefüllet
Mit all seinem Silberwerk.

Aber, wie das Lied berichtigend und entschuldigend hinzufügt:

»So wollt' es jetzo seine Not«,
» – – die schweren Kasten,
Der Cid mit Sand gefüllt.«

Kaum eine Stunde Weges außerhalb Burgos, dicht an der Eisenbahn liegt das Kloster Cartuja de Miraflores, und eine kurze Strecke entfernt von diesem das alte Benediktinerkloster San Pedro de Cordonna, wo der Held Don Rodrigo Diaz del Cid und seine hochherzige Gattin Ximene begraben liegen, dort wollten wir hinaus, allein wir blieben drei Tage in Burgos, kamen aber dessenungeachtet nicht zu dem Grab Cids. Man konnte weder zu Fuß noch zu Wagen dorthin gelangen, der Schnee lag Ellen hoch.

Hier in dieser Gegend wurde der berühmte Held 1026 geboren; in Burgos verbrachte er einen Teil seiner Tage, hier zeigt man noch die Überreste seines Hauses, und eine Straße der Stadt trägt seinen Namen.

Der Schnee schloß uns ein, und in dem heimatlichen Winterelement kam die Muse der Märchendichtung herbei, zeigte das Juan-Bild und erzählte die Geschichte eines der auf der Arena beim Stierkampf getöteten Pferde. Im Norden am Kamin werde ich sie einmal erzählen.

Im Hotel waren eine Menge Fremde, wohlwollende Spanier, liebenswürdige junge Franzosen mit guter Laune, und gar zwei Reisende, deren Nationalität wir nicht ausfindig machen konnten. Der Mangel an Kaminen in dem Gastzimmer und das immer schlechte Wetter führten uns alle öfter zusammen. Im Speisesaal, vor dem großen Kamin, wo die Holzscheite flammten und wärmten, versammelten wir uns, die Bekanntschaft wurde bald gemacht, das Eigentümliche eines jeden trat mehr hervor. Hier befand sich unter anderem auch ein Kuriositätensammler, ja, was sammeln die Leute nicht, worauf fallen sie nicht! Es gibt junge Mädchen, die alte Stahlfedern sammeln, Knaben, die Siegel oder Briefmarken sammeln, sie schaffen sich große Bücher voll davon an. Der Dichter Castelli sammelte, wie bekannt, Schnupftabaksdosen; hier hatten wir unter den fremden Gästen einen Mann, der berühmte Zähne sammelte, er hatte ein ganzes Zahn-Album, in demselben befand sich ein Zahn von einem längst hingerichteten Räuber, von einer berühmten Sängerin, item ein Zahn, ich glaube von dem Barbier des Zumalacarregui, sehr kombiniert war wenigstens die Berühmtheit.

Wir lernten auch zwei Gegensätze kennen, Lustreisende, denen die Reise keine Lust war, sie besaßen nichts von der Besonnenheit des guten Zusammenlebens; war der eine guter Laune, so war der andere mürrisch, lobte der eine etwas, so taugte es dem anderen gar nichts, nur in einem Punkt waren sie einig, erzählte man, und zwar darin – bis weit in den Tag hinein zu schlafen. Sie ließen sich allerdings jeden Morgen wecken, aber bei dem ersten Ruf brummten sie, und beim zweiten kehrten sie sich im Bett um, und bei dem dritten ergriffen sie einen Strumpf, mit welchem in der Hand sie darauf wieder einschliefen.

Auch hier in Burgos herrschte die gleiche Sitte, wie in Madrid und Toledo, die nämlich, daß die Leute einem Visiten machten, wenn man eben erst zu Tisch gegangen war, bei welchen jeder Besucher einen Stuhl herbeiholt und sich hinter den oder die setzt, den oder die er besuchen will. Oft kamen zwei bis drei Leute; da saßen sie nun in langwierigem Gespräch und beengten den Platz für den Aufwärter, wie sie auch denjenigen genierten, der neben dem saß, den sie besuchten.

Wir waren bereits den dritten Tag in Burgos, der Schnee

fiel unablässig herab und man sprach schon davon, daß er bald eine Stockung in die Eisenbahnfahrten bringen würde; hier zu bleiben war gerade nicht erfreulich.

Wollte man sich in der Stadt umsehen, das große, prächtige, mit Statuen geschmückte Tor oder den alten Dom in Augenschein nehmen, mußte man im Winteranzug mit Galloschen an den Füßen, mit einem großen aufgespannten Regenschirm kämpfend, im tiefen Schnee dahin schreiten. In den großen offenen Bogengängen der Straßen war es rauh und naß. Man ermüdete bald; in solchem Wetter draußen zu sein war nicht angenehm, und man eilte baldigst nach Hause in die Fonda Rafaela, wo man in seinem Zimmer bei dem kohlendampfenden Brasero fror oder in das Speisezimmer zu den anderen Leuten am Kamin hinabging.

Die Aufwartung war den Dienstmädchen überlassen; es herrschte eine sonderbare Ungeniertheit, wie in keinem anderen Gasthof Spaniens. Hätte man begonnen, den Cancan zu tanzen – es hätte mich nicht gewundert.

Endlich brach ein Sonnenstrahl hindurch, doch nur für wenige Minuten; die Luft war wieder dick und grau, der Schnee fiel; ginge es so fort, würden wir unseren Weihnachtsabend hier in der alten Stadt des Cid feiern müssen. Unsere jungen Franzosen versprachen uns aber mildes, freundliches Wetter, wenn wir erst auf der anderen Seite der Pyrenäen sein würden, und sie hatten in der Tat recht – nördlich von den Bergen kündigte sich schon der Frühling an.

XIX. Über die Pyrenäen nach Biarritz

Die Wolken teilten sich, die Sonne brach hervor, die Stunde der Abreise schlug; wir fuhren ab. Der Schnee lag hoch aufgeworfen an beiden Seiten der Eisenbahn; der Wind hatte das dicke Eis reingefegt, welches über Wassergräben und Teichen lag. Das alte Cartuja mit seinen steinernen Figuren, das Dach entlang, war ganz und gar eingeschneit. Schnee und immer Schnee sahen wir auf der ganzen Strecke bis Vittoria, aber im Wagen bei uns war die Lebhaftigkeit des Südens, sie blühte in Rede und in Gesang; nur noch kurze Zeit sollte ich die schöne klangvolle Sprache vernehmen, die in meinem Ohr voller und kräftiger lautet als selbst die italienische. Welche Musik!

> Von Rhythmen in Kastagnetten
> Ist Klang in der spanischen Sprach',
> Sie woget melodisch, als säng sie
> Die Noten des Herzens wach!
> Wie eine Toledo-Klinge
> Biegsam – trifft doch sie das Herz,
> Hat Worte wie Janusköpfe
> Zu frisch volkstümlichem Scherz!
> Betrachte Murillos Madonna,
> Nichts Himmlischres hast Du gesehen,
> Die spanische Sprache muß sie sprechen!
> Die Engel müssen's verstehen!

Sie klang mir in Melodien ins Ohr, sie tönte mir ins Herz hinein.

Wir befanden uns im Land der Basken, der Zug hielt bei Vittoria, einer Stadt, die reich an Erinnerungen aus der Kriegsgeschichte ist. In dem blutigen Kampf des Bürgerkrieges wurde hier (27. Oktober 1834) das Christinische Heer von Zumalacarregni, dem volkstümlichen Helden der Karlisten, geschlagen; der Hirt verließ seine Herde, der Bauer seinen Pflug, um ihm zu dienen, sie wagten unverdrossen ihr Leben, um ihm zu rapportieren. Die Soldaten nannten ihn scherzweise El Tio (das heißt den Onkel). Hier vor Vittoria stürmte er dahin auf seinem weißen Pferd, keine Kugel traf dieses oder ihn, der doch so leicht an der roten baskischen Mütze, der Pelzjacke und dem roten Beinkleid zu erkennen war.

Vittoria war in letzter Zeit, wenn auch nur auf einige Stunden, der bewegte Schauplatz des Augenblicks im Dienste der Wissenschaft; am 18. Juli 1860 waren hier die Astronomen Europas versammelt, um die totale Sonnenfinsternis zu beobachten.

Wir sahen weder Sonne noch Himmel, nur schwarze, finstere Wolken, der Schnee stöberte, der Wind blies; Vittoria selbst verbarg sich hinter diesem weiten, beweglichen Vorhang. Jedesmal wenn die Wagentür geöffnet wurde, bekamen wir eine Menge großer, schwerer Schneeflocken herein; jeder Reisende, der in den Wagen stieg, schüttelte eine ganze Ladung Schnee von sich ab. Die Eisenbahn war hier vor nicht langer Zeit eröffnet worden, die Lokomotive war etwas Neues, war mancher alten Señora etwas Diabolisches, eine jede solche bekreuzigte sich auch, wenn sie in den Wagen stieg, bekreuzigte sich, wenn sie Platz nahm und wenn sie das Schrillen der Signalpfeife vernahm.

Es war finsterer Abend, bevor wir den interimistischen Bahnhof bei Olazagoitio erreichten, wo die Eisenbahn endigt. Eine einzige Öllaterne in der Tür sollte Licht genug für drei Wartesäle spenden. Fußböden und Gänge waren schwarz und schmutzig von Schnee und lehmiger Erde; hier konnte man durchblasen werden, wenn man sich diese Gesundheitskur wünschte. [...] Es war hier wie in der Heimat im hohen Norden, wenn man um die Weihnachtszeit von der Landstraße aus in den Warteschuppen eines Wirtshauses hinein fährt, wo die Tore an beiden Seiten offen stehen, der Wind durch und durch fährt, und einem der Schnee um die Ohren wirbelt.

Von Olazagoitio habe ich keine Vorstellung, ungeachtet wir hier über eine Stunde warten mußten; nicht ein Haus war in der Finsternis, die hier waltete, zu sehen; ein vereinzeltes Licht warf seinen Schein über einige Schneewehen; dort, sagte man, sei ein Restaurant; die Passagiere wateten im Schnee bis über die Knie hinauf, um dort hin zu gelangen. Ich blieb zurück, in der Hoffnung, unsere Koffer zu entdecken und zu kontrollieren, daß sie in die Diligence kämen, mit der wir weiterfahren sollten. Es hielten hier etwa zehn verschiedene Wagen, von welchen einige nach Bilbao, andere nach Pamplona und wieder andere nach Bayonne abgehen sollten. Das Gepäck, Koffer, Reisetaschen und Hutschachteln glitten in Schneebeleuchtung an mir vorüber; sie wurden in die verschiedenen Wagen geworfen, mit der Schnelligkeit von Taschenspielerzünften; man mußte froh sein, in diesem Gewühl und in dieser Finsternis seine Sachen im rechten Wagen vorzufinden. Ich gab die Hoffnung daran auf.

Es war kalt, ich war hungrig; mein Reisegenosse brachte mir Speise und Trank, diesen soliden »roten Faden«, der sich durch jede große Reise zieht, den man aber in den Beschreibungen zu verdecken sich bestrebt. Das Brot war ehrwürdig alt, der Schinken faserig und trocken, der Wein erweckte unsere Sehnsucht nach lauwarmem Regenwasser mit Anisette, oder anderer bitterer Mixtur.

Jetzt wurden wir in den Wagen hineingepackt, die Pferde hatten keine Lust, vorwärts zu gehen, sie bekamen die Peitsche, sie wurden gezogen und gelenkt, endlich kamen sie in Tritt; der Abend war finster, die Nacht war ebenso finster, der Schnee lag hoch, die Wagenlaterne leuchtete über denselben hinaus auf Felsen, auf Gebüsch und in tiefe Abgründe hinab, dicht an dem Geleise, in welchem wir fuhren, aufwärts fuhren.

Dieses Gebirge war während des Bürgerkrieges der Schauplatz vieler blutiger Guerillakämpfe; in diesem Gebirge trieb sich Don Carlos bei Regen und Schnee umher, jeden Augenblick auf die Wachtfeuer der Christinos stoßend; jetzt aber lag alles in Ruhe und Frieden; wir erblickten nicht einmal die auf den Gebirgswegen in der Regel zur Sicherheit des Weges umherreitenden Gendarmen; hier war es sicher in der finsteren Nacht. Wir fuhren durch kleine schlummernde Städte, allein ich schlief nicht. Einige schwer bepackte Diligencen, deren leuchtende Laternen ihr Kommen aus der Ferne ankündigten, waren die einzige Begegnung; es war still, einsam und winterkalt, als führen wir um die Weihnachtszeit über einen Bergkamm zwischen Norwegen und Schweden, und nicht zwischen Spanien und Frankreich.

Wir befanden uns im Land der Basken und empfanden dessen rauhes Klima zur Winterszeit.

Endlich ging der Weg abwärts, die Schneelagen wurden dünner, und schließlich verschwanden sie ganz. Wir fuhren in eine Stadt hinein, die Straßenlaternen brannten hier noch in der Morgenstunde. Die Stadt war ansehnlich, hatte wohlgebaute Häuser und große Bogengänge. Wir waren in San Sebastian. Die Diligence hielt vor einer Fonda an, die durch ihre Reinlichkeit, ja fast durch ihre Eleganz überraschte. Wir schauten uns sowohl im Zimmer als auch in der Küche um; die Chocolate und die Milch wurden in blankpolierten Gefäßen gekocht; die Küche strahlte, und die junge baskische Magd, die darin wirtschaftete, verstand es auch, ihre Augen strahlen zu lassen; wie schwarz, wie schön waren sie! Was die sagten, war leichter zu verstehen als die baskische Sprache, die ihr Mund sprach; in der Volkssprache heißt sie Escuara, die Gelehrten behaupten, sie sei mit dem Sanskrit verwandt; allein wie viele von uns Europäern verstehen die Zunge der Sakontalas?

San Sebastian liegt außerordentlich malerisch an einem Einschnitt des baskischen Meerbusens; die Felsen ringsum erheben sich jäh aus dem tiefen, grünen Wasser. Wir sahen die Stadt bei aufgehender Sonne, die die Wolken feuerrot malte. Niemand hatte diese Stadt als eines längeren Besuches wert hervorgehoben; allein sie verdient in vollem Maße einen solchen, sie hat ganz und gar den Charakter einer spanischen Stadt in einer wunderschönen Umgebung. Zur Sommerszeit blühen wild wachsende Jasmine auf den Bergen, die Luft ist von ihrem Duft erfüllt. Alsdann ist San Sebastian das Ziel kleiner Ausflüge der Franzosen nach Spanien. Man befindet sich hier beim Volksstamm der Ureinwohner dieses Landes, bei den kräftigen, ausdauernden Iberiern, in ihrer baskischen Sprache Escualdunac genannt.

Es war eine große Veränderung, eine Überraschung, hier an der Nordseite der Pyrenäen ein weit milderes Klima vorzufinden, als das war, aus dem wir kamen. Hinter uns lagen die mit Schnee bedeckten Berge, hier dagegen, je weiter wir vordrangen, waren die Wiesen und Felder grün, und als wir Irún, die letzte spanische Stadt auf unserer Tour, erreichten, standen alle Gärten noch in schönem Blumenflor, und Orangen hingen noch zwischen dem dunklen Laubwerk.

Unsere Pässe hatten wir in Madrid gegen sehr hohe Bezahlung visieren lassen müssen, und doch wurde in Irún noch ein kleiner Tribut verlangt; etwas Pech müsse man doch haben, um nicht alles in Spanien paradiesisch zu finden, und doch bleibt das der Haupteindruck; in wunderbarer Schönheit strahlt die Erinnerung!

Durch die Gedanken fliegt all die Herrlichkeit, die Schönheit, die Ritterlichkeit, die ich hier sah und genoß, das viele, das hier zu bewundern ist, und man jubelt beim Abschied:

Spanien, welchen Reichtum hast du
    Von der Schönheit der Natur!
Palmenhain' und Kaktus-Wildnis,
    Dürre Wüste, Blumenflur!
Schönheit wandelt in Gestalten,
    Malerisch ist jede Tracht,
Und um deine Küsten wallet
    Hoch das Meer in seiner Pracht.
Mauren gaben süße Lieder
    Voller Geist und holdem Ton,
Durch Cervantes und Murillo
    Stiegst du auf der Künste Thron.
Ja, dein »Heute« schwellt von Jugend,
    Du warfst ab des Mönchtums Fluch,
Spaniens Blüte – ich verstand es –
    Glänzet in der Zukunft Buch!

Eine lange Brücke bei Behobie bildet die Grenze, die eine Hälfte derselben gehört Spanien, die andere Frankreich. Die Reisebeschwerlichkeiten in dem fremden, wenig betuchten Land, die ich gefürchtet hatte, waren so leicht dahingeglitten, als wären sie gar nicht vorhanden. Mir war zumute, als käme ich von einem Fest, auf dem ich mich recht vergnügt hatte und recht glücklich gewesen war, und als ginge es jetzt in die Heimat, wo treue Herzen für mich schlagen und innigen Anteil an meinem Wohl und Wehe nehmen.

Die Zeichnung der Landkarte zeigt uns, daß Spanien der Kopf der Jungfrau Europa ist; ich hatte hineingeschaut in ihr wunderschönes Antlitz; ich vergesse es nimmer!

Wir befanden uns in Frankreich. Die Sonne schien, der Frühling war hier, und bald erreichten wir Bayonne, wo Schinken auf den Tisch kam, eine nordische Göttermahlzeit. Das Feuer im Kamin war unser Weihnachtsfeuer; ein Wachsstock, um die Champagnerflasche geschlungen, wurde als Weihnachtslicht angezündet, der Pfropfen knallte, und wir brachten Toaste aus auf unsere Heimat und alle unsere Lieben dort, sie schienen uns so nah, und doch befanden wir uns jetzt nur noch wenige Stunden Wegs außerhalb Spaniens; seine in Winter gekleideten Berge leuchteten uns noch. Unser Lebewohl sollten sie aus Biarritz empfangen; dieser viel besuchte Badeort liegt in der Nähe von Bayonne, an der offenen »spanischen See«. Dorthin fuhren wir. Die Sonne schien wärmend; die Bäume knospten; es war Frühling.

In Meeresstille dehnte sich die unendliche See aus, und doch rollten von der glatten Fläche lange Wogen auf die Küste; sie kamen gleich spritzenden Walfischen, legten sich über den Sand hin und bildeten dort verschiedene schäumende Wasserlagen, einem Spitzenbesatz gleich.

Das Meer hat große Bissen aus der porösen, jähen Felsenküste verschlungen, große Höhlen gebildet, in welche hinein sein Pulsschlag wie Kanonendonner vernommen wird. Längs der Küste, draußen im Meer liegen chaotisch wild durcheinander geworfene, durchbrochene Felsblökke, sie liegen da wie große seltsame Seeungeheuer, wie versteinerte Tiere der Vorwelt oder wie versunkene Schiffswracks. Die Brandung spritzt klafterhoch empor, während das weite Meer selbst eine stille Fläche zu sein scheint. Erhebt sich der Wind, erhebt die baskische Bucht ihre Wogen, dann ist sie ein Weltmeer, das hier an die Küste heranwälzt; gegen dasselbe ist der Niagara wie ein Mühlbach. Von den Höhen hier sahen wir nun zum letzten Mal die Pyrenäen, das schöne Gebirge Spaniens. [...]

Nach Dänemark flog ich dahin mit den Heeren der Zugvögel, um die Buche ausschlagen zu sehen, den Kukkuk und alle die zwitschernden Vögel zu hören, im hohen, frischen, grünen Gras zu gehen, die Muttersprache und dänische Melodien zu hören, treue Freunde zu sehen, während ich selbst in meinem Innern einen Schatz von Erinnerungen trug.

Das Leben ist das schönste Märchen, es lehrte mich jubeln. [...]

Literaturen der Welt

Alfredo Véa
**Silver Cloud Café,
San Francisco**
Roman
Gebunden mit Schutzumschlag
460 Seiten

*Eine Symphonie der Visionen, ein
phantastischer Kriminalroman
und ein literarisches Meisterwerk
über Schicksal und Gerechtigkeit.*

Nancy Peacock
Willkommen in Two Moons
Roman einer Kindheit
Gebunden mit Schutzumschlag
175 Seiten

*Der zauberhafte Roman einer
Kindheit in einer Hippie-Kommune.*

William Trevor
Irischer Tanzsaal
Von Kavalieren, Strohwitwen
und John Joe Dumpsey
Gebunden mit Schutzumschlag
210 Seiten

*Die besten Erzählungen Trevors
zum Thema Irland: ein anrührendes
Bild vom alltäglichen Leben,
von Menschen und Landschaften.*

Dschigataj Schichsamanow
Brüder
Familiensaga aus dem Kaukasus
Gebunden mit Schutzumschlag
242 Seiten

*Russisches Erzählen mit
orientalischer Fabulierkunst
vermischt.*

Rachid Mimouni
**Der Fluß nahm einen
anderen Lauf**
Roman
Gebunden mit Schutzumschlag
203 Seiten

*Die fesselnde Schilderung eines
Lebens zwischen staatlicher
Willkür und fundamentalistischem
Wahn in Algerien.*

ROTBUCH VERLAG · HAMBURG

Das andere Reisebuch

Peter Costello
Die Pubs der Dichter
Literarische Kneipen-Tour durch Dublin
Broschur
127 Seiten

»*An excellent entrée to the city ... a kind of rough guide to the cultural, religious and political history of the capital.*«
IRISH TIMES

Peter Kammerer/ Ekkehart Krippendorff
Reisebuch Italien
Von Südtirol bis zur Toskana
Broschur
264 Seiten

Das legendäre »andere« Reisebuch: nach wie vor die beste Einführung für Italienreisende.

Horst Laube
Doppelgänger auf Borneo
Auf den Spuren von Almayers Wahn
Gebunden mit Schutzumschlag
198 Seiten

»*Ein erzählerisches Meisterwerk, ein Reisebuch wie von Chatwin, ein faszinierender ›ethnografischer Roman‹.*«
FRANKFURTER RUNDSCHAU

Nagib Machfus
Mein Ägypten
Mit zahlreichen Fotos
Klappenbroschur
133 Seiten

»*Ägypten ist für mich nicht nur ein Stück Erde, es ist für mich das kulturelle Ursprungsland der Menschheit.*« NAGIB MACHFUS

Michael Lüders
Das Lächeln des Propheten
Eine arabische Reise
Gebunden mit Schutzumschlag
256 Seiten

Mythische Landschaften und ein Gefühl von Zeitlosigkeit stehen in einem jähen Gegensatz zu modernen Alpträumen und politischem Wahnsinn.

ROTBUCH VERLAG · HAMBURG

Das andere Reisebuch

Paolo Tullio
**Nördlich von Neapel,
südlich von Rom**
Gebunden mit Schutzumschlag
270 Seiten

»*Überall auf der Halbinsel behaupten die Menschen, das eigentliche Italien zu bewohnen, doch sie irren. Das eigentliche Italien liegt hier, im Val di Comino, nördlich von Neapel, südlich von Rom ...*«

Hans Christian Andersen
In Spanien
Gebunden mit Schutzumschlag
280 Seiten

Ein Lesevergnügen für jeden Spanien-Liebhaber. Eine historische Reiseerzählung voller Impressionen und Informationen.

Ursula Rütten (Hrsg.)
Belgrad, mein Belgrad
Sechs Autoren porträtieren
ihre Stadt
Broschur
224 Seiten

Ein Porträt des historischen und gegenwärtigen Belgrad, geschrieben von Belgrader Autoren, auf der Suche nach den »richtigen« Erinnerungen und nach der »richtigen« Zukunft.

Peter Paul Zahl
**Geheimnisse der
karibischen Küche**
Geschichte, Gegenwart, Genuß.
Von Jamaica bis Curaçao
Gebunden mit Schutzumschlag
240 Seiten

Eines der Geheimnisse der karibischen Küche: Alle Volksgruppen verschmelzen »atem- und schamlos« miteinander. Zahlreiche Rezepte stellen die reichhaltige Küche vor – unter Berücksichtigung der hierzulande erhältlichen Zutaten.

ROTBUCH VERLAG · HAMBURG

Irische Erzähler

William Trevor
Felicias Reise
Roman
Gebunden mit Schutzumschlag
270 Seiten

William Trevor
Die Kinder von Dynmouth
Roman
Gebunden mit Schutzumschlag
255 Seiten

William Trevor
Mein Haus in Umbrien
Roman
Gebunden mit Schutzumschlag
208 Seiten

William Trevor
Irischer Tanzsaal
Von Kavalieren, Strohwitwen und John Joe Dumpsey
Gebunden mit Schutzumschlag
240 Seiten

Patrick McCabe
Der Schlächterbursche
Roman
Gebunden mit Schutzumschlag
260 Seiten

Patrick McCabe
Von Hochzeit, Tod und Leben des Schulmeisters Raphael Bell und wie dem Affengesicht Malachy Dudgeon die Liebe abhanden kommt
Roman
Gebunden mit Schutzumschlag
292 Seiten

Patrick McCabe
Stadt an der Grenze
Roman
Gebunden mit Schutzumschlag
240 Seiten

Dermot Bolger
Journey Home
Roman
Rotbuch TB 1027
336 Seiten

Eoin McNamee
Belfaster Auferstehung
Roman
Gebunden mit Schutzumschlag
275 Seiten

Dónall Mac Amhlaigh
Das Alphabetagam
Getreuliche Lebensbeschreibung des Dichters Schnitzer O'Shea
Rotbuch TB 1042
234 Seiten

Neue deutsche Literatur

Tobias O. Meißner
Starfish Rules
Roman
Gebunden
225 Seiten

Hermann Kinder
Um Leben und Tod
Erzählung
Gebunden mit Schutzumschlag
140 Seiten

Anne Duden
Der wunde Punkt im Alphabet
Gebunden mit Schutzumschlag
128 Seiten

Christian Geissler
Wildwechsel mit Gleisanschluß
Kinderlied
Gebunden mit Schutzumschlag
126 Seiten

Birgit Vanderbeke
Friedliche Zeiten
Erzählung
Gebunden mit Schutzumschlag
140 Seiten

Christiane Krause
S wie Beethoven
Roman
Gebunden mit Schutzumschlag
170 Seiten

Feridun Zaimoglu
Abschaum
Die wahre Geschichte
von Ertan Ongun
Broschur
220 Seiten

Feridun Zaimoglu
Kanak Sprak
24 Mißtöne vom Rande
der Gesellschaft
Broschur
176 Seiten

Zafer Şenocak
Die Prärie
Gebunden mit Schutzumschlag
120 Seiten

Thomas Fitzner
Die Kaktuspflückerin
Roman
Gebunden mit Schutzumschlag
430 Seiten

Michael Merschmeier
Berliner Blut
Roman
Gebunden mit Schutzumschlag
280 Seiten

Dietmar Sous
Abschied vom Mittelstürmer
Roman
Gebunden mit Schutzumschlag
229 Seiten

Dietmar Sous
Der Himmel der Liebe
Gebunden mit Schutzumschlag
127 Seiten

Stephan Maus
Hajo Löwenzahn
Ein Badewannendivertimento
Gebunden mit Schutzumschlag
260 Seiten

ROTBUCH VERLAG · HAMBURG

Rotbuch Bibliothek

Herausgegeben von Wolfgang Ferchl und Hermann Kinder

Peter O. Chotjewitz
Die Herren des Morgengrauens
Romanfragment
Nachwort von Kurt Groenewold

Friedrich Christian Delius
Unsere Siemenswelt
Nachwort von F.C. Delius

Anne Duden
Übergang
Nachwort von Uwe Schweikert

Gisela Elsner
Die Riesenzwerge
Ein Beitrag
Nachwort von Hermann Kinder

Manfred Franke
Mordverläufe
Roman
Nachwort von Jörg Drews

Christian Geissler
Anfrage
Roman
Nachwort von Thomas Rothschild

Urs Jaeggi
Brandeis
Roman
Nachwort von Irmgard Hunt

Ernst Kreuder
Die Gesellschaft vom Dachboden
Roman
Nachwort von Jan Bürger

Ernst Kreuder
Die Unauffindbaren
Roman
Nachwort von Wilfried F. Schoeller

Erich Kuby
Rosemarie
Des deutschen Wunders
liebstes Kind
Nachwort von Erich Kuby

Paul Schallück
Ankunft null Uhr zwölf
Roman
Nachwort von Hans Bender

Paul Schallück
Engelbert Reineke
Roman
Nachwort von Siegfried Lenz

Annemarie Wietig
1947
Roman. Originalausgabe
Nachwort von Jochen Schimmang

Alle Bände der *Rotbuch Bibliothek*
sind in Fadenheftung gebunden und
mit einem Lesebändchen versehen

ROTBUCH VERLAG · HAMBURG